Die Bonus-Seite

Ihr Vorteil als Käufer dieses Buches

Auf der Bonus-Webseite zu diesem Buch finden Sie zusätzliche Informationen und Services. Dazu gehört auch ein kostenloser **Testzugang** zur Online-Fassung Ihres Buches. Und der besondere Vorteil: Wenn Sie Ihr **Online-Buch** auch weiterhin nutzen wollen, erhalten Sie den vollen Zugang zum **Vorzugspreis**.

So nutzen Sie Ihren Vorteil

Halten Sie den unten abgedruckten Zugangscode bereit und gehen Sie auf **www.sap-press.de**. Dort finden Sie den Kasten **Die Bonus-Seite für Buchkäufer**. Klicken Sie auf **Zur Bonus-Seite/ Buch registrieren**, und geben Sie Ihren **Zugangscode** ein. Schon stehen Ihnen die Bonus-Angebote zur Verfügung.

Ihr persönlicher **Zugangscode**   s3vc-e72k-bdgx-r6nq

Der elektronische Kontoauszug in SAP® ERP

 PRESS

SAP PRESS ist eine gemeinschaftliche Initiative von SAP und Galileo Press.
Ziel ist es, Anwendern qualifiziertes SAP-Wissen zur Verfügung zu stellen.
SAP PRESS vereint das fachliche Know-how der SAP und die verlegerische
Kompetenz von Galileo Press. Die Bücher bieten Expertenwissen zu tech-
nischen wie auch zu betriebswirtschaftlichen SAP-Themen.

Heinz Forsthuber, Jörg Siebert
Praxishandbuch SAP-Finanzwesen
ca. 660 S., 4., erweiterte Auflage 2010,
geb., mit Referenzkarte
ISBN 978-3-8362-1556-5

Eric Bauer, Jörg Siebert
Das neue Hauptbuch in SAP ERP Financials
503 S., 2., aktualisierte und erweiterte Auflage 2010, geb.
ISBN 978-3-8362-1453-7

Renata Munzel, Martin Munzel
SAP-Finanzwesen – Customizing
557 S., 2009, geb.
ISBN 978-3-8362-1291-5

Manish Patel
Discover SAP ERP Financials
571 S., 2009, Klappbroschur
ISBN 978-3-8362-1337-0

Aktuelle Angaben zum gesamten SAP PRESS-Programm finden Sie unter
www.sap-press.de.

Karin Bädekerl, Heinz Forsthuber

Der elektronische Kontoauszug in SAP® ERP

Galileo Press

Bonn • Boston

Liebe Leserin, lieber Leser,

vielen Dank, dass Sie sich für ein Buch von SAP PRESS entschieden haben.

Manche Tätigkeiten sind monoton, zeitaufwendig und fehleranfällig – Routinearbeiten, die jeder kennt und die mit hoher Präzision ausgeführt werden müssen. Eine solche Routinearbeit ist die manuelle Erfassung von Kontoauszugspositionen, die vor allem in größeren Unternehmen viel Zeit und Geld verschlingt. SAP bietet mit der ERP-Komponente »Elektronischer Kontoauszug« die Möglichkeit, dem Abhilfe zu schaffen.

Das Buch, das Sie in Händen halten, erläutert Ihnen alles, was Sie wissen müssen, um diese Komponente in Ihrem Unternehmen zu implementieren, zu konfigurieren und anzuwenden. Karin Bädekerl und Heinz Forsthuber bieten Ihnen die Rundumsicht auf den elektronischen Kontoauszug und machen Sie mit Programmen, kryptografischen Verfahren, dem SAP Business Workflow und dem Datenaustausch per EDI vertraut. Dies alles anschaulich und nachvollziehbar. Ich bin sicher, dass Ihnen dieses Buch wertvolle Dienste leisten wird und dass Sie es oft und gerne zur Hand nehmen werden.

Wir freuen uns stets über Lob, aber auch über kritische Anmerkungen, die uns helfen, unsere Bücher zu verbessern. Am Ende dieses Buches finden Sie daher eine Postkarte, mit der Sie uns Ihre Meinung mitteilen können. Als Dankeschön verlosen wir unter den Einsendern regelmäßig Gutscheine für SAP PRESS-Bücher.

Ihre Patricia Kremer
Lektorat SAP PRESS

Galileo Press
Rheinwerkallee 4
53227 Bonn

patricia.kremer@galileo-press.de
www.sap-press.de

Auf einen Blick

Der Name Galileo Press geht auf den italienischen Mathematiker und Philosophen Galileo Galilei (1564–1642) zurück. Er gilt als Gründungsfigur der neuzeitlichen Wissenschaft und wurde berühmt als Verfechter des modernen, heliozentrischen Weltbilds. Legendär ist sein Ausspruch *Eppur se muove* (Und sie bewegt sich doch). Das Emblem von Galileo Press ist der Jupiter, umkreist von den vier Galileischen Monden. Galilei entdeckte die nach ihm benannten Monde 1610.

Lektorat Patricia Kremer, Eva Tripp
Korrektorat Marlis Appel
Einbandgestaltung Silke Braun
Titelbild iStockphoto/StudioThreeDots
Typografie und Layout Vera Brauner
Herstellung Iris Warkus
Satz Typographie & Computer, Krefeld
Druck und Bindung Bercker Graphischer Betrieb, Kevelaer

Gerne stehen wir Ihnen mit Rat und Tat zur Seite:
patricia.kremer@galileo-press.de bei Fragen und Anmerkungen zum Inhalt des Buches
service@galileo-press.de für versandkostenfreie Bestellungen und Reklamationen
thomas.losch@galileo-press.de für Rezensionsexemplare

Bibliografische Information der Deutschen Nationalbibliothek
Die Deutsche Nationalbibliothek verzeichnet diese Publikation in der Deutschen National-
bibliografie; detaillierte bibliografische Daten sind im Internet über *http://dnb.d-nb.de*
abrufbar.

ISBN   978-3-8362-1471-1

© Galileo Press, Bonn 2010
1. Auflage 2010

Inhalt

3 Customizing 99

4 Erweiterungsmöglichkeiten 165

5 Kontoauszug per EDI 219

6   SAP Business Workflow 245

7   Kryptografische Verfahren 283

Anhang 321

Einleitung

Dieses Buch beschäftigt sich mit allen Themen und Fragen rund um die Einführung der SAP-Komponente *Elektronischer Kontoauszug*. Der elektronische Kontoauszug ist zusammen mit der Funktionalität *Zahlprogramm* zentraler Bestandteil des Zahlungsverkehrs innerhalb des SAP-Systems. Unter dem Begriff *Zahlungsverkehr* versteht man dabei die Abwicklung der eingehenden und ausgehenden Zahlungen eines Unternehmens.

Innerhalb des Rechnungswesens wird in der Regel zwischen *Zahlungseingängen* und *Zahlungsausgängen* unterschieden. Da es sich bei einem SAP-System um ein prozessorientiertes ERP-System handelt, ist es sinnvoll, auch einen prozessorientierten Blickwinkel einzunehmen. In dieser Sicht unterscheidet man zwischen einem *eingehenden Zahlungsprozess* und einem *ausgehenden Zahlungsprozess* (siehe Abbildung 1).

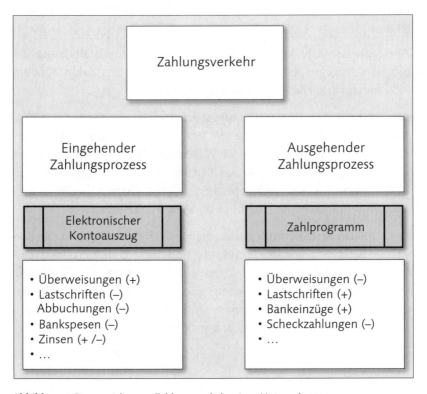

Abbildung 1 Prozesssicht zum Zahlungsverkehr eines Unternehmens

Ausschlaggebend für die Entscheidung, ob es sich um einen ein- oder ausgehenden Zahlungsprozess handelt, ist die Frage »Wer löst den Vorgang aus?«.

▶ **Ausgehender Zahlungsprozess**

Ein Vorgang des ausgehenden Zahlungsprozesses wird von einem Mitarbeiter des eigenen Unternehmens über einen maschinellen Zahllauf oder manuell im SAP-System – in der Regel durch Erzeugen eines Belegs – angestoßen.

Die entsprechenden Informationen (Bank, Konto, Betrag etc.) stammen aus dem eigenen SAP-System. Zu diesen Vorgängen gehören etwa die Überweisungen und Scheckausgänge an Dritte (Zahlungsausgänge), aber auch Lastschriften, die man von Dritten zum Ausgleich einer Forderung beauftragt (Zahlungseingang).

▶ **Eingehender Zahlungsprozess**

Der eingehende Zahlungsprozess hingegen wird von Dritten angestoßen, die dazugehörenden Informationen kommen von außerhalb (Banken, Kreditoren, Debitoren). Dazu zählen z. B. Überweisungen von Kunden zum Ausgleich einer debitorischen Forderung (Zahlungseingänge), aber auch Lastschriften, die Dritte beauftragen, etwa für Energiekosten (Zahlungsausgänge).

Die SAP-Komponente Elektronischer Kontoauszug ist somit eindeutig das Werkzeug des eingehenden Zahlungsprozesses, so wie das Zahlprogramm das Werkzeug des ausgehenden Zahlungsprozesses ist.

In diesem Buch werden die Verarbeitungsverfahren des elektronischen Kontoauszugs erläutert, wie z. B. das Einlesen, Verbuchen, Anzeigen und Nachbearbeiten der Daten. Ebenso erfahren Sie Wesentliches über die Interpretation der Verwendungszweckfelder und das Starten der Reports. Des Weiteren wird das Customizing des elektronischen Kontoauszugs näher erläutert. Abbildung 2 gibt Ihnen einen Überblick über die Kapitelinhalte.

Wie die Themenauswahl vermuten lässt, wendet sich dieses Buch an alle Personenkreise, die im Rahmen der Einführung und des weiteren Produktiveinsatzes mit der SAP-Komponente Elektronischer Kontoauszug in Berührung kommen: an den Anwender im täglichen Geschäft, den SAP-Berater oder den internen Key User bzw. Projektmitarbeiter, die das System konfigurieren und betreuen sollen, den Programmierer wie auch den Administrator.

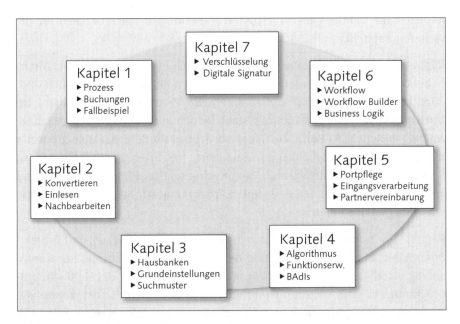

Abbildung 2 Kapitel dieses Buches

Im ganzen Buch finden Sie Symbole, die Sie auf besondere Tipps, Warnhinweise oder Beispiele aufmerksam machen sollen:

Achtung
Dieses Symbol warnt Sie vor häufig gemachten Fehlern oder Problemen, die [!]
auftreten können. Wenn Sie darauf stoßen, ist es also empfehlenswert, den
entsprechenden Absatz besonders gründlich zu lesen.

Tipp
Mit diesem Symbol werden Tipps markiert, die Ihnen die Arbeit erleichtern [+]
werden. Auch Hinweise, die Ihnen z. B. dabei helfen, weiterführende Informationen zu dem besprochenen Thema zu finden, werden mit diesem Symbol hervorgehoben.

Beispiel
Wenn das besprochene Thema anhand von praktischen Beispielen erläutert [zB]
und vertieft wird, machen wir Sie mit diesem Symbol darauf aufmerksam.

An alle Personenkreise und Interessengruppen gleichermaßen wendet sich
Kapitel 1, »*Der elektronische Kontoauszug*«, dessen Schwerpunkt die Darstellung und Beschreibung des Prozesses ist, der mit der Nutzung der Komponente Elektronischer Kontoauszug verbunden ist. Darüber hinaus wird in

Kapitel 1 das Fallbeispiel vorgestellt, das die inhaltlichen Vorgaben für die weiteren Kapitel enthält.

Kapitel 2, »*Prozesse und Anwendung*«, richtet sich in erster Linie an die Mitarbeiter eines Unternehmens, die für den täglichen Einsatz verantwortlich sind. Zunächst erfahren Sie, wie die automatische Verbuchung funktioniert. Im Mittelpunkt des zweiten Kapitels steht jedoch zum einen der sogenannte MultiCash-Report RFEBKA00. Dabei wird insbesondere das Selektionsbild mit den Eingabemöglichkeiten detailliert beschrieben. Einen anderen Schwerpunkt bildet die Nachbearbeitungstransaktion FEBAN. Abschließend erhalten Sie Informationen zu weiteren Programmen des täglichen Produktiveinsatzes (Service-Reports).

Kapitel 3, »*Customizing*«, wendet sich überwiegend an Berater und Projektmitarbeiter, die an der Einführung der Komponente Elektronischer Kontoauszug beteiligt sind. Begonnen wird mit der Arbeitsweise des Verbuchungsprogramms RFEBBU00, die ausführlich beschrieben wird. Dabei werden die Interpretationsalgorithmen einzeln erläutert. Des Weiteren werden die wesentlichen Parameter innerhalb der Systemkonfiguration vorgestellt. Breiten Raum nimmt die Umsetzung des Fallbeispiels ein, die alle Grundeinstellungen inklusive der Suchmustertechnik umfasst.

Speziell an die Interessen der ABAP-Programmierer richtet sich Kapitel 4, »*Erweiterungsmöglichkeiten*«. In diesem Kapitel werden zuerst die verschiedenen vorhandenen Erweiterungsmöglichkeiten vorgestellt; anschließend werden wir kurz auf die bestehenden Konvertierungsprogramme eingehen und einige der vorhandenen Interpretationsalgorithmen erklären. Danach werden wir Ihnen an Beispielen aufzeigen, wie kundeneigene Interpretationsalgorithmen definiert werden. Dabei werden auch die verschiedenen BAdIs und die Implementierung des BAdIs FEB_BADI gezeigt. Abschließend wird die Nutzung der Funktionserweiterung FEB00001 ebenfalls anhand eines Beispiels erläutert.

Kapitel 5, »*Kontoauszug per EDI*«, wendet sich in erster Linie an Administratoren, aber auch an alle Interessierten aus den übrigen Lesergruppen. Dieses Kapitel dreht sich um den Einsatz der Technik *Elektronischer Datenaustausch* (EDI) beim Empfang des Kontoauszugs in elektronischer Form.

Kapitel 6, »*SAP Business Workflow*«, erläutert die notwendigen Schritte, die im SAP-System umgesetzt werden müssen, damit eine automatische Zuordnung der nachzubereitenden Kontoauszugspositionen zum jeweils zuständigen Bearbeiter erreicht wird. Dieses Kapitel wendet sich an Administratoren und Programmierer, die die beschriebenen Aufgaben umsetzen müssen. Alle anderen Personenkreise sollen mit Hilfe dieses Kapitels eine Vorstellung davon erlangen, welche prinzipiellen Möglichkeiten die Nutzung des SAP-Workflows bei der Verarbeitung des elektronischen Kontoauszugs bietet.

Das abschließende Kapitel 7, »*Kryptografische Verfahren*«, beschreibt die Vorgehensweise beim Einsatz kryptografischer Verfahren und wendet sich sowohl an Administratoren als auch an Berater und andere Projektmitarbeiter. Zunächst werden hierbei die mathematischen Grundlagen erläutert; darüber hinaus werden die grundlegenden Techniken (Verschlüsselung bzw. digitale Signatur) erklärt. Abschließend stellen wir Ihnen dann die notwendigen Systemvoraussetzungen (Hardware und Software) vor.

Bücher zu schreiben ist nicht einfach, und gerade ein Fachbuch zu einer komplexen Anwendungssoftware wie SAP fordert nicht nur von den Autoren großen Einsatz. Viele Freunde und Kollegen haben uns bei diesem Buchprojekt durch Ratschläge, zusätzliche Informationen und ihre Korrekturen unterstützt. Bei ihnen allen bedanken wir uns herzlich!

Besonders wichtig war uns die Unterstützung durch unsere Familien. Ein besonderes Dankeschön gilt Helma und Walter Forsthuber sowie Helga und Walter Bädekerl – ihnen ist dieses Buch gewidmet. Besonders möchten wir uns noch bei Herrn Erik Dick (SAP Senior Developer) bedanken für seine Unterstützung im Kapitel zum Workflow.

Wir hoffen, dass Ihnen dieses Buch bei allen Ihren Aufgaben hilft, die mit dem elektronischen Kontoauszug zusammenhängen, und freuen uns auf Ihr Feedback. Zunächst wünschen wir Ihnen jedoch viel Vergnügen bei der Lektüre.

Karin Bädekerl und **Heinz Forsthuber**

Wir stellen Ihnen in diesem Kapitel die einzelnen Schritte vor, die im Prozess der Verarbeitung des elektronischen Kontoauszugs auszuführen sind bzw. maschinell vom SAP-System durchgeführt werden. Sie lernen hier auch das Fallbeispiel kennen, das im Mittelpunkt dieses Buches steht.

1   Der elektronische Kontoauszug

Ein zeitgemäßes Forderungs- und Zahlungsmanagement ist ein entscheidender Bestandteil effizienter Betriebsführung und stellt die Kontoführung der Unternehmen vor neue Herausforderungen. Mittlerweile sind Kontoauszüge mit 500 bis 800 Positionen der Normalfall, bei großen Unternehmen fallen auch regelmäßig Auszüge mit mehr als 1.000 Positionen an. Im Bereich der Debitorenbuchhaltung müssen daher täglich enorme Datenmengen manuell bewältigt oder zumindest nachbearbeitet werden. Dabei geht wertvolle Zeit verloren, die eigentlich für die Klärung und Nachverfolgung von Einzelproblemen dringend benötigt wird.

Mit dem elektronischen Kontoauszug bietet SAP eine standardisierte Lösung, um Zahlungsdaten automatisch in SAP-Systeme einzulesen und nach einem Abgleich mit vorhandenen Rechnungsdaten Buchungen für die Finanzbuchhaltung (FI) direkt erzeugen zu lassen. Aufgrund zu geringer Standardisierung der Verwendungszwecke bei den Bankentransaktionen liegt die automatische Zuordnungsquote in den meisten Fällen unter 50 %. Mit einer optimierten Konfiguration der SAP-Komponente Elektronischer Kontoauszug und durch die Nutzung der angebotenen Erweiterungsmöglichkeiten kann die Trefferquote auf über 90 % erhöht werden. Dadurch können wesentliche Kosteneinsparungen erzielt werden. Neben der Zahlungseingangsoptimierung bei Debitoren können auch Belege im Bereich der Kreditoren bzw. Sachkonten automatisiert werden.

In diesem Kapitel stellen wir zunächst die Prozesse im Umfeld des elektronischen Kontoauszugs vor. Anschließend betrachten wir die zur Verfügung stehende Bankensoftware sowie die Einlesedateien. Nachdem das Fallbeispiel vorgestellt wurde, das sich durch das ganze Buch zieht, runden verschiedene Buchungsbeispiele dieses Grundlagenkapitel ab.

1.1 Prozessdarstellung

In den meisten Industriestaaten bieten Banken den Service an, Kontoauszugsdaten elektronisch abrufen zu können. In Deutschland erfolgt dies mit Hilfe des *Banking Communication Standards (BCS)* der Banken. Die Datenübermittlung von der Bank zum Kunden wird dabei von einem Übertragungsprogramm (z. B. MultiCash) übernommen, das den BCS »versteht«: Diese Übertragungsprogramme rufen von den Banken die gewünschten Daten (z. B. Kontoauszüge) ab und erzeugen daraus zwei Weiterverarbeitungsdateien, die *Einlesedateien AUSZUG.txt* und *UMSATZ.txt*.

In der Datei *AUSZUG.txt* stehen die Kopfdaten des Kontoauszugs und in der Datei *UMSATZ.txt* die Einzelposten (siehe auch Abschnitt 1.4, »Einlesedateien«). Diese Dateien können in das SAP-System eingelesen werden, in dem sie dann automatisch verarbeitet werden.

Dazu starten Sie einen Report, der die Einlesedateien in das SAP-System oder genauer in den sogenannten Bankdatenspeicher einliest. Die Transformation reichert die Daten dieser Dateien mit SAP-Informationen für die weitere Verarbeitung an (Kontenplan, Buchungskreis etc.). Nach dem *Einlesevorgang* beginnt die *Analyse* der Daten in dem Bankdatenspeicher. Das System versucht, die einzelnen Geschäftsvorgänge zu identifizieren und die für die Verbuchung relevanten Informationen, wie zum Beispiel Belegnummern, aus den Verwendungszweckfeldern des Kontoauszugs herauszufiltern (die sogenannte »Interpretation der Verwendungszweckfelder«). Wenn dies gelingt, wird die Verbuchung vom System automatisch angestoßen (mit Hilfe von Batch-Input oder Call Transaction).

Abbildung 1.1 zeigt den Ablauf von den Einlesedateien bis zu den gebuchten Belegen.

Fassen wir die Schritte der Verarbeitung noch einmal kurz zusammen:

1. Zunächst wird die Datei im jeweiligen Kontoauszugsformat in den Bankdatenspeicher eingelesen.

2. Dann erfolgt die Interpretation der Daten, mit Hilfe derer aus unstrukturierten Informationen die Ausgleichsinformationen herausgefiltert werden. Diese Ausgleichsinformationen werden im Bankdatenspeicher gespeichert.

3. Abschließend erfolgt das Erstellen der Batch-Input-Mappen oder das direkte Buchen der Kontoauszüge.

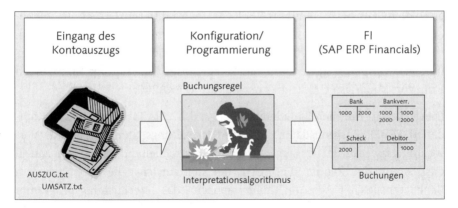

Abbildung 1.1 Prozess vom Auszug zum Beleg

Probleme können jedoch bei der Buchung von Zahlungseingängen im Debitorenbereich auftreten. Dies kann darin begründet sein, dass einige Debitoren Rechnungen nicht voll begleichen oder Banktransaktionen mit falschen Referenzen durchgeführt worden sind. In diesen Fällen muss die Verbuchung manuell nachbearbeitet werden. Weiterhin tritt immer häufiger der Sachverhalt auf, dass mehrere offene Posten, z. B. aus verschiedenen Rechnungen, Gutschriften, Storni oder Teilzahlungen, in einer Summe bezahlt werden.

Das Einlesen, Interpretieren und Verbuchen übernimmt im SAP-System in der Regel das Programm RFEBKA00. Die Funktionsweise dieses Programms ist Abbildung 1.2 zu entnehmen.

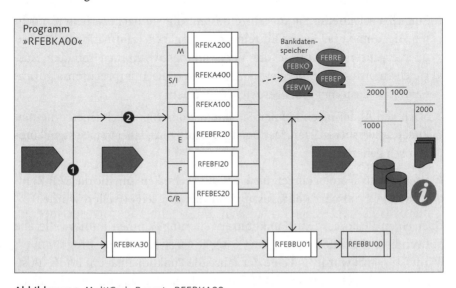

Abbildung 1.2 MultiCash-Report »RFEBKA00«

Nach dem Start des Programms RFEBKA00 wird differenziert, ob im Selektionsbild die Option EINLESEN gewählt wurde oder nicht ❶. Ist dies der Fall, ruft der Report RFEBKA00 abhängig vom Format des Kontoauszugs ❷, das im Selektionsbild festgelegt wird, das zugehörige Einleseprogramm auf. Im Falle von MultiCash (M) ist dies der Report RFEKA200.

Dieser Report füllt den Bankdatenspeicher, d.h., die Tabellen FEBKO (Kopfdaten), FEBEP (Positionsdaten), FEBVW (Verwaltungsdaten) und FEBRE (Verwendungszwecke der Auszugspositionen). Anschließend startet der Multi-Cash-Report den Report RFEBBU01, der sich zunächst die Daten aus dem Bankdatenspeicher besorgt und danach das Verbuchungsprogramm RFEBBU00 aufruft.

Innerhalb des Programms RFEBBU00 erfolgen die Interpretation der Verwendungszweckfelder, der Aufruf der Funktionserweiterungen, der Absprung zu den BAdIs sowie die Erzeugung der Buchungen und der dazugehörenden Protokolle und Listen (siehe hierzu Abbildung 1.3). Falls die Option EINLESEN nicht ausgewählt wurde, ruft der Report RFEBKA00 lediglich den Report RFEBKA30 auf, der sich ebenfalls den Report RFEBBU01 zu Nutze macht. In diesem Fall hat der Report RFEBKA00 nur die Funktion, den Report RFEBKA30 zu starten, so dass es sinnvoll ist, direkt den Report RFEBKA30 zu verwenden.

Die nach Ausführung der Verbuchung erforderliche Nachbearbeitung der nicht gebuchten Belege geht in der Regel folgendermaßen vor sich:

1. Zunächst selektieren Sie die Einzelposten, die Sie nachbearbeiten möchten. Sie können bei jedem Einzelposten Ausgleichsinformationen löschen oder ergänzen, indem Sie die Verwendungszweckzeilen mit den Ausgleichsinformationen vergleichen, die durch die Interpretationsalgorithmen bzw. Customer-Exits gespeichert wurden.

2. Nach den Änderungen können Sie durch einen Mausklick einen erneuten Buchungsversuch starten. Der Buchungsstoff wird dabei vom System automatisch generiert.

Werfen wir noch einen kurzen Blick auf die Techniken, um die die SAP-Komponente Elektronischer Kontoauszug im Laufe der Zeit erweitert wurde.

Über einen Customer-Exit (Funktionserweiterung) können mittlerweile alle notwendigen Funktionalitäten zur Kontoauszugsverbuchung programmiert werden. Ergänzt wurde im Laufe der Jahre die Funktionalität um BAdIs (Business Add-Ins) und BTEs (Business Transaction Events). Fertig ausgelieferte Muster eines BAdI gibt es außerdem für die Verarbeitung von Rücklastschriften.

Zum SAP-Release 4.6c wurden die Suchmuster eingeführt. Diese können ergänzend zu einer möglichen Funktionserweiterung (Customer-Exit) verwendet werden. Damit ist es z. B. möglich, Verwendungszwecke »anzureichern« und damit eine verbesserte Belegverbuchung zu erreichen. Des Weiteren können Positionen ausgelesen werden, die eine kostenrelevante Kontierung verlangen. Hierbei bieten sich z. B. Kosten wie Telefongebühren, Mieten, Leasing etc. an.

Die automatische Verbuchung von Rückläufern wurde ab dem SAP-Release 4.7 neu eingeführt. Davor konnten Rücklastschriften im SAP-System nur über zusätzliche externe Tools bzw. Eigenentwicklungen abgebildet werden. Aufgrund der Ausgleichsbelegnummer, die als Referenz der Belastung mitgegeben wird, kann der offene Posten auf dem Debitorenkonto wieder erstellt werden. Unterschiedliche Schlüssel, die von den Banken mitgeliefert werden, lassen auf den Rückgabegrund schließen.

Verbunden mit der Erzeugung der ursprünglichen Forderung können eigene wie auch fremde Gebühren auf das Konto gebucht werden. Gleichzeitig werden die Positionen mit einer Mahnsperre versehen. Optional können die Stammdaten mit einer Zahlsperre versehen werden bzw. der Zahlweg aus dem Stammsatz entfernt werden.

1.2 Formate des elektronischen Kontoauszugs

Die Kontoauszugsdaten werden in Deutschland zumeist im SWIFT-MT940-Format geliefert. So weit, so gut – sollte man meinen. Leider sind viele Variationen mit leichten Abweichungen bezüglich Inhalt und Aufbau in Umlauf, obwohl dieses Format eigentlich genormt ist. SAP spricht in diesem Zusammenhang von *Dialekten*, die von SAP nicht unterstützt werden. SAP zertifiziert jedoch die SWIFT-MT940-Schnittstelle (FI-SBS). So ist sichergestellt, dass SWIFT-MT940-Dateien, die *zertifizierte* Banken anliefern, auch verarbeitbar sind. In Deutschland erfolgt dieser Übertragungsvorgang in der Regel mit der *MultiCash-Software*, wobei jedes Kreditinstitut diese Software unter einem anderen Namen vertreibt.

[+]

SWIFT-MT940-Format

SWIFT steht für *Society for Worldwide Interbank Financial Telecommunications*, *MT* ist eine Abkürzung für *Message Type*, und die Zahl 940 bezeichnet das Format für die Übermittlung von Kontoauszugsdaten.

Insgesamt unterstützt SAP über 16 internationale Formate für den elektronischen Kontoauszug. Bevor sie eingelesen werden, erfolgt die Formatierung der Kontoauszugsdateien in das MultiCash-Format. Diese Konvertierung wird bei einigen Formaten mit einem SAP-Konvertierungsprogramm durchgeführt; diese Programme werden in Kapitel 2, »Prozesse und Anwendung«, ausführlich behandelt. Abbildung 1.3 zeigt den Prozess, den die Kontoauszugsdateien durchlaufen, ausgehend von den unterschiedlichen Auszugsformaten.

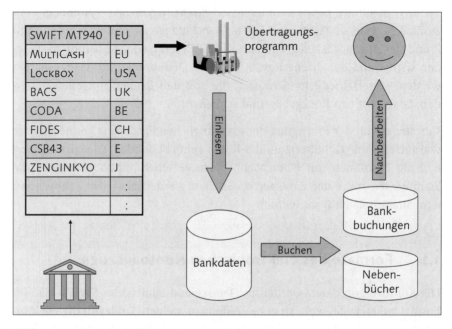

Abbildung 1.3 Formate der Kontoauszugsverarbeitung

Das SAP-System akzeptiert u.a. folgende Formate für den elektronischen Kontoauszug:

▶ **MultiCash-Format**
Dieses Format wird mit Hilfe der BCS-Software aus den SWIFT-MT940-Formaten erzeugt. SAP empfiehlt dieses Format. Es ist bei allen Banken identisch und leicht mit Hilfe eines Tabellenkalkulations- oder Textverarbeitungsprogramms zu kontrollieren. Es besteht jeweils aus zwei Textdateien, der Umsatz- und der Auszugsdatei.

▶ **SWIFT MT940**
In Deutschland liefern die Banken Kontoauszüge grundsätzlich in diesem Format an.

SWIFT MT940

[!]

Dateien im Format SWIFT MT940 sollten nicht direkt in das SAP-System eingelesen werden, da dieses Format nicht standardisiert ist. SAP empfiehlt ausdrücklich, dieses Format mit Hilfe der BCS-Software zu konvertieren.

▶ **DTAUS-Format**

Die DTAUS-Datei (DTAUS = Datenträgeraustausch-Verfahren) hat den Nachteil, dass jede Datei nur einen Geschäftsvorfall enthält. Eine DTAUS-Datei kann also jeweils nur einen Teil der Umsätze umfassen, die auf einem Bankkonto abgewickelt werden. Somit müssen – bei Verwendung des DTAUS-Formats – in der Regel mehrere Dateien zu einem Kontoauszug eingelesen werden. Außerdem sind in diesem Fall einige Geschäftsvorfälle manuell zu buchen, da sie nicht über das DTAUS-Format übermittelt werden können.

Ein weiterer Nachteil dieses Formats ist die Tatsache, dass in den Kopfsätzen kein Verweis auf einen bestimmten Kontoauszug gegeben wird, d.h. weder Auszugsnummer noch Auszugsdatum erscheint. Aus diesem Grund können keine Prüfungen zur Vermeidung einer mehrfachen Verarbeitung derselben Datei oder auf Vollständigkeit durchgeführt werden.

Da das DTAUS-Format noch aus der Großrechnerzeit stammt und die einzelnen Datensätze nicht mit dem Sonderzeichen für »neue Zeile« (Carriage-Return Line-Feed <CR><LF>) getrennt sind, ist die Fehlersuche zudem äußerst mühselig, wenn die Kreditinstitute fehlerhafte Dateien übertragen. Dies ist oft der Fall, da Umlaute (ä, ö, ü) bei der Konvertierung von ASCII zum EBCDIC-Code und zurück häufig zu Sonderzeichen werden, die nicht übertragen werden. Falls bei DTAUS ein Byte fehlt, kann die gesamte Datei nicht verarbeitet werden, da jeder Folgesatz um ein Byte verschoben ist. Das DTAUS-Format wird deshalb für die Verbuchung von Kontoauszugsinformationen nicht empfohlen, es sei denn, dass zwingende Gründe für die Nutzung vorliegen.

1.3 Bankensoftware

Bevor die Kontoauszüge in das SAP-System eingelesen werden, müssen sie zunächst bei den Kreditinstituten abgeholt werden. Dies geschieht in der Regel dadurch, dass Sie oder einer Ihrer Kollegen mit Hilfe einer PC-gestützten *Banking Communication Software* die Kreditinstitute anwählen und per Datentransfer die Dateien abholen. Diese PC-Programme werden in nahezu allen Ländern von den Kreditinstituten vertrieben und geschult. Der Datentransfer wird in der Regel mit den Kreditinstituten vertraglich geregelt. In Deutschland erfolgt dieser Übertragungsvorgang in der Regel mit der Multi-Cash-Software, die jedes Kreditinstitut unter einem anderen Namen vertreibt. Erst wenn die Kontoauszugsdateien auf dem File-System oder einem PC-Laufwerk des SAP-Anwenders vorliegen, kann der Einlesevorgang gestartet werden.

Für die Datenfernübertragung bieten die Banken verschiedene Kommunikationstechniken an.

▸ **Zahlungsverkehr-Datenfernübertragung (ZVDFÜ)**
ZVDFÜ ist ein Übertragungsprotokoll mit Datenverschlüsselung.

▸ **File Transfer Access and Management (FTAM/EU)**
FTAM/EU ist für die direkte Rechnerkommunikation über ISDN mit dem Bankrechner geeignet. Es ist ein internationales Übertragungsprotokoll und zurzeit unverschlüsselt, was bei der Übertragung über ISDN kein wesentliches Manko darstellt. Die Absicherung der Datenübertragung erfolgt durch die elektronische Unterschrift.

▸ **HBCI für die sichere Kommunikation über Internet (TCP/IP)**
Voraussetzung für die Nutzung dieser Kommunikationstechnik ist ein ISDN-Telefonanschluss und bei HBCI-Standard (HBCI = *Homebanking Computer Interface*) über Transmission Control Protocol/Internet Protocol (TCP/IP) ein Internetanschluss.

1.3.1 Anforderungen an die Bankensoftware

Voraussetzung für die Datenfernübertragung (DFÜ) ist die Verfügbarkeit eines Bankprogramms. Es gibt unterschiedliche Bankprogramme, die DFÜ ermöglichen. Wenn es darum geht, zwischen zwei oder mehr Banken und deren Software zu wählen, empfehlen wir, die Bank zu nehmen, bei der Sie die beste Unterstützung bei der Einweisung und Hilfe bei der Programmanwendung erhalten. Achten Sie auf die Installations- und Hilfeleistungen des Electronic-Banking-Beraters der Bank, aber auch auf die einmaligen sowie laufenden Kosten des Programms und der Bankgebühren. Die Gebühren sollten sich verringern im Vergleich zu früher, als Sie Tagesauszüge oder wöchentliche Kontoauszüge von Ihrer Bank in Papierform erhalten haben. Mit DFÜ genügt der monatliche Ausdruck auf Papier, weil Sie Kontostand und Umsätze beliebig täglich über DFÜ abrufen können.

Folgende wesentliche Anforderungen sollten Sie an Ihre Banksoftware stellen:

▶ **Multibankfähigkeit**
Das Programm muss multibankfähig sein. Das heißt, dass Sie nicht nur mit der Bank kommunizieren können müssen, die die Software liefert, sondern mit jeder Bank, bei der Sie Konten unterhalten.

▶ **SWIFT-MT940-Format**
Speicherung der Bankumsätze im SWIFT-MT940-Format mit Übermittlung der Kontonummer des Auftraggebers. Das bedeutet, die Bankumsätze müssen im genormten MT940-Format als Datei gespeichert werden können.

▶ **Keine manuelle TAN-Verwaltung**
Damit verbunden sind der Zugang auf den Bankrechner oder HBCI.

Der HBCI-Standard erlaubt dank der Verwendung moderner kryptografischer Funktionen und der Nutzung von Chipkarten eine sichere Kommunikation über offene Netze wie das Internet. HBCI (Homebanking Computer Interface) ist ein neues Übertragungsverfahren, das eine standardisierte, institutsübergreifende Abbildung aller bedeutenden Geschäftsvorfälle und die Sicherung der Transaktionen durch den Austausch von sogenannten Schlüsseln darstellt. Das TAN-Verfahren entfällt bei dem Dialog über HBCI vollständig. Die Daten sind mit speziellen Parametern und elektronischen Unterschriften verschlüsselt. Das Verfahren ist somit äußerst sicher und nicht manipulierbar.

Das Bankprogramm, z. B. MultiCash, empfängt die Kontoauszugsdaten im MT940-Format vom Bankrechner und stellt die Kontoauszüge dar. Von diesen Daten abgeleitet können auch Exportformate erstellt werden, so auch die Einlesedateien *AUSZUG.txt* und *UMSATZ.txt*.

1.3.2 Hinweise zum SEPA-Zahlungsraum

Die Hausbanken nutzen für den elektronischen Kontoauszug neue SEPA-Geschäftsvorfallcodes (GVCs). Bitte setzen Sie sich mit Ihrer Hausbank in Verbindung, und informieren Sie sich über die verwendeten GVCs. Die Konfiguration dieser neuen GVCs ist wie in diesem Buch beschrieben vorzunehmen.

Zunächst wird weiterhin das MultiCash-Format verwendet, da der XML-Kontoauszug noch nicht vom EPC (*European Payment Council*) festgelegt wurde.

Von daher ist noch nicht genau abzusehen, wann der elektronische Kontoauszug im XML-Format ausgegeben wird.

Das neue SEPA-Datenformat basiert auf dem ISO-Standard 20022. Für den Austausch zwischen Kunden und Banken wird das neue XML-basierte Format vom EPC jedoch nur empfohlen. Man kann davon ausgehen, dass sich in der Praxis wohl kein einheitliches Datenformat durchsetzt. Auch in diesem Punkt gilt, dass Sie sich mit Ihrer Hausbank in Verbindung setzen müssen, um in Erfahrung zu bringen, welches Datenformat zukünftig verwendet wird und welches Vorgehen bei der Übermittlung von SEPA-Zahlungen vorgesehen ist. Die gegebenenfalls daraus resultierende Anpassung der automatischen Verarbeitungsprozesse des elektronischen Kontoauszugs kann als Zusatz zum Service-Paket erworben und entsprechend umgesetzt werden.

1.4 Einlesedateien

Das Bankenprogramm ruft die Kontoauszugsdaten bei den Hausbanken ab und erzeugt daraus die beiden Einlesedateien *AUSZUG.txt* und *UMSATZ.txt*.

In der Datei *AUSZUG.txt* stehen die Kopfdaten des Kontoauszugs, in der Datei *UMSATZ.txt* die Einzelposten. Diese Dateien können in das SAP-System eingelesen werden, wo sie dann automatisch verarbeitet werden.

1.4.1 AUSZUG.txt

Diese Datei enthält Daten über die Auszüge (Auszugsnummer, alter Saldo, neuer Saldo, Währung, Bankkontonummer etc.). Der Aufbau der Datei, d.h. die einzelnen Felder mit den jeweiligen Datentypen, ist in Tabelle 1.1 dargestellt.

Struktur der Auszugdatei			AUSZUG.txt
Feldname	Datentyp	Bezeichnung	Beispieldaten
BANK	char12	Bankkennung	50070010
KTONR	char24	Kontonummer	10000100
AZNUM	char4	Auszugsnummer	0002

Tabelle 1.1 Aufbau der Auszugsdatei

Struktur der Auszugdatei			AUSZUG.txt
Feldname	**Datentyp**	**Bezeichnung**	**Beispieldaten**
AZDAT	char8	Auszugsdatum	29.06.09
WAERS	char3	Währung	EUR
SSALD	char18	Anfangssaldo	−36500,00
SUMSO	char18	Summe Soll	93000,00
SUMHA	char18	Summe Haben	41276,00
ESALD	char18	Endsaldo	−88224,00
INHAB	char35	Kontoinhaber	SAP Testreport RFEBKATX
KTOBZ	char35	Kontobezeichnung	
BLAUF	char8	Laufzeit von	
ELAUF	char8	Laufzeit bis	
HZINS	char9	Habenzins	
KOART	char23	Kontoart	
KTOKL	char2	Kontoklasse	
UPDAT	char8	Bankupdate	
ANZUM	char5	Anzahl Umsätze	15

Tabelle 1.1 Aufbau der Auszugsdatei (Forts.)

1.4.2 UMSATZ.txt

Diese Datei enthält die einzelnen Vorgänge der Auszüge. Abbildung 1.4 zeigt beispielhaft den Inhalt einer *UMSATZ.txt*-Datei.

Die Datei *UMSATZ.txt* kann inhaltlich konfiguriert werden, so dass man beim Einlesen einer *UMSATZ.txt*-Datei nicht davon ausgehen kann, dass bundesweit ein einheitliches Format gegeben ist. Vermutlich aus diesem Grund hat SAP eine definierte Form der *UMSATZ.txt* vorgegeben, die z. B. in Proficash, MultiCash und anderen Bankprogrammen als *UMSATZ.txt* im SAP-Format enthalten ist.

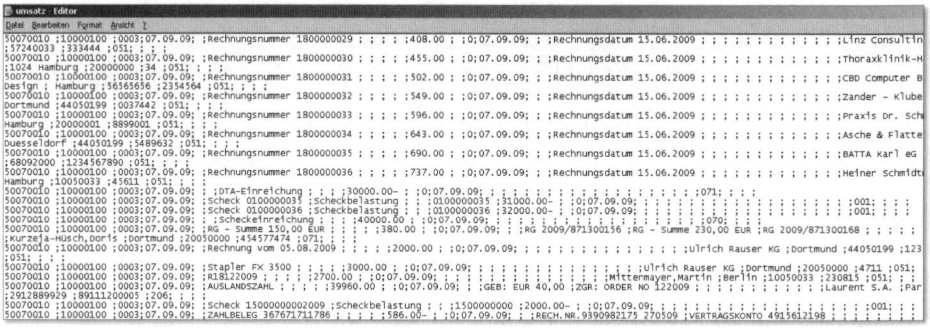

```
umsatz - Editor
Datei Bearbeiten Format Ansicht ?
50070010 ;10000100 ;0003;07.09.09; ;Rechnungsnummer 1800000029 ; ; ; ; ;408.00 ; ;0;07.09.09; ; ;Rechnungsdatum 15.06.2009 ; ; ; ; ; ; ; ; ; ; ; ; ;Linz Consultin
;57240033 ;333444 ;051; ; ; ;
50070010 ;10000100 ;0003;07.09.09; ;Rechnungsnummer 1800000030 ; ; ; ; ;455.00 ; ;0;07.09.09; ; ;Rechnungsdatum 15.06.2009 ; ; ; ; ; ; ; ; ; ; ; ; ;Thoraxklinik-H
;1024 Hamburg ;20000000 ;34 ;051; ; ; ;
50070010 ;10000100 ;0003;07.09.09; ;Rechnungsnummer 1800000031 ; ; ; ; ;502.00 ; ;0;07.09.09; ; ;Rechnungsdatum 15.06.2009 ; ; ; ; ; ; ; ; ; ; ; ; ;CBD Computer B
Design ; Hamburg ;56565656 ;2354564 ;051; ; ; ;
50070010 ;10000100 ;0003;07.09.09; ;Rechnungsnummer 1800000032 ; ; ; ; ;549.00 ; ;0;07.09.09; ; ;Rechnungsdatum 15.06.2009 ; ; ; ; ; ; ; ; ; ; ; ; ;Zander - Klube
Dortmund ;44050199 ;0037442 ;051; ; ; ;
50070010 ;10000100 ;0003;07.09.09; ;Rechnungsnummer 1800000033 ; ; ; ; ;596.00 ; ;0;07.09.09; ; ;Rechnungsdatum 15.06.2009 ; ; ; ; ; ; ; ; ; ; ; ; ;Praxis Dr. Sch
Hamburg ;20000001 ;8899001 ;051; ; ; ;
50070010 ;10000100 ;0003;07.09.09; ;Rechnungsnummer 1800000034 ; ; ; ; ;643.00 ; ;0;07.09.09; ; ;Rechnungsdatum 15.06.2009 ; ; ; ; ; ; ; ; ; ; ; ; ;Asche & Flatte
Duesseldorf ;44050199 ;5489632 ;051; ; ; ;
50070010 ;10000100 ;0003;07.09.09; ;Rechnungsnummer 1800000035 ; ; ; ; ;690.00 ; ;0;07.09.09; ; ;Rechnungsdatum 15.06.2009 ; ; ; ; ; ; ; ; ; ; ; ; ;BATTA Karl eG
;68092000 ;1234567890 ;051; ; ; ;
50070010 ;10000100 ;0003;07.09.09; ;Rechnungsnummer 1800000036 ; ; ; ; ;737.00 ; ;0;07.09.09; ; ;Rechnungsdatum 15.06.2009 ; ; ; ; ; ; ; ; ; ; ; ; ;Heiner Schmidt
Hamburg ;10050033 ;45611 ;051; ; ; ;
50070010 ;10000100 ;0003;07.09.09; ; ;DTA-Einreichung ; ; ; ;30000.00- ; ;0;07.09.09; ; ; ; ; ; ; ; ; ; ; ; ; ; ; ; ; ; ; ;071; ; ; ;
50070010 ;10000100 ;0003;07.09.09; ;Scheck 0100000035 ;Scheckbelastung ; ; ;0100000035 ;31000.00- ; ;0;07.09.09; ; ; ; ; ; ; ; ; ; ; ; ; ; ; ; ; ; ; ; ;001; ; ; ;
50070010 ;10000100 ;0003;07.09.09; ;Scheck 0100000036 ;Scheckbelastung ; ; ;0100000036 ;32000.00- ; ;0;07.09.09; ; ; ; ; ; ; ; ; ; ; ; ; ; ; ; ; ; ; ; ;001; ; ; ;
50070010 ;10000100 ;0003;07.09.09; ; ;Scheckeinreichung ; ; ; ;40000.00 ; ;0;07.09.09; ; ; ; ; ; ; ; ; ; ; ; ; ; ; ; ; ; ; ;070; ; ; ;
50070010 ;10000100 ;0003;07.09.09; ;RG - Summe 150,00 EUR ; ; ; ; ;380.00 ; ;0;07.09.09; ; ;RG 2009/871300156 ;RG - Summe 230,00 EUR ;RG 2009/871300168 ; ; ; ; ;
;Kurzeja-Hüsch,Doris ;Dortmund ;20050000 ;454577474 ;071; ; ; ;
50070010 ;10000100 ;0003;07.09.09; ;Rechnung vom 05.08.2009 ; ; ; ; ;2000.00 ; ;0;07.09.09; ; ; ; ; ; ; ; ; ; ; ; ; ; ; ;Ulrich Rauser KG ;Dortmund ;44050199 ;123
;051; ; ; ;
50070010 ;10000100 ;0003;07.09.09; ;Stapler FX 3500 ; ; ; ; ;3000.00 ; ;0;07.09.09; ; ; ; ; ; ; ; ; ; ; ; ; ; ; ; ;Ulrich Rauser KG ;Dortmund ;20050000 ;4711 ;051;
50070010 ;10000100 ;0003;07.09.09; ;R18122009 ; ; ; ; ;2700.00 ; ;0;07.09.09; ; ; ; ; ; ; ; ; ; ; ; ; ; ; ; ; ;Mittermayer,Martin ;Berlin ;10050033 ;230815 ;051; ; ;
50070010 ;10000100 ;0003;07.09.09; ;AUSLANDSZAHL ; ; ; ; ;39960.00 ; ;0;07.09.09; ; ;GEB: EUR 40,00 ;ZGR: ORDER NO 122009 ; ; ; ; ; ; ; ; ; ; ;Laurent S.A. ;Par
;2912889929 ;89111200005 ;206; ; ; ;
50070010 ;10000100 ;0003;07.09.09; ;Scheck 15000000002009 ;Scheckbelastung ; ; ;1500000000 ;2000.00- ; ;0;07.09.09; ; ; ; ; ; ; ; ; ; ; ; ; ; ; ; ; ; ; ;001; ; ;
50070010 ;10000100 ;0003;07.09.09; ;ZAHLBELEG 367671711786 ; ; ; ; ;586.00- ; ;0;07.09.09; ; ;RECH.NR.9390982175 270509 ;VERTRAGSKONTO 4915612198 ; ; ; ; ; ; ;
```

Abbildung 1.4 Inhalt der Umsatzdatei

Struktur der Umsatzdatei				UMSATZ.txt
Feldname		**Datentyp**	**Bezeichnung**	**Beispieldaten**
Feld 1	BANK	char12	Bankenkennung	50070010
Feld 2	KTONR	char24	Kontonummer	10000100
Feld 3	AZNUM	char4	Auszugsnummer	0002
Feld 4	VALUT	char8	Valutadatum	29.06.09
Feld 5	PRIMA	char10	Primanota	
Feld 6	VWZ01	char27	Verwendungszweck 1	Rechnungsnummer 1800000000
Feld 7	BUTXT	char27	Buchungstext	
Feld 8	UZEIT	char4	Uhrzeit	
Feld 9	TSCHL	char3	Textschlüssel	
Feld 10	SCHNR	char16	Schecknummer	
Feld 11	WRBTR	char18	Betrag	56.00
Feld 12	SAMPO	char5	Anzahl Sammlerposten	
Feld 13	FOLGS	char1	Anzahl Folgesätze	0
Feld 14	BUDAT	char8	Buchungsdatum	29.06.09
Feld 15	ZINF1	char15	Zusatzinfo	
Feld 16	ZINF2	char15	Zusatzinfo	

Tabelle 1.2 Aufbau der Umsatzdatei – Teil 1

Struktur der Umsatzdatei			UMSATZ.txt
Feldname	**Datentyp**	**Bezeichnung**	**Beispieldaten**
Feld 17 VWZ02	char27	Verwendungszweck 2	Rechnungsdatum 15.06.2009
Feld 18 VWZ03	char27	Verwendungszweck 3	
Feld 19 VWZ04	char27	Verwendungszweck 4	

Tabelle 1.2 Aufbau der Umsatzdatei – Teil 1 (Forts.)

Der Aufbau dieser von SAP festgelegten Norm ist in Tabelle 1.2 und Tabelle 1.3 zu sehen. Teil 1 (Tabelle 1.2) enthält Feld 1 bis Feld 19 und Teil 2 (Tabelle 1.3) Feld 20 bis Feld 37 der Umsatzdatei.

Struktur der Umsatzdatei			UMSATZ.txt
Feldname	**Datentyp**	**Bezeichnung**	**Beispieldaten**
Feld 20 VWZ05	char27	Verwendungszweck 5	
Feld 21 VWZ06	char27	Verwendungszweck 6	
Feld 22 VWZ07	char27	Verwendungszweck 7	
Feld 23 VWZ08	char27	Verwendungszweck 8	
Feld 24 VWZ09	char27	Verwendungszweck 9	
Feld 25 VWZ10	char27	Verwendungszweck 10	
Feld 26 VWZ11	char27	Verwendungszweck 11	
Feld 27 VWZ12	char27	Verwendungszweck 12	
Feld 28 VWZ13	char27	Verwendungszweck 13	
Feld 29 VWZ14	char27	Verwendungszweck 14	
Feld 30 AUFG1	char27	Auftraggeber 1	Forsthuber, Heinz
Feld 31 AUFG2	char27	Auftraggeber 2	Dortmund
Feld 32 AGBNK	char12	Auftraggeber Bank	68350048
Feld 33 AGKTO	char24	Auftraggeber Konto	1234567890
Feld 34 GCODE	char3	Geschäftsvorfälle Code	051
Feld 35 STORN	char6	Stornokennung	

Tabelle 1.3 Aufbau der Umsatzdatei – Teil 2

Struktur der Umsatzdatei			UMSATZ.txt
Feldname	**Datentyp**	**Bezeichnung**	**Beispieldaten**
Feld 36 FWAER	char3	Transaktionswährung	
Feld 37 FWBTR	char18	Transaktionsbetrag	

Tabelle 1.3 Aufbau der Umsatzdatei – Teil 2 (Forts.)

1.5   Das Fallbeispiel

Betrachten wir das fiktive Unternehmen BATTA Karl eG. Es produziert im Wesentlichen zwei Maschinen: die *universelle Turingmaschine* und die *Pi-in-the-Sky-Maschine* (siehe Glossar in Anhang A). Neben der Produktion sind u. a. die Bereiche Wartung, Reparatur und Support weitere Standbeine des Unternehmens. In Abbildung 1.5 ist der organisatorische Aufbau der BATTA Karl eG dargestellt.

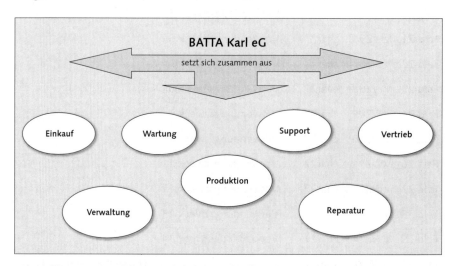

Abbildung 1.5 Das Unternehmen BATTA Karl eG

Das Unternehmen setzt bereits SAP ein; neben diesem bestehenden SAP-System soll nun die Komponente Elektronischer Kontoauszug eingeführt und konfiguriert werden.

1.5.1 Geschäftsvorfälle

Die Geschäftsvorfälle, die in Tabelle 1.4 enthalten sind, hat das Unternehmen mit seiner Hausbank, der Volksbank Breisgau-Hochschwarzwald, vereinbart. Sie müssen demzufolge im SAP-System konfiguriert werden. Dabei sind die Buchungen zu erzeugen, die Ihnen in Abschnitt 1.5.5, »Buchungsbeispiele«, vorgestellt werden.

Deutsch	Englisch
Inhaberscheck	Bearer Cheque
Lastschrift Abbuchung	Debet withderawal
Lastschrift Einzugsermächtigung	Direct debet author
Überweisungsauftrag	Transfer order
Überweisungsgutschrift	Transfer order c/n
Scheckeinreichung	Cheque deposit
Einzahlung	Deposit
Auszahlung	Disbursement
Inlandsüberweisung Ausgang	Transfer order
Auslandsüberweisung	Foreign Transfer
Spesen	Expenses
Zinsen	Interest
Telefon	Telephone

Tabelle 1.4 Geschäftsvorfälle im Kontoauszug

Bei der Konfiguration müssen durch Einsatz von Suchmustern, Interpretationsalgorithmen, Funktionserweiterungen und BAdIs einige spezielle Anforderungen erfüllt werden. Eines der Hauptziele ist eine merkliche Zeiteinsparung im Routinegeschäft der reinen Erfassung von Zahlungseingängen, um langfristig Ressourcen für die Klärung, Prüfung und Nachverfolgung von Problemfällen aufzubauen.

1.5.2 Informationen zu den Debitorenbuchungen

Folgende Systematik ist bei der Rechnungsstellung verbindlich festgelegt: Bei Auftragsvergabe wird eine zehn- bzw. zwölfstellige Auftragsnummer vergeben – Kundenauftragsnummer bei Kauf, Reparaturnummer bei Reparaturrechnung, Wartungsnummer bei Wartungsauftrag und Supportauftragsnummer bei einem Supportauftrag.

Die ersten beiden Stellen sind für den Gruppenschlüssel der Auftragsannahme bestimmt, gefolgt von einem R (für Reparaturrechnung), W (für Wartungsauftrag) oder S (für Supportauftrag). Anschließend folgt eine fortlaufende Nummer. Ein Beispiel für eine solche Nummer finden Sie in Tabelle 1.5. Die Kundenauftragsnummer ist die Nummer des angelegten SAP-Kundenauftrags beim Kauf einer neuen Maschine.

Korrekte Referenznummer	Von Kunden verwendete Varianten
12R0003456	12R3456
	0003456
12 = Gruppenschlüssel	3456
R = Reparaturauftrag	
0003456 = fortlaufende Nummer	12R/000/3456
	12R-00-03456
	12R-3456

Tabelle 1.5 Referenznummer und verwendete Varianten

Alle diese Referenznummern werden im SAP-Buchhaltungsbeleg im Belegkopffeld XBLNR (Referenz) hinterlegt. In der Regel geben unsere Kunden diese Referenznummer an, wenn sie Rechnungen begleichen.

Die in unserem Beispielunternehmen auftretenden Zahlungsbewegungen lassen sich wie folgt gruppieren:

- **Richtige Rechnungsnummer, Betrag wurde unberechtigt gekürzt**
  20 % der Zahlungseingänge erfolgen unter Angabe einer eindeutigen Rechnungsnummer, wurden aber unberechtigterweise gekürzt.
- **Richtige Rechnungsnummer, Betrag wurde berechtigt gekürzt**
  20 % erfolgen unter Angabe einer eindeutigen Fallnummer, jedoch sind bei ihrer Verbuchung Gutschriften, Teilzahlungen oder Storni berücksichtigt, sie wurden also berechtigterweise gekürzt.
- **Anderweitige Sachverhalte**
  5 % betreffen anderweitige sonstige Sachverhalte aus dem laufenden Geschäftsjahr.

▸ **Mehrere Nummern kombiniert**

35 % der eingehenden Zahlungen sind mit mehreren Rechnungsnummern, mehreren Fallnummern, verstümmelten Rechnungsnummern oder sonstigen unzureichenden Informationen versehen.

▸ **Richtige Rechnungsnummer, richtiger Betrag**

20 % der eingehenden Zahlungen sind mit eindeutigen Angaben versehen und enthalten den vollen Betrag.

Manche Kunden lassen bei der Angabe der Referenznummern Zeichen weg oder fügen Zeichen hinzu. Besonders häufig findet sich bei Kunden die Angewohnheit, führende Nullen wegzulassen (siehe Tabelle 1.5). Trotzdem sollen die zugehörigen Posten ermittelt und ausgeglichen werden.

1.5.3 Informationen zu Kreditorenbuchungen

Die wichtigsten Lieferanten geben unsere Kundennummer in ihrem System an, die wir im entsprechenden Stammsatzfeld des Kreditors hinterlegt haben. Häufig geben sie zusätzlich noch die Rechnungsnummer an, die wir bei Lieferantenrechnungen im Belegkopffeld XBLNR (Referenz) hinterlegen. Das System »soll« aus der angegebenen Kundennummer die Lieferantennummer ermitteln und auf diesem Konto nachsehen, ob ein offener Posten (bei Angabe der Rechnungsnummer unter Berücksichtigung dieser Information) mit dem Betrag aus der Auszugsposition vorhanden ist. Bei Eindeutigkeit soll dieser Posten ausgeglichen werden. Andernfalls soll eine Akontobuchung auf diesem Kreditorenkonto erzeugt werden.

1.5.4 Informationen zu Sachkontenbuchungen

Bei Buchung der Telefonkosten muss eine dritte Zeile, die *Steuerzeile* eingefügt werden, damit die Buchung ausgeführt werden kann. Außerdem soll aus der im Verwendungszweck angegebenen Nummer des Anschlusses die betroffene Kostenstelle ermittelt und in der Aufwandsbuchung hinterlegt werden.

Wir erstellen die Schecks selbst, d. h., die Nummer, die auf dem Scheck angedruckt wird, ist die SAP-Belegnummer des Zahlungsbelegs, der aus dem Zahlprogramm resultiert (*Kreditorenkonto* an Sachkonto *Ausgangsschecks*). Diese Belege sollen selektiert und ausgeglichen werden.

Bei einer Zahlung aus dem Ausland wird eine Gebühr abgezogen. Im Verwendungszweck sind in diesen Fällen in der Regel der Originalbetrag sowie das Kürzel »Geb.« mit der Gebührenhöhe angegeben – etwa: »Originalbetrag: 10.000,00 EUR Geb. 20,00 EUR« bei einer Überweisung in Höhe von

9.980,00 EUR. Das System soll dies erkennen, die Gebühren auf das Konto für Bankspesen buchen und den Ursprungsbetrag auf dem Debitor ausgleichen.

Bei Inlandsüberweisungen und Einsatz des Interpretationsalgorithmus Referenzbelegnummer ermittelt das System lediglich, ob ein oder mehrere Belege mit dieser Referenznummer vorhanden sind, und gibt im Erfolgsfall ein oder mehrere Belegnummern zurück. Der Algorithmus prüft nicht, ob die Beträge passen. Dies soll jedoch geprüft werden, so dass der Verbuchungsreport nur Belegnummern erhält, bei denen die Beträge identisch sind, und der Ursprungsbeleg somit ausgeglichen werden kann. Andernfalls soll auf dem ermittelten Debitorenkonto eine Akontobuchung ausgeführt werden.

1.5.5 Buchungsbeispiele

Die Buchungen in diesem Abschnitt entsprechen den Geschäftsvorfällen aus Tabelle 1.4 in der Reihenfolge ihrer Erwähnung.

Inhaberscheck (Scheckeingang)

Zu Beginn steht der Rechnungsausgang an den Debitor. Gleichzeitig wird in der Kontokorrentbuchhaltung die Forderung auf dem *Debitorenkonto* in der Regel mit der Gegenbuchung auf ein *Erlöskonto* gebucht ❶ (siehe Abbildung 1.6).

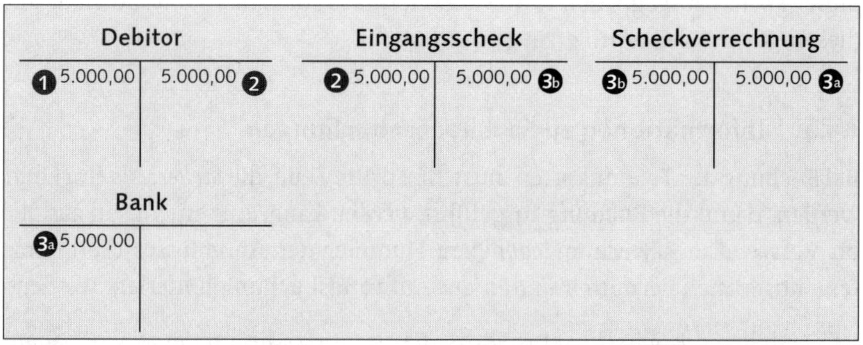

Abbildung 1.6 Buchungen bei einem Inhaberscheck

Zur Begleichung seiner Schuld sendet uns der Debitor einen Scheck über den ausstehenden Betrag. Der Scheckeingang wird erneut in der Debitorenbuchhaltung gebucht. Dabei wird die Forderung ausgeglichen, die Gegenbuchung erfolgt auf dem Sachkonto *Eingangsscheck* ❷. Wir geben den Scheck unserer Hausbank und erhalten mit unserem nächsten Kontoauszug die Information, dass der Zahlungseingang auf unserem Bankkonto erfolgt ist. Bei der Verbuchung des Kontoauszugs wird zunächst die Bankbuchung *Bankkonto* an *Scheckverrechnungskonto* ausgeführt ❸ₐ. Anschließend erfolgt die Buchung in der Nebenbuchhaltung *Scheckverrechnungskonto* an *Eingangsscheck* mit Ausgleich der Buchung aus der Bankbuchhaltung ❸ᵦ. Damit ist der Vorgang abgeschlossen.

Lastschrift, Abbuchung (Zahlungseingang)

Zunächst erfolgt der Rechnungsausgang an den Debitor mit der Buchung der Forderung auf dem *Kundenkonto* ❶ (siehe Abbildung 1.7). Beim nächsten Zahllauf, an dem dieses Debitorenkonto beteiligt ist und dieser Posten in die Zahlungsliste gelangt, wird diese Forderung ausgeglichen. Das Zahlprogramm erstellt die dazugehörende Buchung Sachkonto *Lastschrifteinzug* an *Debitor* mit Ausgleich des offenen Postens ❷. Anschließend senden wir etwa die vom Zahlprogramm erzeugte DTAUS-Datei zur Bank und erhalten die Information über den Zahlungseingang im folgenden Kontoauszug. Daraus resultiert die Kontoauszugsbuchung *Bankkonto* an *Lastschrifteinzug* mit Ausgleich der Buchung aus dem Zahlprogramm ❸. Der Prozess ist beendet.

Bank	Lastschrifteinzug		Debitor	
❸ 6.000,00	❷ 6.000,00	6.000,00 ❸	❶ 6.000,00	6.000,00 ❷

Abbildung 1.7 Buchungen bei einer Lastschrift (ZE)

Lastschrift, Abbuchung (Zahlungsausgang)

Nach Erhalt der Rechnung unseres Lieferanten buchen wir die entsprechende Verbindlichkeit auf dem *Kreditorenkonto* ❶ (siehe Abbildung 1.8). Da wir diesem Lieferanten eine Einzugsermächtigung für unser Hausbankkonto erteilt haben, bucht er den ausstehenden Betrag von unserem Konto ab. Unsere Hausbank informiert uns im kommenden Kontoauszug über diesen Vorgang, den wir zustimmend zur Kenntnis nehmen und verbuchen. Dabei wird zunächst der Zahlungsausgang auf unserem Konto mit der Buchung *Bankverrechnungskonto* an *Bankkonto* in der Bankbuchhaltung umgesetzt ❷. Hinzu kommt noch die Buchung in der Nebenbuchhaltung: *Kreditorenkonto* an *Bankverrechnungskonto* ❷ᵦ mit Ausgleich der Verbindlichkeit. Der Vorgang ist damit abgeschlossen.

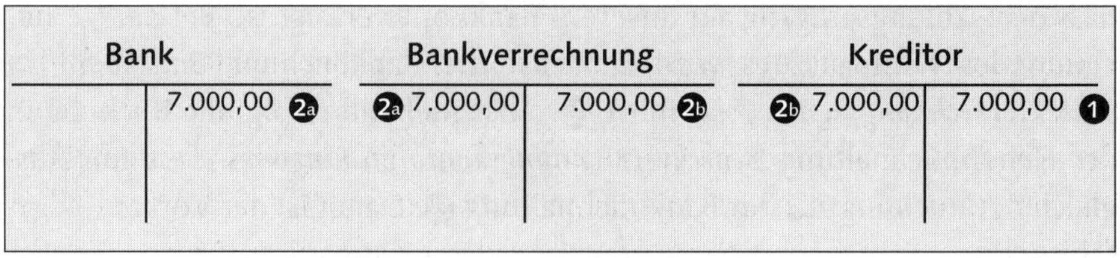

Bank		Bankverrechnung		Kreditor	
	7.000,00 (2a)	(2a) 7.000,00	7.000,00 (2b)	(2b) 7.000,00	7.000,00 (1)

Abbildung 1.8 Buchungen bei einer Lastschrift, Abbuchung (ZA)

Überweisungsgutschrift

Der Debitor erhält eine Rechnung. Auf dem entsprechenden Konto ist die Forderung als OP gebucht (1) (siehe Abbildung 1.9). Dem Kontoauszug ist zu entnehmen, dass der Kunde die Rechnung durch eine Überweisung beglichen hat. In der Bankbuchhaltung wird der Geldeingang auf dem *Bankkonto* gegen das *Bankverrechnungskonto* gebucht (2a). Die Buchung in der Nebenbuchhaltung führt zum Ausgleich des offenen Postens auf dem Debitorenkonto. Die Buchung auf dem *Bankverrechnungskonto* wird aufgelöst (2b).

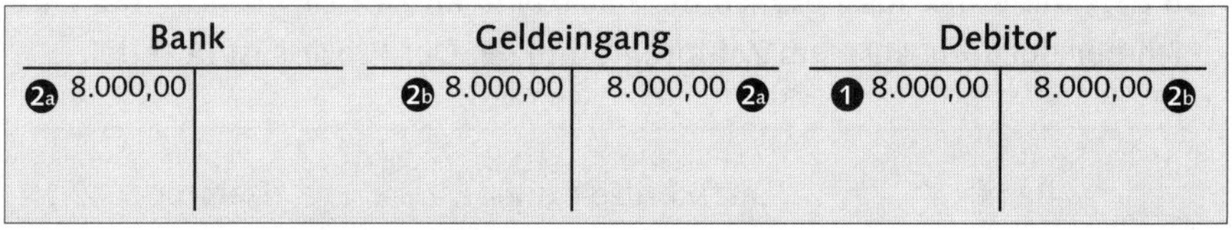

Bank		Geldeingang		Debitor	
(2a) 8.000,00		(2b) 8.000,00	8.000,00 (2a)	(1) 8.000,00	8.000,00 (2b)

Abbildung 1.9 Buchungen bei einer Überweisungsgutschrift

Scheckeinreichung (Zahlungsausgang)

Zu Beginn erhalten wir eine Rechnung eines Kreditors, die auf dem dazugehörenden *Kreditorenkonto* als Verbindlichkeit gebucht wird (1) (siehe Abbildung 1.10).

Bank		Ausgangsscheck		Kreditor	
	1.000,00 (3a)	(3b) 1.000,00	1.000,00 (2)	(2) 1.000,00	1.000,00 (1)

Scheckverrechnung	
(3a) 1.000,00	1.000,00 (3b)

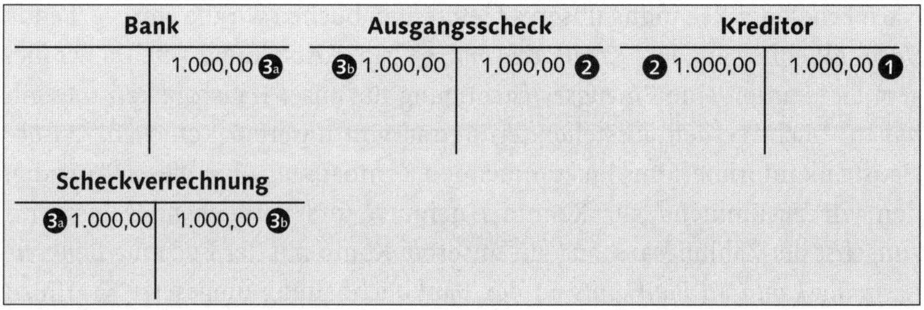

Abbildung 1.10 Buchungen bei einem Scheckausgang

Das Zahlprogramm gleicht diese Verbindlichkeit aus und erstellt die Buchung *Kreditor* an Sachkonto *Ausgangsscheck* sowie den entsprechenden Scheck, der dem Lieferanten zugestellt wird. Dieser gibt den Scheck seiner Bank. Nach der Belastung unseres Bankkontos und dem Eingang des Kontoauszugs buchen wir zunächst *Scheckverrechnung* an *Bankkonto* ❷ₐ. Anschließend wird die Buchung *Ausgangsscheck* an *Scheckverrechnung* ausgeführt ❷ᵦ.

Einzahlung, Auszahlung

Bareinzahlungen bzw. Barauszahlungen erfolgen in der Regel, wenn Kassen existieren, die regelmäßig abgeschöpft bzw. aufgefüllt werden. Bei einer Entnahme ist *Übergangskonto Kasse/Bank* an *Kasse* zu buchen ❶ (siehe Abbildung 1.11). Nach der Einzahlung bei der Bank ❷ und dem Erhalt des Kontoauszugs buchen wir *Bankkonto* an *Bankverrechnungskonto* ❸ₐ und *Bankverrechnungskonto* an *Übergangskonto Kasse/Bank* ❸ᵦ. Nach einer Auszahlung bei der Bank ❹ legen wir den abgehobenen Betrag in die Kasse und buchen *Kasse* an *Übergangskonto Kasse/Bank* ❺. Aus dem Kontoauszug resultieren die beiden Buchungen *Bankverrechnungskonto* an *Bankkonto* ❻ₐ und *Übergangskonto Kasse/Bank* an *Bankverrechnungskonto* ❻ᵦ.

Bank		Ü-konto Kasse/Bank		Kasse	
❷ₐ 2.000,00	3.000,00 ❻ₐ	❶ 2.000,00	2.000,00 ❷ᵦ	❺ 3.000,00	2.000,00
		❻ᵦ 3.000,00	3.000,00 ❺		

Bankverrechnung	
❷ᵦ 2.000,00	2.000,00 ❷ₐ
❻ᵦ 3.000,00	3.000,00 ❻ᵦ

Abbildung 1.11 Buchungen bei Ein- und Auszahlungen

Überweisung Inland

Nach dem Rechnungseingang erfolgt die Buchung der Verbindlichkeit auf dem *Kreditorenkonto* ❶ (siehe Abbildung 1.12).

Bank		Überweisung Inl.		Kreditor	
	10.000,00 ❸	❸ 10.000,00	10.000,00 ❷	❷ 10.000,00	10.000,00 ❶

Abbildung 1.12 Buchungen bei einer Inlandsüberweisung

Das Zahlprogramm gleicht die Verbindlichkeit mit der Buchung *Kreditoren-konto* an das Sachkonto *Überweisung Inland* ❷ aus und erstellt die Datei, die an unsere Hausbank gesendet wird. Mit dem Eingang des Kontoauszugs bucht man das Sachkonto *Überweisung Inland* an *Bankkonto* ❸.

Auslandsüberweisung mit Gebührenabzug

Zu Beginn erstellen wir eine Ausgangsrechnung an einen Kunden im Ausland und versenden diese. Gleichzeitig buchen wir die Forderung auf dem *Debito-renkonto* ❶ (siehe Abbildung 1.13). Unser Kunde überweist uns das Geld entsprechend aus dem Ausland. Die Bank hat dabei eine Gebühr abgezogen, so dass auf dem Kontoauszug lediglich der Rechnungsbetrag abzüglich der Gebühren erscheint. Im Verwendungszweck der zugehörigen Kontoauszugs-position sind jedoch der Ursprungsbetrag sowie die Höhe der Gebühren vermerkt. Nach Erhalt des Kontoauszugs buchen wir zunächst das *Bankkonto* an den *Geldeingang* mit der tatsächlich erfolgten Gutschrift ❷ₐ. Anschließend buchen wir nun den Betrag der Auszugsposition auf das *Geldeingangskonto* im Soll sowie zusätzlich die Gebühr auf das entsprechende Aufwandskonto, etwa *Bankspesen*, ebenfalls im Soll. Somit können wir den Ursprungsbetrag auf dem *Debitorenkonto* im Haben buchen und den Forderungsbetrag damit ausgleichen ❷ᵦ.

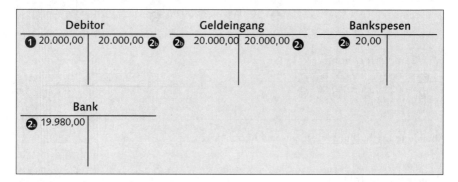

Abbildung 1.13 Buchungen bei Gebührenabzug

Bankspesen, Telefon, Zinsen

Eine besondere Stellung nehmen Auszugspositionen ein – wie etwa Bankspesen, Einzug der Telefonkosten oder Zinsen –, denen kein expliziter offener Posten im SAP-System gegenübersteht. Dies war bei allen bisherigen Buchungsbeispielen ja der Fall. In diesem Fall löst ausschließlich die Verarbeitung des Kontoauszugs Buchungen aus.

Bei Bankspesen, Zinsaufwand und Telefonkosten buchen wir zunächst das *Bankverrechnungskonto* an das *Bankkonto* ❶a, ❸a, ❹a (siehe Abbildung 1.14), bei Zinsertrag hingegen umgekehrt das *Bankkonto* an das *Bankverrechnungskonto* ❷a. Anschließend wird das Bankverrechnungskonto ausgeziffert mit Gegenbuchung auf dem entsprechenden *Aufwands-* bzw. *Ertragskonto* (❶b bis ❸b).

Davon abweichend muss bei den Telefonkosten noch das Vorsteuerkonto angesprochen werden, da hierbei Umsatzsteuer anfällt. Somit buchen wir hier den Umsatzsteuerbetrag auf das *Vorsteuerkonto* und die *Telefonkosten* netto jeweils im Soll sowie die Gegenbuchung auf das *Bankverrechnungskonto* ❹b.

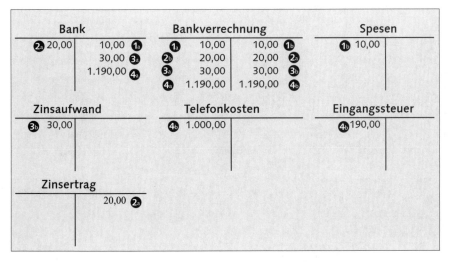

Abbildung 1.14 Buchungen bei Spesen, Telefon und Zinsen

1.6 Fazit

Nach diesem Kapitel kennen Sie den Prozess der elektronischen Kontoauszugsverarbeitung. Sie wissen, welche Schritte aufeinanderfolgen und welche Aufgaben dabei von einem Mitarbeiter Ihres Unternehmens übernommen werden müssen. Sie haben außerdem das Fallbeispiel kennengelernt, das Ihnen in den weiteren Kapiteln regelmäßig begegnen wird. In Kapitel 3, »Customizing«, und Kapitel 4, »Erweiterungsmöglichkeiten«, werden die Vorgaben aus dem Fallbeispiel im SAP-System umgesetzt.

In diesem Kapitel lernen Sie die Funktionen des Tagesgeschäfts kennen, d.h. die Arbeitsschritte, die von den Sachbearbeitern im täglichen Geschäft zu bewältigen sind. Dazu zählen eine notwendige Konvertierung, die Erfassung des elektronischen Kontoauszugs sowie die Nachbearbeitung im Anschluss an die Verbuchung.

2 Funktionen der Kontoauszugsverarbeitung

Die SAP-Komponente Elektronischer Kontoauszug bietet nahezu die komplette gängige Funktionalität für eine effektive automatische Verarbeitung der Bankkontoauszüge, die von den Hausbanken zukünftig in elektronischer Form (und nicht mehr in Papierform) geliefert werden. Dabei wurde insbesondere die Nachbearbeitungstransaktion FEBAN im Laufe der Zeit exzellent ausgebaut.

Zu Beginn der Kontoauszugsverarbeitung ruft das eigene Unternehmen den Kontoauszug in elektronischer Form von der Hausbank ab. Dazu ist für die Datenübermittlung von der Bank zum Kunden ein Übertragungsprogramm notwendig. Nach dieser Konvertierung wird der Kontoauszug eingelesen und, soweit möglich, automatisch verbucht. Im Anschluss daran erfolgt die Nachbearbeitung.

In diesem Kapitel werden die Funktionen der Anwendung im Einzelnen beschrieben. Betrachten wir zunächst jedoch den Prozess in seiner Gesamtheit, ehe wir uns in den weiteren Abschnitten den einzelnen Aktivitäten zuwenden.

2.1 Überblick

Wir betrachten die Schritte der Kontoauszugsverarbeitung nun nacheinander und detailliert, wie in Abbildung 2.1 dargestellt.

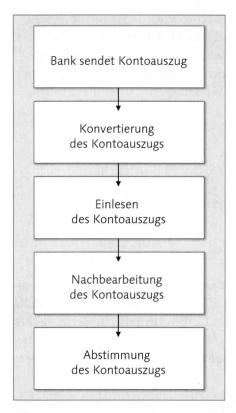

Abbildung 2.1 Prozess der Kontoauszugsverarbeitung

2.1.1 Bankensoftware

Bevor die Kontoauszüge in das SAP-System eingelesen werden, müssen sie von den einzelnen Kreditinstituten abgeholt werden. Dies geschieht in der Regel dadurch, dass die Bankenabteilung mit Hilfe einer PC-gestützten *Banking Communication Software* (BCS) die Kreditinstitute anwählen und per Datentransfer die Dateien abholen. Diese PC-Programme werden in nahezu allen Ländern von den Kreditinstituten vertrieben.

Das SAP-System unterstützt folgende Formate für den elektronischen Kontoauszug in Deutschland, die Sie auch schon in Kapitel 1, »Der elektronische Kontoauszug«, kennengelernt haben:

- ▶ MultiCash-Format SWIFT MT940
- ▶ DTAUS-Format

Die bisherigen Aussagen dieses Abschnitts beziehen sich neben Deutschland auch auf alle Länder, in denen das MultiCash-Format unterstützt wird. Außer den bisher beschriebenen Formaten kann der MultiCash-Report RFEBKA00 noch folgende vier Formate verarbeiten, die in den angegebenen Ländern verwendet werden:

► ETEBAC-Format (Frankreich)

► CSB43-Format (Spanien)

► Cobranca/Pagar-Format (Brasilien)

► TITO-Format (Finnland)

Bei allen anderen Formaten müssen die von den Banken gelieferten Dateien auf jeden Fall in das MultiCash-Format konvertiert werden.

Die Reports, die wir im Verlauf dieses Kapitels betrachten, lesen eine Auszugsdatei ein, die sich auf dem PC (Festplatte oder Wechseldatenträger) oder im File-System befindet. Sollten die Dateien, die Ihrem Unternehmen geliefert werden, ein anderes Format aufweisen, sind Sie gezwungen, ein individuelles Konvertierungsprogramm zu erstellen. Innerhalb dieses Konvertierungsprogramms erzeugen Sie zwei Dateien im MultiCash-Format: die Auszugs- und die Umsatzdatei.

Einlesen von Kontoauszügen	[+]
Zum Einlesen der erzeugten MultiCash-Dateien sollte der SAP-Standardreport RFEBKA00 verwendet werden (im Folgenden häufig als *MultiCash-Report* bzw. *-Programm* bezeichnet).	

Konvertierung	[+]
Bevor die Kontoauszugsdaten eingelesen werden können, muss zunächst wieder eine Formatierung in das jeweilige Format, meist MultiCash, durchgeführt werden. Für einige speziellere Formate stellt SAP Konvertierungsprogramme zur Verfügung.	

Anschließend können Sie die Dateien, die nun im MultiCash-Format vorliegen, in das SAP-System – genauer: in den Bankdatenspeicher – einlesen. Der Einlesevorgang kann jedoch erst gestartet werden, wenn die Kontoauszugsdaten auf dem File-System des Applikationsservers oder einem PC-Laufwerk des SAP-Anwenders vorliegen.

2.1.2 Einlesen

Beim Einlesen analysiert das SAP-System die Daten und versucht, die einzelnen Geschäftsvorgänge zu identifizieren und zu buchen. Die Statistik zeigt, dass bei optimaler Konfiguration im Schnitt 90 % der gelieferten Positionen automatisch gebucht werden können. Die Erfassung, also das Einlesen des elektronischen Kontoauszugs, erfolgt immer in drei Schritten:

1. Zunächst wird die Datei im jeweiligen Kontoauszugsformat in den Bankdatenspeicher eingelesen.

2. Anschließend erfolgt die Interpretation der Daten, die in den einzelnen Datensätzen enthalten sind. Dabei wird aus unstrukturierten Informationen die relevante Ausgleichsinformation herausgefiltert. Die Ausgleichsinformationen werden im Bankdatenspeicher gespeichert.

3. Als Letztes erfolgt das Erstellen der Batch-Input-Mappen *oder* das direkte Buchen der Kontoauszüge.

Abbildung 2.2 zeigt die möglichen Ergebnisse bei der Erfassung eines elektronischen Kontoauszugs. Die Daten können gebucht, nicht gebucht oder als Akontobuchung erfasst werden.

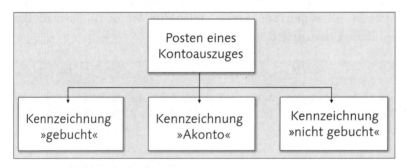

Abbildung 2.2 Kontoauszug – mögliche Ergebnisse der Erfassung

Betrachten wir die Ergebnisse genauer:

▶ **Kennzeichnung »gebucht«**
Bei den Posten mit der Kennzeichnung und dem Status »gebucht« konnte das SAP-System sowohl das Personenkonto als auch den auszugleichenden offenen Posten eindeutig ermitteln. Im Rahmen des Verbuchungsprogramms RFEBKA00 wurde maschinell (mit Ausgleich des ermittelten offenen Postens) auf ein Personenkonto gebucht.

▶ **Kennzeichnung »Akonto«**
Diese Posten haben den Status »Akonto gebucht«. Das System hat zwar den zugehörigen Geschäftspartner gefunden, es konnte jedoch kein eindeutig zuordenbarer offener Posten ermittelt werden.

Kennzeichnung »Akonto«

Es könnte ein passender OP über die Belegnummer oder die Zuordnung identifiziert worden sein, jedoch sind die Beträge verschieden. Eine andere Möglichkeit wäre, dass auf dem eindeutig ermittelten Konto des Geschäftspartners mehrere zuordenbare offene Posten vorhanden sind.

▶ **Kennzeichnung »nicht gebucht«**

Die Posten mit dem Kennzeichen »nicht gebucht« wurden in der Regel lediglich in der Bankenbuchhaltung (Hauptbuch) gebucht, weil das System keinen Geschäftspartner eindeutig zuordnen konnte. Diese Positionen des elektronischen Kontoauszugs können mit der Nachbearbeitungstransaktion FEBAN ergänzt und mit gleichzeitiger Postenschließung auf einem Personenkonto gebucht werden.

2.1.3 Automatische Verbuchung

Schauen wir uns nun an, wie die automatische Verbuchung der Buchungsdaten, die der elektronische Kontoauszug liefert, im SAP-System abläuft. Abbildung 2.3 zeigt, wie der elektronische Kontoauszug aufgebaut ist.

```
IDES AG                                              Zeit 18:34:07    Datum 10.09.2009
Frankfurt                                            RFEBKA00/KBA     Seite         1
Deutsche Bank Gruppe
Kontoinhaber:     SAP Testreport RFEBKATX
BLZ:         50070010      Kontonummer:    10000100   Auszugsnummer:   00003   Kurzschlüssel:   00000057
Hausbank:    1000          Konto-Id:       1000       Auszugsdatum:    07.09.2009  Währung         EUR

Anfangssaldo        88.224,00-
Summe Soll          95.586,00
Summe Haben        102.620,00
Endsaldo            81.190,00-
```

ESNr	ValutaDat	BankBuDat	Verwendungszweck		BuchungsText	Betrag	GVC
					Anfangssaldo	88.224,00-	
1	07.09.2009	07.09.2009	Rechnungsnummer 1800000029			408,00	051
			Rechnungsdatum 15.06.2009				
			Linz Consulting				
			Köln				
			Geschäftspartner;; Linz Consulting	Köln			
			Partner BLZ 57240033				
			Partner Konto 333444				
2	07.09.2009	07.09.2009	Rechnungsnummer 1800000030			455,00	051
			Rechnungsdatum 15.06.2009				
			Thoraxklinik-Hamburg				
			1024 Hamburg				
			Geschäftspartner;; Thoraxklinik-Hamburg	1024...			
			Partner BLZ 20000000				
			Partner Konto 34				
3	07.09.2009	07.09.2009	Rechnungsnummer 1800000031			502,00	051
			Rechnungsdatum 15.06.2009				
			CBD Computer Based Design				
			Hamburg				
			Geschäftspartner;; CBD Computer Based Design	Ham...			
			Partner BLZ 56565656				
			Partner Konto 2354564				
4	07.09.2009	07.09.2009	Rechnungsnummer 1800000032			549,00	051

Abbildung 2.3 Beispiel für einen Kontoauszug

Der elektronische Kontoauszug enthält folgende Informationen:

▶ allgemeine Informationen zur Hausbank (Bankleitzahl und Kontonummer, Währung des Kontos, Auszugsnummer und Auszugsdatum)

▶ Auflistung der einzelnen Geschäftsvorgänge, die auf dem Konto stattgefunden haben (Einzelposten)

Nach dem Einlesen des Kontoauszugs sucht das SAP-System nach den Informationen, die es zur automatischen Verarbeitung benötigt.

[zB]

Überweisung durch einen Kunden

Ihr Kunde begleicht eine offene Rechnung, indem er das Geld hierfür auf Ihr Bankkonto überweist (Einzelposten Nr. 1 in unserem Kontoauszugsbeispiel).

Dieser Vorgang wurde von Ihnen beim Customizing des elektronischen Kontoauszugs so eingestellt, dass er im System folgenden zweistufigen Buchungsvorgang auslöst:

▶ Der Geldeingang wird auf ein Verrechnungskonto gebucht, z. B. auf ein Geldeingangskonto (Bankbuchhaltung).

▶ Der Debitor wird gefunden und ausgeglichen (Nebenbuchhaltung).

Hierzu benötigt das SAP-System folgende Informationen im elektronischen Kontoauszug:

▶ Der *Geschäftsvorgang* (z. B. Überweisungsgutschrift) muss identifiziert werden. Anschließend muss eine Regel angewendet werden, die bestimmt, wie der Geschäftsvorgang im SAP-System verbucht wird (Kontenfindung).

▶ Die *Ausgleichsinformation* muss gefunden werden (z. B. Belegnummern), damit die offenen Posten des Debitors ausgeglichen werden können.

Wie identifiziert nun das System den Geschäftsvorgang und findet anschließend die dazugehörigen Konten mit Buchungsregel?

1. Stufe des Buchungsvorgangs – Geldeingang buchen

Zur Identifikation des Geschäftsvorgangs durchläuft das System die folgende Suchhierarchie:

1. **Bankschlüssel und Bankkonto**
   Über den Bankschlüssel (in unserem Beispiel: 500 700 10) und das Bankkonto (in unserem Beispiel: 10000100) wird der Vorgangstyp in der Customizing-Tabelle gefunden.

2. **Vorgangstyp und Geschäftsvorfallcode**
   Über den Vorgangstyp und den externen Vorgang bzw. Geschäftsvorfallcode (GVC) der Bank (in unserem Beispiel: 051) wird die Buchungsregel in der Customizing-Tabelle gefunden.

3. Buchungsregel, Buchungsschemata, Kontenfindungsregeln

Über den Schlüssel der Buchungsregel werden die Buchungsschemata und die Kontenfindungsregeln gefunden, die Sie zuvor im Customizing definiert haben.

Wie wird jetzt noch der offene Posten des Debitors ausgeglichen? Welche Informationen werden für den Ausgleichsvorgang benötigt?

2. Stufe des Buchungsvorgangs – Debitor finden und ausgleichen

Die entscheidenden Informationen darüber findet das System in den *Verwendungszweckzeilen* des elektronischen Kontoauszugs (in unserem Beispiel: die Rechnungsnummer 1800000029). Anhand der Belegnummer oder der Referenzbelegnummer kann der Beleg gefunden und ausgeglichen werden. Die Belegnummer oder Referenzbelegnummer wird über sogenannte Interpretationsalgorithmen für die Verwendungszweckinformation gefunden.

Auch wenn die Belegnummer nicht im Kontoauszug übermittelt wurde, besteht eine Reihe von Möglichkeiten, den Ausgleich vorzunehmen (siehe Kapitel 4, »Erweiterungsmöglichkeiten«).

Wenn die Identifikation der Information im elektronischen Kontoauszug erfolgreich war, wird die Verbuchung im SAP-System durchgeführt. Im Idealfall ist alles korrekt verbucht. In vielen Fällen ist jedoch eine manuelle Nachbearbeitung notwendig.

2.1.4 Nachbearbeiten

Das Nachbearbeiten der nicht automatisch verbuchten Belege erfolgt online mit Hilfe einer Standardtransaktion von SAP – der äußerst komfortablen Nachbearbeitungstransaktion FEBAN, die in Abschnitt 2.3, »Nachbearbeiten des Kontoauszugs«, vorgestellt wird. Mit Hilfe dieser Funktion können offene Posten auf Konten der Geschäftspartner selektiert und direkt mit einer Kontoauszugsposition verarbeitet werden.

Innerhalb der Transaktion FEBAN können Sie sämtliche Informationen abrufen, die über den elektronischen Kontoauszug der Bank und einen programmierten User Exit vorhanden sind.

Als letzte Aktivität der Anwendung folgen die Abstimmung und das Reporting, das in Abschnitt 2.4, »Service-Report«, behandelt wird.

2.2 Einlesen des Kontoauszugs

Der Report RFEBKA00 liest Kontoauszüge in das SAP-System ein und startet anschließend die Verbuchung in der Haupt- und Nebenbuchhaltung. Mit Hilfe der Parameteranweisung können Sie festlegen, ob beide Buchungsbereiche in einem Lauf oder ob zuerst nur die Buchungen für die Hauptbuchhaltung erzeugt werden sollen.

Das SAP-System versucht, die einzelnen Geschäftsvorgänge zu identifizieren und die für die Verbuchung relevanten Informationen aus den Verwendungszweckfeldern des Kontoauszugs herauszufiltern.

2.2.1 Funktionsweise

Bei Zahlungseingängen können die Verwendungszweckzeilen des Kontoauszugs wahlweise nach Belegnummern bzw. Referenzbelegnummern durchsucht werden. Dadurch wird die relevante Information für das Ausgleichen von Debitorenzahlungen gewonnen. Wenn Sie keine Auswahl treffen, werden die Verwendungszweckfelder nicht interpretiert.

[+]
> **Zahlungsausgänge**
>
> Bei Zahlungsausgängen wird immer nach der Belegnummer gesucht.

Für eine spezifische Interpretation der Verwendungszweckfelder (z. B. denkbar bei Versicherungen) kann ein individueller User Exit programmiert werden. Diese Technik wird in Kapitel 4, »Erweiterungsmöglichkeiten«, ausführlich beschrieben.

Der Report prüft, ob die von der Bank verwendeten Geschäftsvorfallcodes (externe Vorgänge) im Rahmen der Systemeinstellung einem »internen Vorgang« zugeordnet wurden. Dies ist erforderlich, weil die Verbuchung auf den Haupt- und Nebenbuchkonten über Buchungsregeln erfolgt, die zu einem internen Vorgang hinterlegt sind.

Falls der Report auf einen externen Vorgang stößt, der in der entsprechenden Tabelle nicht gepflegt ist, bricht er nach dem vollständigen Einlesen des Kontoauszugs ab und gibt eine Liste mit den fehlenden Einträgen aus – das Fehlerprotokoll.

Die fehlenden Einträge müssen nachgepflegt werden, damit die Verbuchungstransaktionen in die entsprechenden Mappen erzeugt werden können. Anschließend muss der Report neu gestartet werden.

Dabei ist zu beachten, dass die Anweisung Einlesen der Daten diesmal nicht markiert wird, da der Kontoauszug bereits im SAP-System ist. Bei erneutem Start sucht der Report im Zwischenspeicher alle Einzelposten, die im jeweiligen Buchungsbereich noch nicht als verbucht gekennzeichnet sind. Ein Einzelposten gilt erst dann als verbucht, wenn eine Buchung in eine Mappe gestellt wird.

Folgende Protokolle bzw. Listen können erzeugt werden: der Kontoauszug, das Buchungsprotokoll und die Verarbeitungsstatistik.

2.2.2 Ausführen des Reports »RFEBKA00«

Für das Einlesen der Dateien mit den Kontoauszugsdaten verwenden Sie den Report RFEBKA00. Dazu wählen Sie vom Bild Easy Access aus den Menüpfad Rechnungswesen • Finanzwesen • Banken • Eingänge • Kontoauszug • Einlesen oder geben den Transaktionscode FF_5 ein.

Alternativ dazu können Sie den Report auch direkt aus der Transaktion SA38 ausführen. Sie gelangen in beiden Fällen zum Selektionsbild des Reports RFEBKA00 (siehe Abbildung 2.4).

Bereich »Dateiangaben«

Im Bereich Dateiangaben stehen folgende Felder zur Verfügung:

▶ **Checkbox »Einlesen der Daten«**
Setzen Sie dieses Kennzeichen, um den Kontoauszug vom File-System in den SAP-Bankdatenspeicher einzulesen.

[!]

> **Checkbox »Einlesen der Daten«**
>
> Falls der Report RFEBKA00 gestartet wird, ohne dass dieses Kennzeichen gesetzt ist, versucht das SAP-System, alle sich bereits im Bankdatenspeicher befindlichen Kontoauszüge zu verarbeiten. Stellen Sie daher sicher, dass sich im Bankdatenspeicher nur Echtdaten und keine Testdaten befinden.

▶ **Format elektr. Kontoauszug**
Hier stellen Sie ein, in welchem Format die Kontoauszüge eingelesen werden sollen. In der Regel werden Sie das Format MultiCash auswählen.

▶ **Auszugsdatei**
Tragen Sie hier den Pfad- sowie den Dateinamen der Datei mit den Auszugsdaten ein. Beim Einlesen von einem PC (Festplatte oder Wechseldatenträger) muss zusätzlich der Laufwerksname angegeben werden.

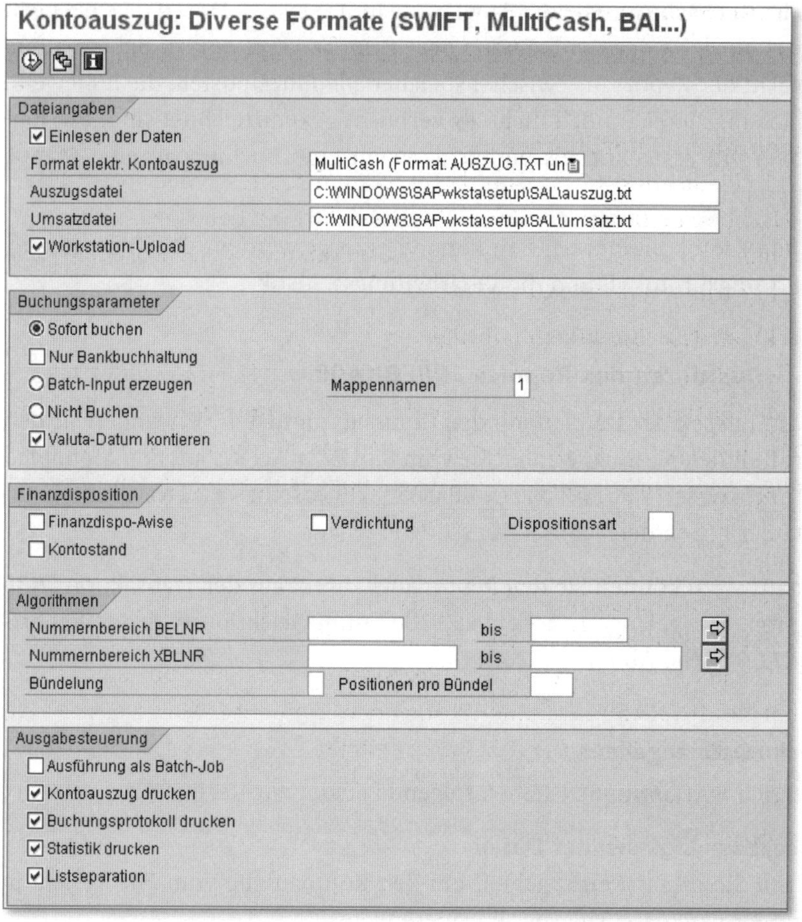

Kontoauszug: Diverse Formate (SWIFT, MultiCash, BAI...)

Dateiangaben

☑ Einlesen der Daten

Format elektr. Kontoauszug | MultiCash (Format: AUSZUG.TXT un ▦)

Auszugsdatei | C:\WINDOWS\SAPwksta\setup\SAL\auszug.txt

Umsatzdatei | C:\WINDOWS\SAPwksta\setup\SAL\umsatz.txt

☑ Workstation-Upload

Buchungsparameter

◉ Sofort buchen

☐ Nur Bankbuchhaltung

○ Batch-Input erzeugen | Mappennamen | 1

○ Nicht Buchen

☑ Valuta-Datum kontieren

Finanzdisposition

☐ Finanzdispo-Avise | ☐ Verdichtung | Dispositionsart ☐

☐ Kontostand

Algorithmen

Nummernbereich BELNR | | bis | | ⇨

Nummernbereich XBLNR | | bis | | ⇨

Bündelung | | Positionen pro Bündel |

Ausgabesteuerung

☐ Ausführung als Batch-Job

☑ Kontoauszug drucken

☑ Buchungsprotokoll drucken

☑ Statistik drucken

☑ Listseparation

Abbildung 2.4 Selektionsbild – Report »RFEBKA00«

▸ **Umsatzdatei**
Tragen Sie hier den Pfad- sowie den Dateinamen der Datei mit den Umsatzdaten ein. Beim Einlesen von einem PC (Festplatte oder Wechseldatenträger) muss zusätzlich der Laufwerksname angegeben werden.

[+] **Feld »Umsatzdatei«**

Das Feld UMSATZDATEI kann nur bei der Verwendung des MultiCash-Formats gefüllt werden. Bei allen anderen Formaten wird dieses Feld nicht benötigt.

▸ **Checkbox »Workstation-Upload«**
Markieren Sie dieses Feld, wenn Sie mit einem PC arbeiten und die Datei von der Festplatte oder einem Wechseldatenträger einlesen wollen.

Bereich »Buchungsparameter«

Der Bereich BUCHUNGSPARAMETER enthält die folgenden Felder zur Selektion bereit:

▶ **Radiobutton »Sofort buchen«**
Markieren Sie dieses Feld, falls das Programm sofort buchen soll. Falls Sie die Nachbearbeitungstransaktion für den elektronischen Kontoauszug nutzen möchten, *müssen* Sie dieses Feld markieren (siehe Abschnitt 2.3, »Nachbearbeiten des Kontoauszugs«).

▶ **Checkbox »Nur Bankbuchhaltung«**
Ist dieses Feld markiert, werden beim Einlesen des Kontoauszugs zunächst nur die Buchungen des Buchungsbereichs 1 (Haupt- bzw. Bankbuchhaltung) ausgeführt – jeweils definiert über das Buchungsschema. Die Buchungen des Buchungsbereichs 2 (Nebenbuchhaltung) werden dann zunächst nicht ausgeführt und können zu einem späteren Zeitpunkt nachgeholt werden.

▶ **Radiobutton »Batch-Input erzeugen«**
Markieren Sie dieses Feld, falls Sie Batch-Input-Mappen erzeugen möchten. Sie können gleichzeitig die Verbuchung der Einzelposten auf den Haupt- und Nebenbuchkonten vornehmen. Dafür werden in einem Programmlauf zwei Batch-Input-Mappen erstellt:

  ▶ Bankbuchhaltung

  ▶ Nebenbuchhaltung

Status »gebucht«. [!]

Sobald ein Vorgang in einer Mappe steht, gilt er als gebucht.

▶ **Feld »Mappennamen«**
Diese Option hat keinen Effekt, wenn die Option SOFORT BUCHEN eingestellt ist. Sie geben eine Nummer ein, die spezifiziert, wie der Mappenname generiert wird. Voreingestellt ist 1, was bedeutet, dass der Mappenname aus der Hausbank-ID und der Konten-ID zusammengesetzt ist. Dies gilt für die Bank- und die Nebenbuchmappe. Der Unterschied besteht nur darin, dass der Name der Nebenbuchmappe als erstes Zeichen ein »/« enthält.

▶ **Radiobutton »Nicht buchen«**
Wenn Sie dieses Feld markieren, werden keine Buchungen erzeugt. Die Daten werden in den Bankdatenspeicher geladen und dort gehalten. Dem Buchungsprotokoll können Sie dann entnehmen, welche Buchungen bei

einem Echtlauf in die Batch-Input-Mappen gestellt worden wären. Diese Einstellung ist zum Beispiel in der Testphase sinnvoll.

▶ **Checkbox »Valuta-Datum kontieren«**
Wenn dieses Feld markiert ist, wird das Valutadatum beim Buchen verwendet.

[+] | **Valuta-Datum**

Bitte beachten Sie, dass in diesem Fall das Valuta-Datum auf den Bankbuchungszeilen (Stichwort: Feldstatusgruppe) eingabebereit ist.

Bereich »Finanzdisposition«

Im Bereich FINANZDISPOSITION stehen weitere Felder bereit: Falls Sie direkt buchen, werden die Daten für die Finanzdisposition durch die erzeugten Belege implizit fortgeschrieben. Falls Sie Batch-Input-Mappen erzeugen und diese nicht rechtzeitig abspielen, können Sie die Kontoauszugsdaten für die Finanzdisposition durch das Erzeugen von Finanzdispo-Avisen bekannt machen.

▶ **Checkbox »Finanzdispo-Avise«**
Markieren Sie dieses Feld, falls Sie für jeden Umsatz im Kontoauszug ein Avis in der Finanzdispo erzeugen möchten. Dies ist dann sinnvoll, wenn die Zahl der Buchungen in der Bankbuchhaltung so groß ist, dass die Verbuchung der Kontoauszüge nicht bis zu der Zeit abgeschlossen ist, zu der Sie die Finanzdisposition durchführen müssen.

Da Buchungen in der Finanzbuchhaltung Auswirkungen auf die Dispositionsdaten haben, dürfen Sie die Batch-Input-Mappen erst dann abspielen, wenn Sie die Finanzdisposition abgeschlossen haben. Die vom Report erzeugten Finanzdispo-Avise werden mit der ersten Transaktion in der Mappe für die Bankbuchhaltung archiviert.

[+] | **Checkbox »Finanzdispo-Avise«**

Sie können das Feld nur markieren, wenn Sie den elektronischen Kontoauszug mit Batch-Input buchen.
Dieses Feld kann nicht in Verbindung mit der Option SOFORT BUCHEN verwendet werden.

▶ **Eingabefeld »Dispositionsart«**
Die Dispositionsart ist ein Erfassungskriterium für

  ▷ die *Dispositionsebene*, unter der ein Einzelsatz fortgeschrieben wird,

- den *Nummernkreis*, unter dem die Einzelsätze geführt werden, und

- die *Festlegung*, welche Felder beim Anlegen und Ändern von Einzelsätzen angezeigt und eingabebereit sein sollen.

Checkbox »Verdichtung«

Ist dieser Schalter gesetzt, wird nicht pro einzelnem Kontoauszugsposten ein Avis erzeugt, die Posten werden dann nach Valuta-Datum verdichtet. Aus den verdichteten Sätzen werden anschließend Avise in die Mappe gestellt.

Bereich »Algorithmen«

Der Bereich ALGORITHMEN enthält Kriterien zur Festlegung des Selektionsfeldes.

Nummernbereich BELNR bzw. XBLNR

Geben Sie hier die Intervalle ein, in denen sich die Werte Ihrer Belegnummern und/oder Referenzbelegnummern befinden dürfen. Werte, die außerhalb dieser Intervalle liegen, werden vom Report als nicht gültig angesehen und können deshalb nicht als Information zum Ausgleichen von offenen Posten herangezogen werden.

Die Referenznummer muss von Ihrem Kunden bzw. Ihrer Hausbank im Kontoauszug in der gleichen Form und Länge zurückgeliefert werden wie die im SAP-System geführte Nummer.

[zB]

Führende Nullen bei Referenznummern

Sie schicken Ihrem Kunden eine Überweisung mit der Referenzbelegnummer 000101. Der Kunde übermittelt Ihrer Hausbank jedoch nur die Nummer 101, die dann auch im elektronischen Kontoauszug in dieser Form auftaucht. In diesem Fall kann die Nummer nicht im SAP-System gefunden werden, da die zurückgelieferte Nummer und die dem SAP-System bekannte Nummer nicht die gleichen sind. Beim elektronischen Kontoauszug ist daher unbedingt zu beachten, dass führende Nullen vom Kunden bzw. der Hausbank zurückgeliefert werden.

Einstellungen zum Aspekt »Bündelung«

Durch diese Felder kann festgelegt werden, ob und wie die Posten eines Kontoauszugs zu Bündeln zusammengefasst werden. Falls Sie die Kontoauszüge durch den Report sofort buchen lassen, können Sie die Posten eines Kontoauszugs bei der Nachbearbeitung bündelweise selektieren. Falls Sie Batch-Input-Mappen erzeugen, können Sie dadurch für jedes Bündel eine eigene Batch-Input-Mappe erstellen.

▷ Bei *Bündelart 1* (Bündel je Nachbearbeiter) wird das Feld mit dem Sachbearbeiterkürzel aus dem Debitorenstammsatz gefüllt. Falls der Debitor nicht eindeutig über die Bankverbindung identifiziert werden kann, bleibt das Feld leer.

▷ Bei *Bündelart 2* wird je n Posten ein Bündel gebildet. Auf diese Weise können maximal 99 Bündel gebildet werden.
Falls Sie »n = 100« wählen, kommen die ersten 100 Posten in Bündel 1 und die nächsten 100 Posten in Bündel 2 usw.
Falls Sie »n = 1« wählen, kommen die Posten 1 bis 99 in die Bündel 1 bis 99. Der hundertste Posten kommt dann wieder in Bündel 2 usw.

Bereich »Ausgabesteuerung«

Im unteren Teil des Bildes befindet sich der Bereich AUSGABESTEUERUNG mit weiteren Selektionskriterien. Die Ausgabedaten werden über verschiedene Parameter gesteuert. Folgende Optionen stehen zur Verfügung:

▶ **Checkbox »Ausführung als Batch-Job«**
Mit dieser Checkbox legen Sie fest, dass der Report als Hintergrund-Job gestartet wird.

▶ **Checkbox »Kontoauszug drucken«**
Im Anschluss an die maschinelle Verarbeitung wird der eingelesene Kontoauszug gedruckt.

[+] **Checkbox »Ausführung als Batch-Job«**

Der getrennte Ausdruck erfolgt in diesem Fall gemäß den Einträgen in der Listseparationstabelle mit der Domäne LSEPW_EB. Sie können dort mit dem Wert 1 die Druckparameter für den Druck des Buchungsprotokolls und mit dem Wert 2 die Parameter für den Druck der Statistik pflegen.

▶ **Checkbox »Buchungsprotokoll drucken«**
Das Buchungsprotokoll gibt – getrennt nach Buchungsbereich – Auskunft über alle Buchungen, die erfolgt sind. Außerdem werden die externen Geschäftsvorfallcodes und die die Verbuchung steuernden internen Vorgänge aufgelistet.

▶ **Checkbox »Statistik drucken«**

Der Verarbeitungsstatistik können Sie entnehmen, wie viele Buchungen erzeugt wurden bzw. aufgrund eines Fehlers nicht erzeugt werden konnten.

▶ **Checkbox »Listseparation«**

Markieren Sie diesen Parameter, wenn Sie das Buchungsprotokoll und die Buchungsstatistik getrennt ausdrucken möchten.

Um den Report auszuführen, wählen Sie das Icon AUSFÜHREN 🕹 (oder die Taste F8). In unserem Beispiel hatten wir im Bereich AUSGABESTEUERUNG den Kontoauszug (siehe Abbildung 2.5), das Buchungsprotokoll (siehe Abbildung 2.6) und die Statistik zum verarbeiteten Kontoauszug (siehe Abbildung 2.7) angefordert.

```
Kontoauszug: Diverse Formate (SWIFT, MultiCash, BAI...)

IDES AG                                              Zeit 16:44:12    Datum 07.09.2009
Frankfurt                                            RFEBKA00/HFO      Seite        1
Deutsche Bank Gruppe
Kontoinhaber:   SAP Testreport RFEBKATX
BLZ:            50070010    Kontonummer:   10000100  Auszugsnummer:   00003  Kurzschlüssel:  00000057
Hausbank:       1000        Konto-Id:      1000      Auszugsdatum:    07.09.2009  Währung        EUR

Anfangssaldo      88.224,00-
Summe Soll        95.586,00
Summe Haben      102.620,00
Endsaldo          81.190,00-
```

ESNr	ValutaDat	BankBuDat	Verwendungszweck	BuchungsText	Betrag	GVC
				Anfangssaldo	88.224,00-	
1	07.09.2009	07.09.2009	Rechnungsnummer 1800000029		408,00	051
			Rechnungsdatum 15.06.2009			
			Linz Consulting			
			Köln			
			Geschäftspartner;; Linz Consulting Köln			
			Partner BLZ 57240033			
			Partner Konto 333444			
2	07.09.2009	07.09.2009	Rechnungsnummer 1800000030		455,00	051
			Rechnungsdatum 15.06.2009			
			Thoraxklinik-Hamburg			
			1024 Hamburg			
			Geschäftspartner;; Thoraxklinik-Hamburg 1024...			
			Partner BLZ 20000000			
			Partner Konto 34			
3	07.09.2009	07.09.2009	Rechnungsnummer 1800000031		502,00	051
			Rechnungsdatum 15.06.2009			
			CBD Computer Based Design			
			Hamburg			
			Geschäftspartner;; CBD Computer Based Design Ham...			
			Partner BLZ 56565656			
			Partner Konto 2354564			

Abbildung 2.5 Report »RFEBKA00« – Kontoauszug

Neben dem Report RFEBKA00, der in den meisten Ländern genutzt werden kann, stehen im SAP-System noch weitere Einleseprogramme zur Verfügung. In diesem Abschnitt wird der Report RFEBKA30 vorgestellt, der Kontoauszüge aus dem Bankdatenspeicher verarbeitet, die vom MultiCash-Report RFEBKA00 mit der Option NICHT BUCHEN eingelesen wurden.

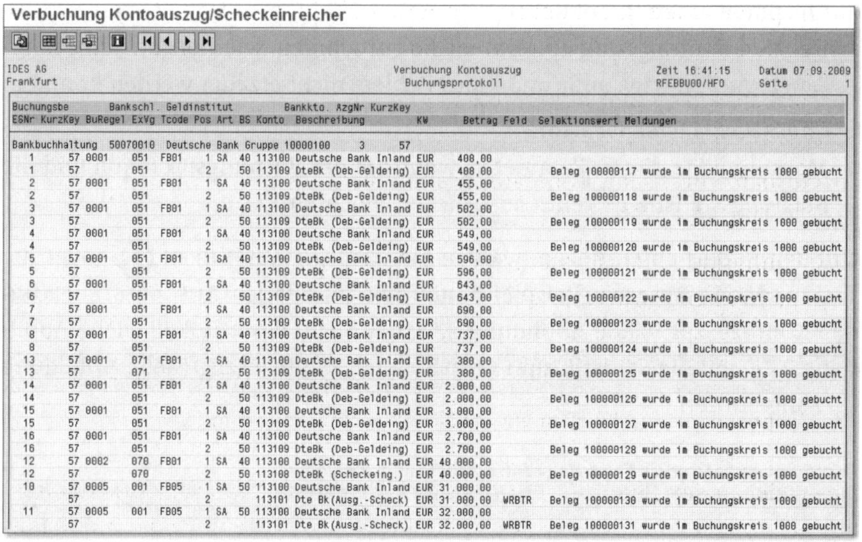

Verbuchung Kontoauszug/Scheckeinreicher

```
IDES AG                                    Verbuchung Kontoauszug                    Zeit 16:41:15    Datum 07.09.2009
Frankfurt                                   Buchungsprotokoll                        RFEBBU00/HFO     Seite          1

Buchungsbe      Bankschl. Geldinstitut        Bankkto. AzgNr KurzKey
ESNr KurzKey BuRegel ExVg Tcode Pos Art BS Konto  Beschreibung        KW       Betrag Feld  Selektionswert Meldungen

Bankbuchhaltung  50070010  Deutsche Bank Gruppe 10000100    3     57
   1      57 0001    051  FB01    1 SA  40 113100 Deutsche Bank Inland EUR     408,00
   1      57         051          2     50 113109 DteBk (Deb-Geldeing) EUR     408,00         Beleg 100000117 wurde im Buchungskreis 1000 gebucht
   2      57 0001    051  FB01    1 SA  40 113100 Deutsche Bank Inland EUR     455,00
   2      57         051          2     50 113109 DteBk (Deb-Geldeing) EUR     455,00         Beleg 100000118 wurde im Buchungskreis 1000 gebucht
   3      57 0001    051  FB01    1 SA  40 113100 Deutsche Bank Inland EUR     502,00
   3      57         051          2     50 113109 DteBk (Deb-Geldeing) EUR     502,00         Beleg 100000119 wurde im Buchungskreis 1000 gebucht
   4      57 0001    051  FB01    1 SA  40 113100 Deutsche Bank Inland EUR     549,00
   4      57         051          2     50 113109 DteBk (Deb-Geldeing) EUR     549,00         Beleg 100000120 wurde im Buchungskreis 1000 gebucht
   5      57 0001    051  FB01    1 SA  40 113100 Deutsche Bank Inland EUR     596,00
   5      57         051          2     50 113109 DteBk (Deb-Geldeing) EUR     596,00         Beleg 100000121 wurde im Buchungskreis 1000 gebucht
   6      57 0001    051  FB01    1 SA  40 113100 Deutsche Bank Inland EUR     643,00
   6      57         051          2     50 113109 DteBk (Deb-Geldeing) EUR     643,00         Beleg 100000122 wurde im Buchungskreis 1000 gebucht
   7      57 0001    051  FB01    1 SA  40 113100 Deutsche Bank Inland EUR     690,00
   7      57         051          2     50 113109 DteBk (Deb-Geldeing) EUR     690,00         Beleg 100000123 wurde im Buchungskreis 1000 gebucht
   8      57 0001    051  FB01    1 SA  40 113100 Deutsche Bank Inland EUR     737,00
   8      57         051          2     50 113109 DteBk (Deb-Geldeing) EUR     737,00         Beleg 100000124 wurde im Buchungskreis 1000 gebucht
  13      57 0001    071  FB01    1 SA  40 113100 Deutsche Bank Inland EUR     380,00
  13      57         071          2     50 113109 DteBk (Deb-Geldeing) EUR     380,00         Beleg 100000125 wurde im Buchungskreis 1000 gebucht
  14      57 0001    051  FB01    1 SA  40 113100 Deutsche Bank Inland EUR   2.000,00
  14      57         051          2     50 113109 DteBk (Deb-Geldeing) EUR   2.000,00         Beleg 100000126 wurde im Buchungskreis 1000 gebucht
  15      57 0001    051  FB01    1 SA  40 113100 Deutsche Bank Inland EUR   3.000,00
  15      57         051          2     50 113109 DteBk (Deb-Geldeing) EUR   3.000,00         Beleg 100000127 wurde im Buchungskreis 1000 gebucht
  16      57 0001    051  FB01    1 SA  40 113100 Deutsche Bank Inland EUR   2.700,00
  16      57         051          2     50 113109 DteBk (Deb-Geldeing) EUR   2.700,00         Beleg 100000128 wurde im Buchungskreis 1000 gebucht
  12      57 0002    070  FB01    1 SA  40 113100 Deutsche Bank Inland EUR  40.000,00
  12      57         070          2     50 113108 DteBk (Scheckeing.)  EUR  40.000,00         Beleg 100000129 wurde im Buchungskreis 1000 gebucht
  10      57 0005    001  FB05    1 SA  50 113100 Deutsche Bank Inland EUR  31.000,00
          57                      2        113101 Dte Bk(Ausg.-Scheck) EUR  31.000,00  WRBTR  Beleg 100000130 wurde im Buchungskreis 1000 gebucht
  11      57 0005    001  FB05    1 SA  50 113100 Deutsche Bank Inland EUR  32.000,00
          57                      2        113101 Dte Bk(Ausg.-Scheck) EUR  32.000,00  WRBTR  Beleg 100000131 wurde im Buchungskreis 1000 gebucht
```

Abbildung 2.6 Report »RFEBKA00« – Buchungsprotokoll

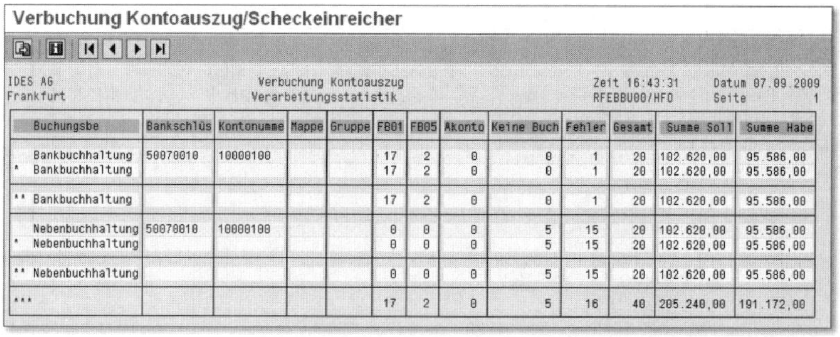

Verbuchung Kontoauszug/Scheckeinreicher

IDES AG — Verbuchung Kontoauszug — Zeit 16:43:31 — Datum 07.09.2009
Frankfurt — Verarbeitungsstatistik — RFEBBU00/HFO — Seite 1

Buchungsbe	Bankschlüs	Kontonumme	Mappe	Gruppe	FB01	FB05	Akonto	Keine Buch	Fehler	Gesamt	Summe Soll	Summe Habe
Bankbuchhaltung	50070010	10000100			17	2	0	0	1	20	102.620,00	95.586,00
* Bankbuchhaltung					17	2	0	0	1	20	102.620,00	95.586,00
** Bankbuchhaltung					17	2	0	0	1	20	102.620,00	95.586,00
Nebenbuchhaltung	50070010	10000100			0	0	0	5	15	20	102.620,00	95.586,00
* Nebenbuchhaltung					0	0	0	5	15	20	102.620,00	95.586,00
** Nebenbuchhaltung					0	0	0	5	15	20	102.620,00	95.586,00
***					17	2	0	5	16	40	205.240,00	191.172,00

Abbildung 2.7 Report »RFEBKA00« – Statistik

2.2.3 Buchungen für Kontoauszüge aus dem Bankdatenspeicher – Report »RFEBKA30«

Mit dem Report RFEBKA30 können die Buchungen für Kontoauszüge aus dem Bankdatenspeicher erzeugt werden. Dabei können entweder Batch-Input-Mappen oder direkte Buchungen für die Verbuchung in der Haupt- und Nebenbuchhaltung erzeugt werden.

Mit Hilfe von Parameteranweisungen können Sie festlegen, ob beide Buchungsbereiche in einem Lauf oder ob zuerst nur die Hauptbuchhaltung berücksichtigt werden soll. Im Falle einer Batch-Input-Verarbeitung werden die Mappennamen vom Report generiert, wobei Sie im Feld MAPPENNAMEN zwischen mehreren Optionen wählen können, beispielsweise den Folgenden:

1. Hausbankkürzel und Kontokürzel
   (z. B. DREBA-GIRO)

2. Hausbankkürzel und Kontoauszugsnummer
   (z. B. DREBA-034)

3. Buchungskreis, Hausbankkürzel und Auszugsnummer
   (z. B. 1000-DREBA-034)

Benennung der Mappen – Konvention

Der Mappenname für die Nebenbuchhaltung beginnt immer mit »/«.

Sie erreichen den Report RFEBKA30 über den Menüpfad RECHNUNGSWESEN • FINANZWESEN • BANKEN • EINGÄNGE • KONTOAUSZUG • BUCHEN oder durch Eingabe des Transaktionscodes FEBP. Es erscheint das Selektionsbild, das in Abbildung 2.8 dargestellt wird.

Abbildung 2.8 Selektionsbild – Report »RFEBKA30«

Die Selektionsfelder im Bereich KONTOAUSZÜGE sind selbsterklärend, Die restlichen Selektionsfelder haben dieselben Funktionen wie beim Report RFEBKA00.

2.3 Nachbearbeiten des Kontoauszugs

Für die Verarbeitung des elektronischen Kontoauszugs stehen Ihnen zwei Möglichkeiten zur Verfügung. Diese können Sie auf dem Selektionsbildschirm beim Einlesen des Kontoauszugs wählen:

▶ Sofort buchen (Call Transaction)

▶ Batch-Input-Mappen erzeugen

Die Art der Verarbeitung, die Sie an dieser Stelle wählen, ist entscheidend dafür, welche Art der Nachbearbeitung Sie für den elektronischen Kontoauszug vornehmen können.

Falls Sie beim Einlesen des Kontoauszugs die Option SOFORT BUCHEN gewählt haben, können Sie die nicht automatisch gebuchten Umsätze mit Hilfe einer eigenen *Nachbearbeitungstransaktion* ergänzen und dann buchen.

Diese Methode hat den Vorteil, dass jede Belegnummer, die aufgrund des elektronischen Kontoauszugs gebucht wird, im Bankdatenspeicher gesichert wird. Es ist also jederzeit möglich, den Status einer Buchung festzustellen.

Nachdem der elektronische Kontoauszug zentral eingelesen und verbucht wurde, hat jeder Posten des Kontoauszugs den Status »gebucht«, »akonto gebucht« oder »nicht verbucht«.

Die Nachbearbeitungstransaktion FEBAN bietet also folgende Vorteile:

▶ Alle Positionen sind auf einem Bild bearbeitbar.

▶ Der Verwendungszweck bleibt bei der Weiterverarbeitung sichtbar.

▶ Beide Buchungsbereiche sind auf einen Blick ersichtlich.

▶ Die Bearbeitungsliste ist in ALV-Technik (ALV = *SAP List Viewer:* filtern, sortieren etc.) gehalten.

▶ Sie können umfangreiche Selektionsmöglichkeiten für die Kontoauszugspositionen nutzen.

Bei der Batch-Input-Verarbeitung ist dies nicht möglich, da erst beim Abspielen der Mappen gebucht wird. Der Status im Bankdatenspeicher wird jedoch bereits auf »erledigt« gesetzt, sobald eine Buchungstransaktion in einer

Mappe gespeichert wird. In der Regel werden die Mappen zunächst im Hintergrund abgespielt. Das Ergebnis wird dann im *Batch-Input-Protokoll* festgehalten. Nicht verbuchte Buchungstransaktionen stehen als fehlerhafte Sätze weiterhin in der Mappe.

Zur Nachbearbeitung werden die Mappen online abgespielt. Hierbei können fehlerhafte oder fehlende Daten geändert, hinzugefügt oder gelöscht werden. Die Nachbearbeitung ist dann beendet, wenn eine Mappe keine fehlerhaften Buchungstransaktionen mehr enthält. Da davon auszugehen ist, dass Buchungen in einer Mappe irgendwann einmal erfolgreich gebucht werden, setzt das SAP-System die Einzelposten des entsprechenden Kontoauszugs auf »erfolgreich gebucht«.

Tabelle 2.1 zeigt die Buchungsparameter des Reports RFEBKA00.

Buchungsparameter	Nachbearbeitung	Verbleib der Daten bei nicht erfolgter Buchung
Sofort buchen	Transaktion FEBAN	Avisdatenbank
Batch-Input-Mappe erzeugen	fehlerhafte Mappen sichtbar »online« abspielen	Sätze in der fehlerhaften Batch-Input-Mappe

Tabelle 2.1 Buchungsparameter im Report »RFEBKA00«

2.3.1 Transaktion FEBAN

Betrachten wir zunächst die Nachbearbeitungstransaktion FEBAN bzw. FEBA_BANK_STATEMENT. In der Regel gehen Sie bei der Arbeit mit dieser Transaktion folgendermaßen vor:

1. Zunächst wählen Sie einen Buchungsbereich (Bankbuchhaltung oder Nebenbuchhaltung).
2. Dann selektieren Sie die Einzelposten, die Sie nachbearbeiten möchten.
3. Sie können bei jedem Einzelposten Ausgleichsinformationen löschen oder ergänzen, indem Sie die Verwendungszweckzeilen mit den Ausgleichsinformationen vergleichen, die durch den Interpretationsalgorithmus bzw. Customer-Exits im Zahlungsavis gespeichert wurden.

Sie erreichen die Nachbearbeitungstransaktion über den Menüpfad RECHNUNGSWESEN • FINANZWESEN • BANKEN • EINGÄNGE • KONTOAUSZUG • NACHBEARBEITEN oder durch Eingabe des Transaktionscodes FEBAN. Sie gelangen zum Dialogfenster AUSWAHL DER KONTOAUSZÜGE NACH BANKEN UND KONTONUMMERN (siehe Abbildung 2.9).

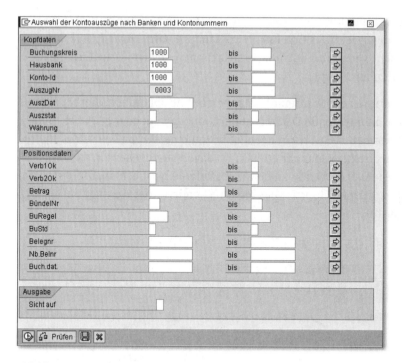

Abbildung 2.9 Auswahl der Kontoauszüge (Transaktion FEBAN)

[+] **Transaktion FEBA_BANK_STATEMENT**

Die Transaktion FEBA_BANK_STATEMENT entspricht der Transaktion FEBAN. Beide Transaktionen unterscheiden sich lediglich durch die Technik, in der sie programmiert sind.

▸ FEBAN nutzt das Programm SAPLNEW_FEBA, das im klassischen ABAP geschrieben ist.

▸ FEBA_BANK_STATEMENT nutzt die Klasse CL_FEBA_TRANSACTIONS sowie die Methode FEBA_BANK_STATEMENT und verwendet das OO-Transaktionsmodell. Jede OO-Transaktion wird dabei durch ein Transaktionsobjekt repräsentiert.

Hier füllen Sie in den drei Eingabebereichen KOPFDATEN, POSITIONSDATEN und AUSGABE die für Sie relevanten Felder aus. Die Felder im Bereich KOPF-DATEN sind selbsterklärend – z. B. BUCHUNGSKREIS, HAUSBANK, KONTO-ID, AUSZUGSNUMMER oder AUSZUGSDATUM.

Im Bereich POSITIONSDATEN können folgende Einschränkungen getroffen werden:

▶ **Feld »BündelNr«**
Dieses Kürzel steht für *Bündelnummer*; hier können logisch zusammengehörige Umsätze eines Kontoauszugs zu einem Bündel zusammengefasst werden (Bündelung von Umsätzen). Dadurch können alle Umsätze eines Kontoauszugs, die zu einem Bündel gehören, selektiert werden.

Feld »BündelNr«
Dies ist nur relevant, wenn das Feld GRPNR durch die Bündelung beim Einlesen des Kontoauszugs oder durch die Funktionserweiterung (Customer-Exit) gefüllt wird.

[+]

▶ **Feld »Verb1Ok«**
Dieses Kürzel steht für »1. Verbuchung in Ordnung«.

 ▷ Der Eintrag X bedeutet, dass die Buchung im Buchungsbereich 1 (Bankenbuchung) erfolgt ist.

 ▷ Kein Eintrag bedeutet, dass die Buchung noch durchgeführt werden muss.

▶ **Feld »Verb2Ok«**
Dieses Kürzel steht für »2. Verbuchung in Ordnung«.

 ▷ Der Eintrag X bedeutet, dass die Buchung im Buchungsbereich 2 (Nebenbuchung) erfolgt ist.

 ▷ Kein Eintrag bedeutet, dass die Buchung noch durchgeführt werden muss.

▶ **Feld »BuRegel«**
Dieses Kürzel steht für »Buchungsregel«. Das Feld bestimmt die Buchungsregeln für die Buchungen in der Haupt- und in der Nebenbuchhaltung, z. B.:

 ▷ 0001 – Geldeingang über Zwischenkonto

 ▷ 0005 – Scheckausgang

 ▷ 0006 – Eingangszahlung (Lastschrift)

 ▷ 0009 – Gebühren auf Gebührenkonto

▶ **Feld »Sicht auf«**
Dieses Feld dient zur Einschränkung auf die Buchungsbereiche. Wird dieses Feld nicht gefüllt, werden alle Buchungsbereiche angeboten.

Nachdem Sie Ihre Angaben gemacht haben, klicken Sie auf das Icon 🔄 (oder drücken Sie die Taste ⌐F8⌐).

Anschließend wird das Bild Kontoauszüge bearbeiten angezeigt (siehe Abbildung 2.10). Im linken der beiden angezeigten Fenster sind die selektierten Kontoauszüge mit ihren Positionen aufgeführt. Die einzelnen Kontoauszüge sind den Bankkonten und diese den jeweiligen Hausbanken zugeordnet.

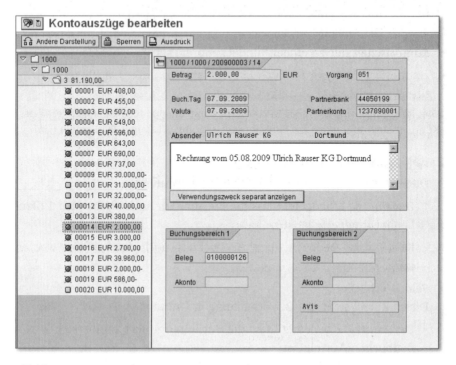

Abbildung 2.10 Anzeige der Kontoauszüge (Transaktion FEBAN)

Mit einem Doppelklick auf eine der angezeigten Kontoauszugspositionen erhalten Sie im rechten Fenster die Detailsicht zur ausgewählten Position angezeigt. In diesem Beispiel sind dies zum einen die Informationen aus dem von der Bank gesendeten Kontoauszug, zum anderen die Informationen über die erfolgten Buchungen in den beiden Buchungsbereichen.

[zB]

Detailsicht zur Position

Es werden der Name des Absenders, der Ort und die Bankdaten angezeigt; in unserem Beispiel ist das die Ulrich Rauser KG aus Dortmund mit der Bankleitzahl 44050199 und der Kontonummer 1237890001.

Außerdem werden noch der von der Bank gelieferte externe Vorgangscode – in diesem Fall 051 für debitorische Überweisung – und selbstverständlich der Betrag der Ein- bzw. Auszahlung, hier 2.000 EUR, angegeben.

Des Weiteren wird angezeigt, dass im Buchungsbereich 1 (Bankenbuchhaltung) der Beleg 100000126 gebucht wurde (*Bankkonto* an *Bankverrechnungskonto*).

In Kapitel 1, »Der elektronische Kontoauszug«, haben wir die wichtigsten Geschäftsvorfälle beschrieben, die in einem Kontoauszug enthalten sein können. Dies waren:

- debitorische Überweisungen
- kreditorische Gutschriften von Lieferantenrechnungen oder kreditorische Überweisungen von Gutschriften
- reine Sachkontenbuchungen (inklusive des Spezialfalls der gemeinkostenrelevanten Buchungen)

Diese Geschäftsvorfälle werden wir jetzt in Bezug auf die Nachbearbeitung betrachten. Beginnen wir mit den debitorischen Überweisungen.

2.3.2 Debitorische Überweisungen

Die einzelnen Vorgänge innerhalb der debitorischen Überweisungen lassen sich wie in Abbildung 2.11 dargestellt.

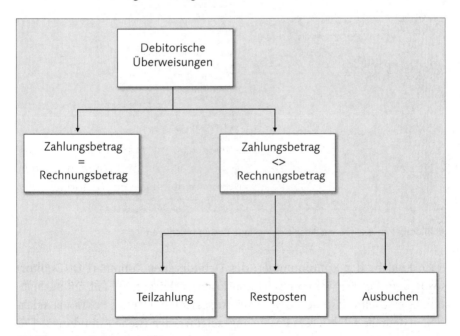

Abbildung 2.11 Debitorische Überweisungen

Der Debitor kann den gesamten Rechnungsbetrag überweisen oder nur einen Teil davon. Falls der Kunde den Rechnungsbetrag nur teilweise begleicht, kann der Anwender unter drei Techniken der Verarbeitung wählen – der Teilzahlung, der Restpostenbildung oder der Ausbuchung des Differenzbetrags.

Beispiel 1 – Buchen mit Ausgleich

Im ersten Beispiel hat der Debitor Ulrich Rauser KG den vollen Rechnungsbetrag in Höhe von 2.000 EUR überwiesen.

Falls die notwendigen Informationen zur Nachbearbeitung der ausgewählten Kontoauszugsposition vorliegen, ist das Icon SICHERN ▦ (oder die Tastenkombination Strg + S) zu drücken. Sie sehen das Bild BUCHEN MIT AUSGLEICHEN SELEKTIEREN OFFENE POSTEN (siehe Abbildung 2.12).

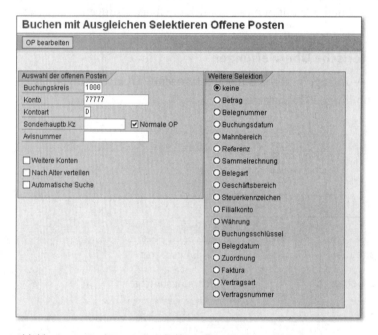

Abbildung 2.12 Buchen mit Ausgleich – offene Posten selektieren

Nach Eingabe der Kontonummer, des Debitors, der Kontenart D (Debitor) sowie dem Einsatz weiterer Selektionskriterien klicken Sie auf OP BEARBEITEN. Es erscheint das Bild BUCHEN MIT AUSGLEICHEN OFFENE POSTEN BEARBEITEN, in dem die selektierten Posten angezeigt werden (siehe Abbildung 2.13).

Je nach Einstellung in den Bearbeitungsoptionen (Transaktion FB00) des jeweiligen Benutzers sind diese Posten aktiv oder deaktiv.

Buchen mit Ausgleichen Offene Posten bearbeiten

Diff.vert. | Diff.ausb. | Bearbeitungsoption | Skontofälligkeit | Klärungsfall anlegen

Standard | Teilzahlung | Restposten | Quellensteuer

Posten zum Konto 77777 Ulrich Rauser KG

Belegnum	B	Belegdat	B	Ge	Ver	EUR Brutto	Skonto	Skt-Pr
1800000014	DR	05.08.20001			27-	4.000,00		
1800000011	DR	05.08.20001			33	2.000,00		

Betrag | Brutto<> | Währung | Posten | Posten | Skon | Skon

Bearbeitungsstatus

Anzahl Posten	2		Erfasster Betrag	2.000,00
Anzeige ab Position	1		Zugeordnet	2.000,00
Differenzgrund			Differenzbuchungen	
Anzeige in Ausgleichswährung			Nicht zugeordnet	0,00

Abbildung 2.13 Buchen mit Ausgleich – offene Posten bearbeiten

In unserem Beispiel war noch kein Posten aktiv, und die auszugleichende Position wurde durch einen Doppelklick aktiviert. Die im Feld NICHT ZUGE-ORDNET (siehe Abbildung 2.13) angezeigte Differenz beträgt null Euro. Der Beleg kann vor der endgültigen Buchung zunächst simuliert werden. In diesem Fall besteht noch die Möglichkeit der Korrektur des gesamten Belegs (siehe Abbildung 2.14).

Buchen mit Ausgleichen Anzeigen Übersicht

Anzeigewährung | Steuern | Rücksetzen

Belegdatum	07.09.2009	Belegart	DZ	Buchungskreis	1000
Buchungsdatum	07.09.2009	Periode	9	Währung	EUR
Belegnummer	INTERN	GeschJahr	2009	Umrechnungsdat	07.09.2009
Ledger-Gr.					
Referenz	1000 1000 09003			Übergreifd.Nr	
Belegkopftext	0000005700014			PartnerGsber	
Filialnummer				Anzahl Seiten	

Positionen in Belegwährung

BS	GsBe	Konto		EUR	Betrag	Mws-Btr
001	40	0000113109	DteBk (Deb-Geldeing		2.000,00	
002	15	0000077777	Ulrich Rauser KG		2.000,00-	

Abbildung 2.14 Buchen mit Ausgleich – Übersicht anzeigen

Wenn Sie das Icon BUCHEN ⊞ anklicken (oder ⌈Strg⌉ + ⌈S⌉ drücken), ist der Beleg gebucht. Die Belegnummer wird im Bereich BUCHUNGSBEREICH 2 angezeigt (siehe Abbildung 2.15).

Abbildung 2.15 Kontoauszüge bearbeiten

Beispiel 2 – Teilzahlung

Im zweiten Beispiel hat derselbe Debitor, die Ulrich Rauser KG, nicht den vollen Rechnungsbetrag in Höhe von 4.000 EUR überwiesen, sondern lediglich 3.000 EUR, und wir verarbeiten diese Kontoauszugsposition mit der Technik *Teilzahlung*.

In Abbildung 2.16 wird die vorliegende Information zur ausgewählten Position angezeigt.

Nachdem Sie auf das Icon SICHERN ⊞ geklickt (oder ⌈Strg⌉ + ⌈S⌉ gedrückt haben), wird dasselbe Bild wie im ersten Beispiel angezeigt – siehe Abbildung 2.12. Nach Eingabe der Kontonummer des Debitors, der Kontenart D (Debitor) sowie der Auswahl weiterer Selektionskriterien klicken Sie auf den Button OP BEARBEITEN. Es erscheint das Bild BUCHEN MIT AUSGLEICHEN OFFENE POSTEN BEARBEITEN. Darin werden die selektierten Posten angezeigt (siehe Abbildung 2.17).

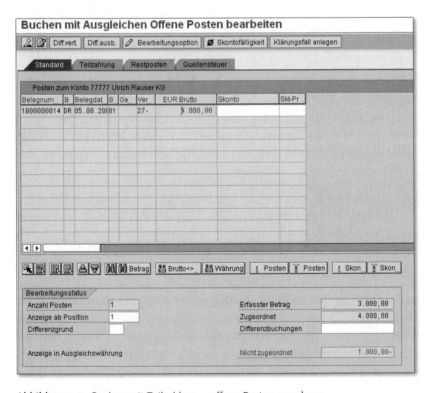

Abbildung 2.16 Buchen mit Teilzahlung

Buchen mit Ausgleichen Offene Posten bearbeiten

| | | Diff.vert. | Diff.ausb. | 🖉 Bearbeitungsoption | Ø Skontofälligkeit | Klärungsfall anlegen |

| Standard | Teilzahlung | Restposten | Quellensteuer |

Posten zum Konto 77777 Ulrich Rauser KG

Belegnum	B	Belegdat	B	Ge	Ver	EUR Brutto	Skonto	Skt-Pr
1800000014	DR	05.08.2001			27-	4.000,00		

| Betrag | Brutto<> | Währung | ⬆ Posten | ⬇ Posten | ⬆ Skon.. | ⬇ Skon.. |

Bearbeitungsstatus

Anzahl Posten	1	Erfasster Betrag	3.000,00
Anzeige ab Position	1	Zugeordnet	4.000,00
Differenzgrund		Differenzbuchungen	
Anzeige in Ausgleichswährung		Nicht zugeordnet	1.000,00-

Abbildung 2.17 Buchen mit Teilzahlung – offene Posten zuordnen

Nach einem Doppelklick auf den Rechnungsbetrag wird im Feld NICHT ZUGE-
ORDNET die Differenz von 1.000 EUR angezeigt. Wechseln Sie nun auf das
Register TEILZAHLUNG.

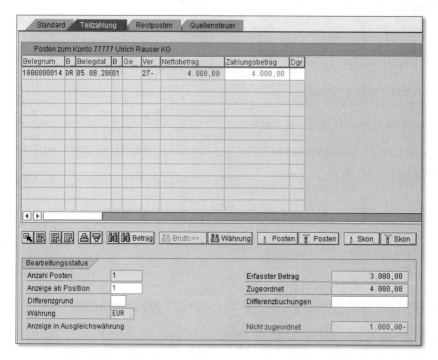

Abbildung 2.18 Buchen mit Teilzahlung – vorbelegter Wert

In Abbildung 2.18 ist in diesem Beispiel der vorbelegte Wert 4.000 EUR in
der Spalte ZAHLUNGSBETRAG auf den tatsächlichen Einzahlungsbetrag von
3.000 EUR zu ändern.

Dies erledigt das SAP-System für Sie: Der Betrag der Debitorenposition wird,
wie in Abbildung 2.19 zu sehen ist, in die Höhe des Zahlbetrags – in diesem
Beispiel auf 3.000 EUR (Feld ZUGEORDNET) – korrigiert. Die Differenz, die im
Feld NICHT ZUGEORDNET angezeigt wird, beträgt nun null Euro. Der Beleg
kann also gebucht werden.

Es besteht auch die Möglichkeit, den Beleg zunächst zu simulieren (siehe
Abbildung 2.20). Das SAP-System bucht in diesem Fall den Einzahlungsbetrag auf der Haben-Seite des Debitorenkontos und verbindet diese Position
intern mit der Rechnungsposition, so dass diese in späteren Ausgleichsvor-
gängen immer gemeinsam angezeigt werden.

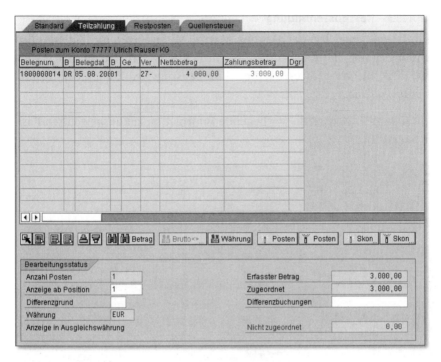

Abbildung 2.19 Buchen mit Teilzahlung – geänderter Wert

Abbildung 2.20 Buchen mit Teilzahlung – Übersicht anzeigen

Nachdem Sie das Icon SICHERN ![] angeklickt haben (oder Strg + S gedrückt haben), ist der Beleg gebucht und die dabei erzeugte Belegnummer im Kontoauszug hinterlegt.

Beispiel 3 – Restpostenbildung

Im dritten Beispiel hat der Debitor Martin Mittermayer nicht den vollen Rechnungsbetrag in Höhe von 3.000 EUR überwiesen, sondern lediglich 2.700 EUR, und wir verarbeiten diese Kontoauszugsposition mit der Technik *Restpostenbildung*.

In Abbildung 2.21 wird die vorliegende Information zur ausgewählten Position angezeigt.

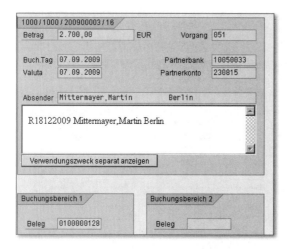

Abbildung 2.21 Buchen mit Restpostenbildung

Nachdem Sie gesichert haben (Icon 💾 oder ⌈Strg⌉ + ⌈S⌉), wird dasselbe Bild wie in den ersten beiden Beispielen angezeigt – siehe Abbildung 2.12.

Geben Sie die Kontonummer des Debitors, die Kontenart D (Debitor) sowie weitere Selektionskriterien ein, und klicken Sie auf den Button OP BEARBEITEN. Es erscheint das Bild BUCHEN MIT AUSGLEICHEN OFFENE POSTEN BEARBEITEN. Darin werden die selektierten Posten angezeigt (siehe Abbildung 2.22).

Nach einem Doppelklick auf den Rechnungsbetrag wird im Feld NICHT ZUGEORDNET die Differenz von 300 EUR angezeigt; gehen Sie auf das Register RESTPOSTEN (siehe Abbildung 2.23).

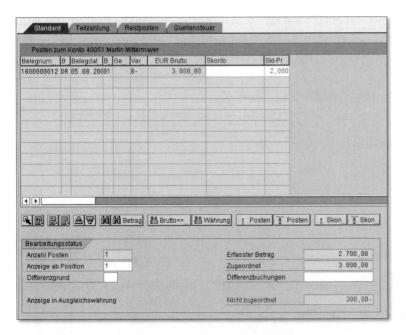

Abbildung 2.22 Buchen mit Restpostenbildung – offene Posten zuordnen

Abbildung 2.23 Buchen mit Restpostenbildung – Ausgleichen

Nach einem Doppelklick auf die aktive Zelle in der Spalte RESTPOSTEN wird der Differenzbetrag vom SAP-System berechnet und hinterlegt. In diesem Beispiel sind dies 300 EUR (siehe Abbildung 2.24).

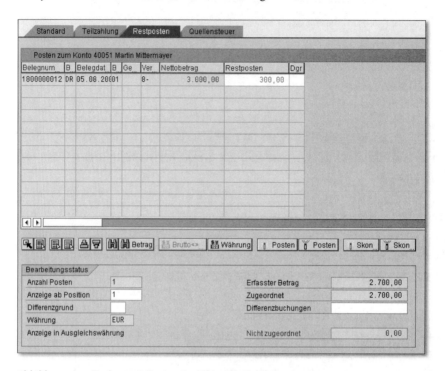

Abbildung 2.24 Buchen mit Restpostenbildung – Restposten

Das SAP-System ändert den Betrag der Debitorenposition auf die Höhe des Zahlbetrags, in diesem Beispiel auf 2.700 EUR (Feld ZUGEORDNET). Die Differenz, die im Feld NICHT ZUGEORDNET angezeigt wird, beträgt null Euro. Der Beleg kann also gebucht werden. Es besteht die Möglichkeit, den Beleg zunächst zu simulieren – siehe Abbildung 2.25.

Das SAP-System bucht den Einzahlungsbetrag auf der Haben-Seite des Debitorenkontos und gleicht damit die Rechnungsposition aus. Gleichzeitig wird eine neue Position auf dem Debitorenkonto erzeugt (der Restposten). Je nach Einstellung in der Toleranzgruppe des betroffenen Kunden wird die Zahlungsfrist aus dem Ursprungsbetrag übernommen oder neu bestimmt.

Sie buchen den Beleg, indem Sie das Icon SICHERN 🖫 anklicken (oder die Tastenkombination [Strg] + [S] drücken). Die dabei erzeugte Belegnummer wird im Kontoauszug hinterlegt.

Abbildung 2.25 Buchen mit Restpostenbildung – Übersicht anzeigen

Beispiel 4 – Differenz ausbuchen

Im vierten Beispiel hat der Debitor Heiner Schmidtmann nicht den vollen Rechnungsbetrag in Höhe von 738 EUR überwiesen, sondern lediglich 737 EUR, und wir verarbeiten diese Kontoauszugsposition mit der Technik *Ausbuchen*. In Abbildung 2.26 wird die vorliegende Information zur ausgewählten Position angezeigt.

Abbildung 2.26 Differenz ausbuchen – Kontoauszüge bearbeiten

Nachdem Sie das Icon SICHERN ⌷ oder die Tastenkombination ⌴Strg⌵ + ⌴S⌵ betätigt haben, erscheint das mittlerweile vertraute. Nach der Eingabe der

Kontonummer des Debitors, der Kontenart D (Debitor) sowie der Auswahl weiterer Selektionskriterien klicken Sie auf den Button OP BEARBEITEN. Es erscheint das Bild BUCHEN MIT AUSGLEICHEN OFFENE POSTEN BEARBEITEN. Darin werden die selektierten Posten angezeigt (siehe Abbildung 2.27).

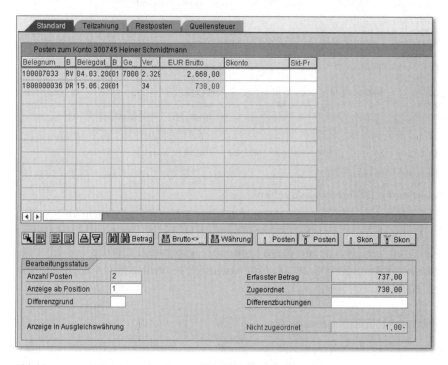

Abbildung 2.27 Differenz ausbuchen – offene Posten zuordnen

Nach der Auswahl der Rechnungsposition wird im Feld NICHT ZUGEORDNET die Differenz von 1 EUR angezeigt. Weiter geht es mit der Taste DIFF AUSBU-CHEN. Wenn Sie diese angeklickt haben, erscheint das Bild BUCHEN MIT AUS-GLEICHEN ANZEIGEN ÜBERSICHT (siehe Abbildung 2.28).

In diesem Bild sind der jeweilige Buchungsschlüssel sowie das Sach- bzw. Per-sonenkonto, auf das die Differenz ausgebucht wird, anzugeben. Klicken Sie das Icon 🔘 an, oder betätigen Sie die ⏎-Taste. In unserem Beispiel erscheint – bedingt durch den eingegebenen Buchungsschlüssel 40 – das Bild BUCHEN MIT AUSGLEICHEN HINZUFÜGEN SACHKONTENPOSITION (siehe Abbil-dung 2.29).

Hier sind der Betrag sowie weitere Informationen zur Sachkontenposition einzugeben.

Abbildung 2.28 Differenz ausbuchen – Übersicht anzeigen

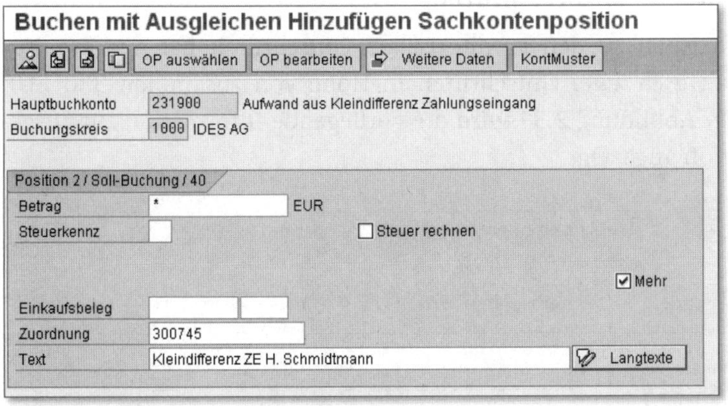

Buchen mit Ausgleichen Hinzufügen Sachkontenposition

| | | OP auswählen | OP bearbeiten | Weitere Daten | KontMuster |

Hauptbuchkonto   231900   Aufwand aus Kleindifferenz Zahlungseingang

Buchungskreis   1000 IDES AG

Position 2 / Soll-Buchung / 40

Betrag   *   EUR

Steuerkennz   ☐ Steuer rechnen

☑ Mehr

Einkaufsbeleg

Zuordnung   300745

Text   Kleindifferenz ZE H. Schmidtmann   🖉 Langtexte

Abbildung 2.29 Differenz ausbuchen – Sachkontenposition hinzufügen

In unserem Beispiel errechnet das SAP-System durch Hinterlegung des Zeichens *, wie in Abbildung 2.29 zu sehen ist, den Differenzbetrag selbst. Auch dieser Beleg kann vor der Buchung zunächst simuliert werden (siehe Abbildung 2.30).

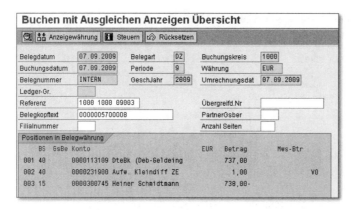

Abbildung 2.30 Differenz ausbuchen – Übersicht anzeigen

Der Beleg wird mit Hilfe des Icons Buchen 🖫 (oder der Tastenkombination
Strg + S) gebucht, die dazugehörende Belegnummer wird im Kontoauszug hinterlegt.

2.3.3 Kreditorische Gutschriften

In unserem Beispiel zu den kreditorischen Gutschriften hat der Kreditor
Doris Kurzeja-Hüsch zwei Gutschriften in Höhe von zusammen 380 EUR
überwiesen. In Abbildung 2.31 wird die vorliegende Information zur ausgewählten Position angezeigt.

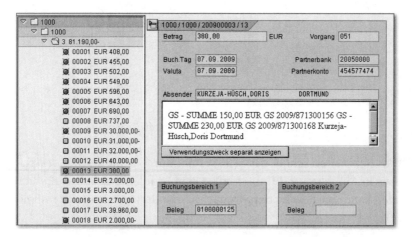

Abbildung 2.31 Kreditorische Gutschrift buchen – Kontoauszug anzeigen

Wenn Sie das Icon Sichern 🖫 oder die Tastenkombination Strg + S wählen, erscheint das bekannte Bild (siehe Abbildung 2.32).

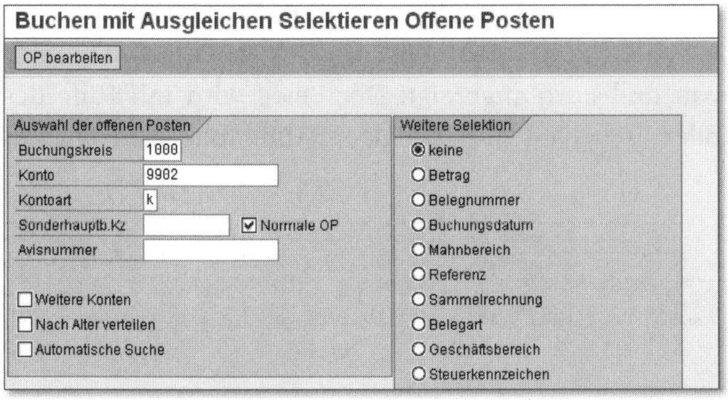

Buchen mit Ausgleichen Selektieren Offene Posten

OP bearbeiten

Auswahl der offenen Posten

Buchungskreis	1000
Konto	9902
Kontoart	k
Sonderhauptb.Kz	☑ Normale OP
Avisnummer	

☐ Weitere Konten
☐ Nach Alter verteilen
☐ Automatische Suche

Weitere Selektion

- ⦿ keine
- ◯ Betrag
- ◯ Belegnummer
- ◯ Buchungsdatum
- ◯ Mahnbereich
- ◯ Referenz
- ◯ Sammelrechnung
- ◯ Belegart
- ◯ Geschäftsbereich
- ◯ Steuerkennzeichen

Abbildung 2.32 Kreditorische Gutschrift buchen – offene Posten selektieren

Machen Sie wie gewohnt Ihre Eingaben (Kontonummer des Kreditors, Kontenart K – Kreditor, Auswahl der Selektionskriterien), und klicken Sie den Button OP BEARBEITEN an. Im Bild BUCHEN MIT AUSGLEICHEN OFFENE POSTEN BEARBEITEN, das nun erscheint, werden die selektierten Posten angezeigt – siehe Abbildung 2.33.

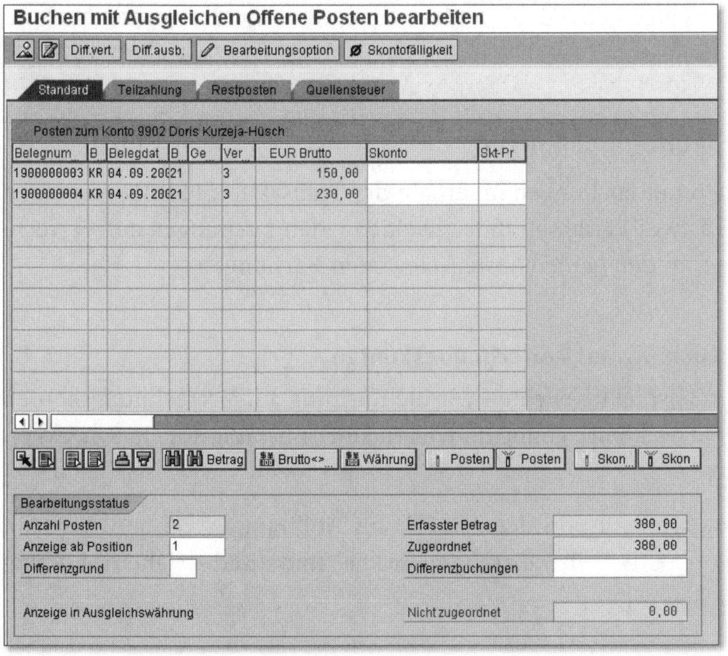

Buchen mit Ausgleichen Offene Posten bearbeiten

👤 📝 | Diff.vert. | Diff.ausb. | 🖉 Bearbeitungsoption | ∅ Skontofälligkeit

Standard | Teilzahlung | Restposten | Quellensteuer

Posten zum Konto 9902 Doris Kurzeja-Hüsch

Belegnum	B	Belegdat	B	Ge	Ver	EUR Brutto	Skonto	Skt-Pr
1900000003	KR	04.09.2021			3	150,00		
1900000004	KR	04.09.2021			3	230,00		

◀ ▶

🔍 📋 📑 📄 | 🔎🔎 Betrag | 📊 Brutto↔ | 📊 Währung | ↑ Posten | ↑ Posten | ↑ Skon | ↑ Skon

Bearbeitungsstatus

Anzahl Posten	2	Erfasster Betrag	380,00
Anzeige ab Position	1	Zugeordnet	380,00
Differenzgrund		Differenzbuchungen	
Anzeige in Ausgleichswährung		Nicht zugeordnet	0,00

Abbildung 2.33 Kreditorische Gutschrift buchen – offene Posten bearbeiten

Nach einem Doppelklick auf die beiden angezeigten Positionen (in der Zelle des Betrags) sind die beiden Positionen aktiv. Im Feld NICHT ZUGEORDNET wird die Differenz von null Euro angezeigt. Der Beleg wird mit Hilfe des Icons BUCHEN ▣ (oder ⌷Strg⌷ + ⌷S⌷) gebucht; in Abbildung 2.34 wird er angezeigt.

Abbildung 2.34 Kreditorische Gutschrift buchen – Buchung anzeigen

Die dazugehörende Belegnummer wird im Kontoauszug hinterlegt.

Ein weiterer Teilbereich, der bezüglich der Nachbearbeitung des elektronischen Kontoauszugs behandelt werden sollte, sind die Sachkontenbuchungen.

2.3.4 Sachkontenbuchungen

Bei den Sachkontenbuchungen innerhalb der Transaktion FEBAN kann man grob zwischen zwei Varianten unterscheiden – den Buchungen auf Verrechnungskonten und den gemeinkostenrelevanten Buchungen.

Beispiel 1 – Buchung auf Verrechnungskonten

Im folgenden Beispiel beleuchten wir die Buchung auf Verrechnungskonten anhand einer Scheckeinreichung und damit einer Buchung auf ein Scheckverrechnungskonto.

Klicken Sie, ausgehend von der Ansicht aus Abbildung 2.35, auf das Icon SICHERN ▣ (⌷Strg⌷ + ⌷S⌷); Sie erhalten das bekannte Bild – siehe Abbildung 2.36.

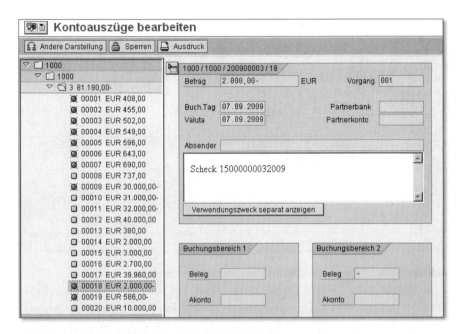

Abbildung 2.35 Verrechnungskonten buchen – Kontoauszug bearbeiten

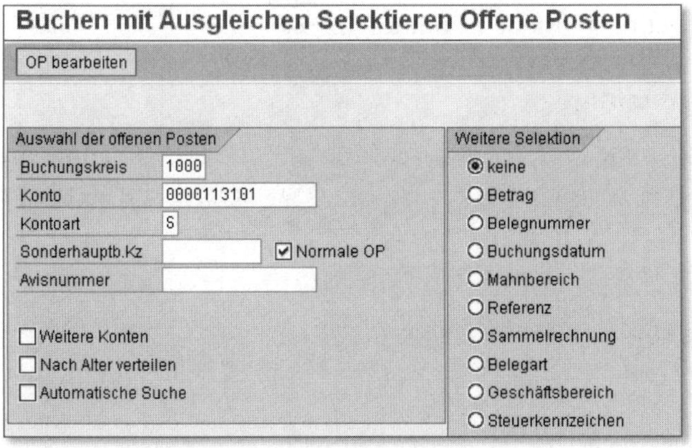

Abbildung 2.36 Verrechnungskonten buchen – offene Posten selektieren

Nach Eingabe der Kontonummer des Verrechnungskontos, der Kontenart S (Sachkonto) sowie der Auswahl weiterer Selektionskriterien betätigen Sie den Button OP BEARBEITEN. Es erscheint das Bild BUCHEN MIT AUSGLEICHEN OFFENE POSTEN BEARBEITEN. Darin werden die selektierten Posten angezeigt – siehe Abbildung 2.37.

Abbildung 2.37 Verrechnungskonten buchen – offene Posten bearbeiten

Nach einem Doppelklick auf die betroffene Position (in der Zelle des Betrags) ist die Position aktiv. Im Feld NICHT ZUGEORDNET wird die Differenz von null Euro angezeigt. Die dazugehörende Belegnummer wird im Kontoauszug hinterlegt. Der Beleg wird mit Hilfe des Icons BUCHEN [ ] oder der Tastenkombination [Strg] + [S] gebucht – siehe Abbildung 2.38.

Pos	BS	Konto	Bezeichnung	Betrag	Zuordnung	Text	Ausgl.bel.
1	50	113100	Deutsche Bank Inland	2.000,00-	0000005700018	1500000003 Scheck 15000000032009	
2	40	113101	Dte Bk(Ausg.-Scheck)	2.000,00	0000000200000	1500000003 Scheck 15000000032009	100000136

Erfassungssicht

Belegnummer	100000136	Buchungskreis	1000	Geschäftsjahr	2009
Belegdatum	07.09.2009	Buchungsdatum	07.09.2009	Periode	9
Referenz	1000 1000 09003	Übergreifd.Nr			
Währung	EUR	Texte vorhanden	☐	Ledger-Gruppe	

Abbildung 2.38 Verrechnungskonten buchen – Buchung anzeigen

Beispiel 2 – Gemeinkostenrelevante Buchungen

Als zweites und letztes Beispiel dieses Abschnitts wenden wir uns den gemeinkostenrelevanten Buchungen zu, d.h. Buchungen, die durch zwingende Hinterlegung eines CO-Kontierungsobjekts in das Modul CO (Controlling) hineinwirken. In unserem Beispiel hat die Telekom eine Telefonrechnung per Lastschrift abgebucht (siehe Abbildung 2.39).

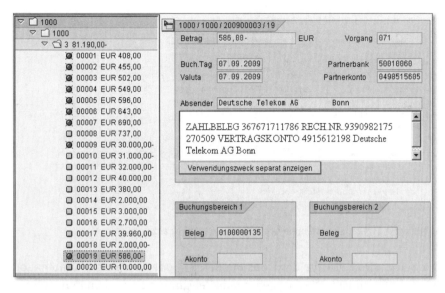

Abbildung 2.39 Gemeinkostenrelevant buchen – Kontoauszug bearbeiten

Klicken Sie auf das Icon SICHERN ![icon] oder betätigen Sie die Tastenkombination [Strg] + [S] – und Sie sehen das vertraute Bild.

In diesen Geschäftsvorfällen soll kein offener Posten auf einem Personen- oder Sachkonto selektiert und ausgeglichen werden. Aus diesem Grund wählen Sie den Menüpfad SPRINGEN • SCHNELLERF. SACHKPOS oder die Tastenkombination [◊] + [F8]. Sie können nun die Schnellerfassung (siehe Abbildung 2.40) zur Erfassung von Sachkontenpositionen nutzen und den Betrag gegebenenfalls auf mehrere Konten bzw. Kontierungsobjekte aufteilen. Dazu können Sie auch Kontierungsmuster einsetzen.

Buchungskreis	1000	IDES AG						

Sachkontenpositionen								
BS	Konto	Betrag	EUR	St	GsBe	Kostenst.	Auftrag	BuKr
40	473110	586		V0	9900	2100		

Abbildung 2.40 Schnellerfassung

Vor dem Buchen können Sie den Beleg zunächst simulieren lassen, dies wird für dieses Beispiel in Abbildung 2.41 angezeigt.

Abbildung 2.41 Gemeinkostenrelevant buchen – Übersicht anzeigen

Der Beleg wird mit Hilfe des Icons BUCHEN ⊟ oder der Tastenkombination ⌈Strg⌋ + ⌈S⌋ gebucht. Die dazugehörende Belegnummer wird im Kontoauszug hinterlegt (siehe Abbildung 2.42).

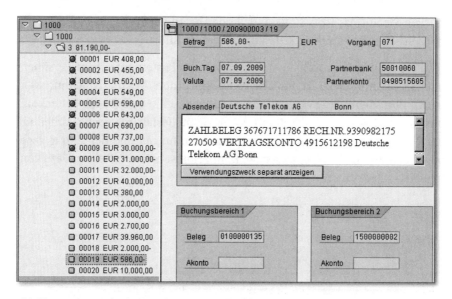

Abbildung 2.42 Gemeinkostenrelevant buchen – Anzeige der Belegnummer

2.3.5 Kontoauszug mit dem Batch-Input-Verfahren nachbearbeiten

Wenn Sie den Kontoauszug mit Hilfe des Batch-Input-Verfahrens nachbearbeiten möchten, gehen Sie folgendermaßen vor:

1. Über das Einlesen des elektronischen Kontoauszugs erzeugen Sie Batch-Input-Mappen. Sie können gleichzeitig die Verbuchung der Einzelposten auf den Haupt- und Nebenbuchkonten vornehmen. Dafür werden zwei Batch-Input-Mappen erstellt, eine für die Bankbuchhaltung und eine für die Nebenbuchhaltung. Beide Mappen sollten Sie in einem Lauf erstellen.

2. Sie spielen die Mappen im Hintergrund ab. Die betroffenen Buchungen werden vorgenommen. Die Daten der fehlerhaften Buchungen werden in eine Mappe gestellt.

3. Falls fehlerhafte Buchungen vorhanden sind, spielen Sie die fehlerhafte Mappe online ab.

4. Sie buchen die fehlerhaften Buchungen mit den üblichen Buchungstransaktionen.

Zur Verarbeitung der erzeugten Mappen rufen Sie die Transaktion wie folgt auf: Wählen Sie den Menüpfad SYSTEME • DIENSTE • BATCH-INPUT MAPPEN (Transaktionscode SM35). Markieren Sie den gewünschten Mappennamen, und wählen Sie den Button ABSPIELEN (Taste [F8]). Geben Sie im Bild MAPPE ABSPIELEN die erforderlichen Daten ein, und spielen Sie anschließend die Batch-Input-Mappe ab.

Tabelle 2.2 zeigt die Alternativen beim Abspielen von Batch-Input-Mappen.

Abspielmodus	Bemerkung
Sichtbar abspielen	Jedes Bild wird angezeigt und muss mit WEITER bestätigt werden. Für die Berechtigungsprüfung ist der abspielende Benutzer maßgeblich.
Nur Fehler anzeigen	Die Belege werden nicht sichtbar gebucht, lediglich fehlerhafte Belege werden angezeigt und können korrigiert werden. Für die Berechtigungsprüfung ist der abspielende Benutzer maßgeblich.
Hintergrund	Die Belege werden nicht sichtbar gebucht. Fehlerhafte Belege bleiben in der Mappe und können dann sichtbar abgespielt und korrigiert werden. Für die Berechtigungsprüfung ist der in der Mappe hinterlegte Benutzer maßgeblich.

Tabelle 2.2 Alternativen bei Batch-Input-Mappen

Wenn eine Mappe sichtbar verarbeitet wurde, werden Sie anschließend im Einstiegsbild der SM35 informiert, dass die Verarbeitung der Batch-Input-Mappe abgeschlossen ist. Bestätigen Sie diese Meldung mit WEITER.

[+]

Auf Vollständigkeit prüfen
Überprüfen Sie manuell, ob alle Belege in einer Mappe gebucht wurden. Dies wird in der Mappenübersicht angezeigt.

2.4 Service-Reports

In diesem Abschnitt wenden wir uns Programmen zu, die SAP zur Verfügung stellt, um Service-Aufgaben rund um den Elektronischen Kontoauszug zu bewältigen. Diese werden nicht von allen Unternehmen benötigt, die den elektronischen Kontoauszug im Einsatz haben.

2.4.1 Finanzdispo-Avise in einer Batch-Input-Mappe erstellen – Report »RFEBFD00«

Dieser Report erstellt aus den selektierten Kontoauszugsposten Finanzdispo-Avise in einer Batch-Input-Mappe. Im Kontoauszugskopf wird die Avisart vermerkt. Dadurch wird ein doppeltes Erzeugen der Mappe verhindert. Ebenso kann für einen Kontoauszug nur dann die Batch-Input-Mappe erstellt werden, wenn zuvor noch keine Batch-Input-Mappen aus diesem Kontoauszug für die Buchhaltung erzeugt worden sind (siehe Abbildung 2.43).

Bei den Parameterangaben ist die Angabe von Buchungskreis, Hausbankkurzschlüssel, Bankkontokurzschlüssel und Dispositionsart Pflicht. Falls Sie weder ein Auszugsdatum noch eine Auszugsnummer angeben, werden alle Kontoauszüge zu diesem Konto verarbeitet.

Abbildung 2.43 Selektionsbild – Report »RFEBFD00«

Bei Aktivierung der Checkbox VERDICHTUNG wird nicht pro einzelnem Kontoauszugsposten ein Avis erzeugt, sondern diese werden nach Valuta-Datum verdichtet und dann aus den verdichteten Sätzen Avise in die Mappe eingestellt.

2.4.2 Abgleich von Buchungsdaten mit Bankdatenspeicher – Report »RFEBKA10«

Das Programm RFEBKA10 dient dem Abgleich von Buchungsdaten mit dem Bankdatenspeicher des elektronischen Kontoauszugs. Im laufenden Betrieb kann es vorkommen, dass noch zu bearbeitende Positionen nicht mit der Nachbearbeitungstransaktion FEBAN, sondern von Hand gebucht wurden. Dann sind diese Transaktionen in der FEBAN noch im Status »zu verbuchen«, obwohl das schon längst geschehen ist (siehe Abbildung 2.44).

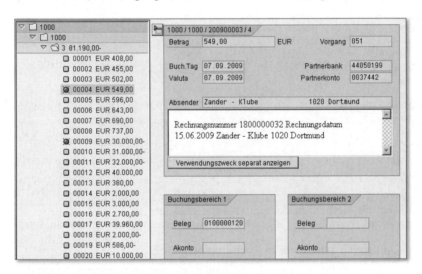

Abbildung 2.44 Ausgangssituation – Report »RFEBKA10«

Zwei Fälle werden dabei unterschieden:

▸ **Fall 1 – Ausgleich scheiterte in Buchungsbereich 2**
Die Positionen wurden automatisch im Buchungsbereich 1 auf ein Zwischenkonto gebucht, aber der Ausgleich im Buchungsbereich 2 scheiterte. Dann wurde von Hand (z. B. mit der Transaktion FB05) der Ausgleich herbeigeführt. In einem dritten Schritt wurden die beiden offenen Posten auf Soll- und Haben-Seite des Zwischenkontos ausgeziffert – z. B. mit FB05 oder dem Programm SAPF124.

▶ **Fall 2 – Ausgleich scheiterte, Akontobuchung**
Der Ausgleich scheiterte – entweder im Bereich 1 oder im Bereich 2 –, und es wurde akonto gebucht. Anschließend wurde von Hand (z. B. mit der Transaktion FB05) der Ausgleich des Akontobelegs mit dem ursprünglichen offenen Posten herbeigeführt, indem z. B. ein Restposten gebildet wurde.

In beiden Fällen kann man den Bankdatenspeicher automatisch aktualisieren lassen.

[+] **Voraussetzung – Report RFEBKA00**

Beim Einlesen des Kontoauszugs (z. B. Report RFEBKA00) wird online verbucht. Ansonsten würde man die Nachbearbeitung nicht über die Transaktion FEBAN, sondern über Batch-Input durchführen.

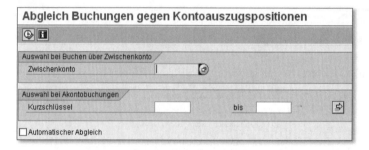

Abbildung 2.45 Selektionsbild – Report »RFEBKA10«

Betrachten wir die beiden skizzierten Fälle genauer.

Fall 1 – Ausgleich scheiterte in Buchungsbereich 2

Das Ergebnis des Reports RFEBKA10 hängt von der vorliegenden Konstellation ab. In diesem Beispiel wird die Position in der Transaktion FEBAN als nicht verarbeitet angezeigt. Tatsächlich wurde diese Position bereits manuell ausgeglichen.

In diesem Fall gibt man im Selektionsbild (siehe Abbildung 2.45) das Zwischenkonto an, auf dem nach bereits gebuchten Positionen gesucht werden soll. Anschließend können Sie das Programm mit dem Button AUSFÜHREN (Taste F8) starten.

Abbildung 2.46 zeigt ein Ergebnis des Reports RFEBKA10. Zunächst werden in Blau ❶ alle noch nicht im Bereich 2 gebuchten Positionen aufgelistet, denen offene Posten auf dem Zwischenkonto entsprechen. Diese offenen

Posten wurden durch die Buchungen im Buchungsbereich 1 erzeugt. Per Doppelklick springen Sie in die Nachbearbeitungstransaktion FEBAN, um von dort aus weiterzubuchen.

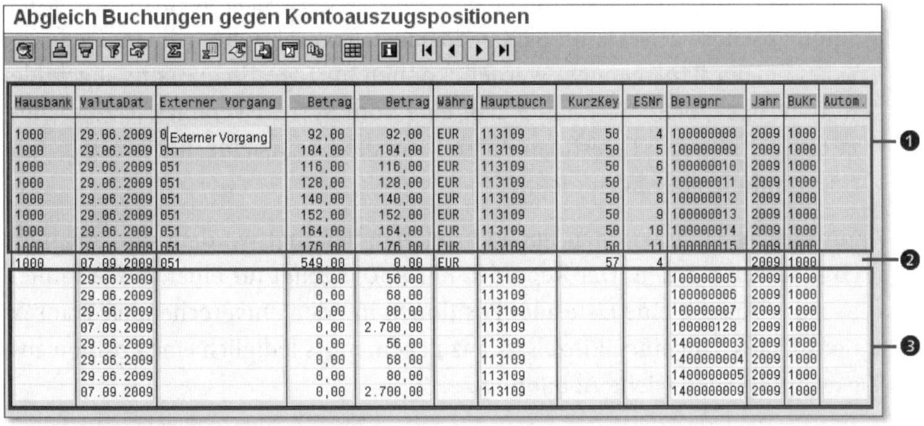

Hausbank	ValutaDat	Externer Vorgang	Betrag	Betrag	Währg	Hauptbuch	KurzKey	ESNr	Belegnr	Jahr	BuKr	Autom.
1000	29.06.2009	0	92,00	92,00	EUR	113109	50	4	100000008	2009	1000	
1000	29.06.2009	051	104,00	104,00	EUR	113109	50	5	100000009	2009	1000	
1000	29.06.2009	051	116,00	116,00	EUR	113109	50	6	100000010	2009	1000	
1000	29.06.2009	051	128,00	128,00	EUR	113109	50	7	100000011	2009	1000	
1000	29.06.2009	051	140,00	140,00	EUR	113109	50	8	100000012	2009	1000	
1000	29.06.2009	051	152,00	152,00	EUR	113109	50	9	100000013	2009	1000	
1000	29.06.2009	051	164,00	164,00	EUR	113109	50	10	100000014	2009	1000	
1000	29.06.2009	051	176,00	176,00	EUR	113109	50	11	100000015	2009	1000	
1000	07.09.2009	051	549,00	0,00	EUR		57	4		2009	1000	
	29.06.2009		0,00	56,00		113109			100000005	2009	1000	
	29.06.2009		0,00	68,00		113109			100000006	2009	1000	
	29.06.2009		0,00	80,00		113109			100000007	2009	1000	
	07.09.2009		0,00	2.700,00		113109			100000128	2009	1000	
	29.06.2009		0,00	56,00		113109			1400000003	2009	1000	
	29.06.2009		0,00	68,00		113109			1400000004	2009	1000	
	29.06.2009		0,00	80,00		113109			1400000005	2009	1000	
	07.09.2009		0,00	2.700,00		113109			1400000009	2009	1000	

Abbildung 2.46 Ergebnis – Report »RFEBKA10«

Dann folgen in Weiß ❷ die interessierenden Positionen, die von Hand auf dem Zwischenkonto bereits ausgeglichen wurden. Die Nummer des Belegs, gegen den ausgeglichen wurde, wird angezeigt. Sie können mit Doppelklick in die Nachbearbeitungstransaktion verzweigen und dort von Hand die Belegnummer eintragen, womit automatisch die Position den Status »verbucht« erhält. Bei automatischem Ausgleich ist dies schon geschehen und wird in der entsprechenden Spalte durch ein Kreuz angezeigt. Schließlich folgen in Gelb ❸ Belege auf dem Zwischenkonto, die keinen Kontoauszugspositionen entsprechen.

Ein Absprung per Doppelklick auf die Belege ist möglich.

Fall 2 – Ausgleich scheiterte, Akontobuchung

In diesem Fall gibt man im Selektionsbild (siehe Abbildung 2.44) die Kurzschlüssel der Kontoauszüge an, in denen nach akonto gebuchten Positionen gesucht werden soll. Zunächst werden die Akontobelege des Bereichs 1 aufgelistet, die schon von Hand ausgeziffert wurden. Als Belegnummer erscheint der Ausgleichsbeleg. Ein Absprung in die Transaktion FEBAN ist möglich, um dort die Belegnummer von Hand einzutragen und damit den Posten auf »gebucht« zu setzen. Bei automatischem Abgleich passiert das auch automatisch. Dann folgt das Entsprechende für den Buchungsbereich 2.

2.4.3 Fortschreibung des Tagesfinanzstatus im Cash Management – Report »RFEBKA40«

Dieses Programm ist ein Werkzeug zur Fortschreibung des Tagesfinanzstatus im Cash Management. Wenn Sie einen Intraday-Auszug hochladen, werden automatisch Einzelsätze für Salden angelegt. Transaktionen, die im Laufe des Tages bei der Bank gebucht werden, können im Tagesfinanzstatus abgebildet werden oder nicht. So könnte z. B. eine vom System veranlasste Ausgangszahlung schon im Tagesfinanzstatus enthalten sein, eine unerwartete Eingangszahlung aber noch nicht.

Für welche Transaktionen noch Einzelsätze benötigt werden, muss manuell entschieden werden. Der Report RFEBKA40 erzeugt für einen ausgewählten Intraday-Auszug eine Liste aller Positionen mit den entsprechenden Transaktionsdetails. Um einen Einzelsatz anzulegen, muss lediglich eine Position ausgewählt werden (siehe Abbildung 2.47).

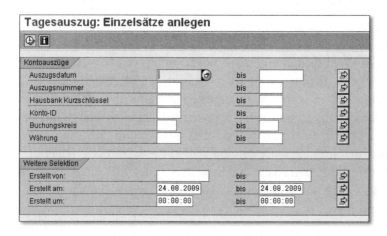

Abbildung 2.47 Selektionsbild – Report »RFEBKA40«

2.4.4 Debitoren im Bankdatenspeicher finden – Report »RFEBKA80«

Sie erreichen das Programm RFEBKA80 über den Menüpfad SYSTEME • DIENSTE • REPORTING oder durch Eingabe des Transaktionscodes SA38. Nach Eingabe des Reportnamens RFEBKA80 klicken Sie auf das Icon AUSFÜHREN (Taste [F8]), und es erscheint das Selektionsbild, das in Abbildung 2.48 angezeigt wird.

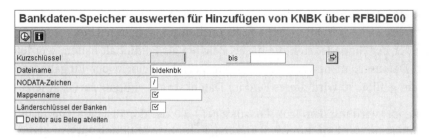

Abbildung 2.48 Selektionsbild – Report »RFEBKA80«

Dieses Programm liest den gesamten Bankdatenspeicher mit dem Ziel, Debitoren zu finden, die über den elektronischen Kontoauszug ihre Bankverbindung übertragen haben. Für diese Debitoren wird ein File für den Report RFBIDE00 erzeugt, um die Bankverbindungen in den Stammsätzen hinzuzufügen. Dadurch können diese Debitoren in Zukunft über die Bankverbindung identifiziert werden.

Selektionskriterien

Das Selektionsbild des Reports RFEBKA80 (siehe Abbildung 2.48) enthält folgende Felder:

▶ **Kurzschlüssel**

Dies ist ein höchstens achtstelliger Schlüssel, über den intern die Kontoauszugssätze identifiziert werden können. Diese Referenz kann über die Tabelle FEBRE ermittelt werden.

[+]

Kurzschlüssel

Jeder Kontoauszug erhält im SAP-System eine eindeutige Nummer, nämlich den Kurzschlüssel. Dieser wird intern vom SAP-System vergeben. Der Kurzschlüssel ist also keine durch den Kontoauszug übermittelte Information.

Über den Kurzschlüssel kann ein Kontoauszug eindeutig im Bankdaten-Zwischenspeicher identifiziert werden. Sie können den Wert in der Tabelle FEBRE ermitteln. Der Kurzschlüssel wird in der Überschriftenzeile der Ergebnisliste des Reports RFEBKAP0 angedruckt (siehe Abschnitt 2.4.8, »Kontoauszüge anzeigen – Report ›RFEBAP0‹«.

▶ **Dateiname**

Tragen Sie hier den Namen der Zieldatei ein. Bitte geben Sie den vollständigen Dateinamen inklusive des Pfads an. Diese Datei kann dann vom Report RFBIDE00 verarbeitet werden.

▶ **NODATA-Zeichen**

Dieses Zeichen definiert ein Sonderzeichen mit folgender Funktion: Alle Felder der Eingabedatei, die dieses Zeichen als Feldinhalt haben, werden im Datensatz nicht verändert. Ist dagegen das Feld in der Eingabedatei nicht gefüllt, so wird dieses Feld im Datensatz auf »initial« zurückgesetzt.

Der Report wird mit dem Icon AUSFÜHREN ⏻ (oder der Taste [F8]) gestartet. Anschließend wird ein Protokoll angezeigt – siehe Abbildung 2.49.

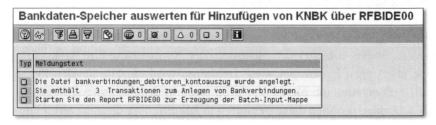

Bankdaten-Speicher auswerten für Hinzufügen von KNBK über RFBIDE00

Typ	Meldungstext
☐	Die Datei bankverbindungen_debitoren_kontoauszug wurde angelegt.
☐	Sie enthält 3 Transaktionen zum Anlegen von Bankverbindungen.
☐	Starten Sie den Report RFBIDE00 zur Erzeugung der Batch-Input-Mappe

Abbildung 2.49 Ergebnisprotokoll – Report »RFEBKA80«

Die Ergebnisdatei, die auf dem Applikationsserver abgelegt wird, kann nun als Eingabedatei für den Report RFBIDE00 verwendet werden (siehe Abbildung 2.50).

```
Directory:
Name:     bankverbindungen_debitoren_kontoauszug

0DEB_BANKEN  800HF0        00000000 /
1XD02                  0000077777/  /  / /  /
2BKNBK                        /DE 44050199      1237890001      / /   //
1XD02                  0000040051/  /  / /  /
2BKNBK                        /DE 10050033      230815          / /   //
1XD02                  0000001340/  /  / /  /
2BKNBK                        /DE 2912889929    89111200005     / /   //
```

Abbildung 2.50 Ergebnisdatei – Report »RFEBKA80«

2.4.5 Debitorenstammdaten ändern – Report »RFBIDE00«

Der Report RFBIDE00 dient unter anderem zum Ändern von Debitorenstammdaten und erzeugt dazu aus der vom Report RFEBKA80 erstellten Datei eine Batch-Input-Mappe mit den dazugehörenden Transaktionen.

Sie erreichen das Programm RFBIDE00 über den Menüpfad SYSTEME • DIENSTE • REPORTING oder durch Eingabe des Transaktionscodes SA38. Nach Eingabe des Reportnamens RFBIDE00 klicken Sie das Icon AUSFÜHREN ⏻ an (oder betätigen die Taste [F8]). Es erscheint das Selektionsbild, das in Abbildung 2.51 angezeigt wird.

Batch-Input-Schnittstelle für Debitoren

⊕ ℹ

Name des Dateipfades   bankverbindungen_debitoren_kontoauszug

Auswahl der verwendeten Strukturen

☐ Strukturen aus Release < 4.0

Programmsteuerung

☐ Datei nur prüfen
☐ Datei hat Non-Unicode Format

Infomeldungen

○ Dialogfenster
◉ Protokoll
○ Keine Infomeldung

Abbildung 2.51 Einstiegsbild – Programm »RFBIDE00«

Folgende Festlegungen können Sie u. a. in diesem Selektionsbild treffen:

▶ **Name des Dateipfades**
In diesem Feld werden der Pfad- und der Dateiname angegeben, unter dem die Quelldatei aus dem Report RFEBKA80 abgelegt ist.

▶ **Checkbox »Datei nur prüfen«**
Durch eine Markierung legen Sie fest, dass in diesem Programmlauf lediglich eine Prüfung der Quelldatei und damit noch keine Verarbeitung stattfindet. So können Fehler in der Datei, die zu einem Abbruch führen würden, frühzeitig erkannt und vor dem Verarbeitungslauf behoben werden.

Nach Eingabe der Selektionsbedingungen können Sie den Report mit Hilfe des Icons AUSFÜHREN 🔾 (oder der Taste ⌞F8⌟) starten. Nachdem die Verarbeitung beendet ist, wird das Protokoll angezeigt – siehe Abbildung 2.52.

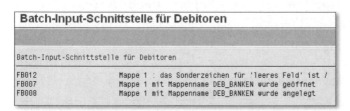

Batch-Input-Schnittstelle für Debitoren

Batch-Input-Schnittstelle für Debitoren

FB012   Mappe 1 : das Sonderzeichen für 'leeres Feld' ist /
FB007   Mappe 1 mit Mappenname DEB_BANKEN wurde geöffnet
FB008   Mappe 1 mit Mappenname DEB_BANKEN wurde angelegt

Abbildung 2.52 Protokoll aus dem Report »RFBIDE00«

Gleichzeitig wurde eine Batch-Input-Mappe erzeugt, die Sie in der Transaktion SM35 abspielen können (siehe Abbildung 2.53).

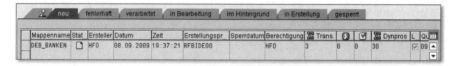

Abbildung 2.53 Mappe aus dem Report »RFBIDE00« in der Transaktion SM35

2.4.6 Einzelposten auf den Status »verbucht« setzen – Report »RFEBKA90«

Dieser Report setzt alle Einzelposten eines Kontoauszugs oder einer Scheck-einreicherliste, die noch nicht den Status »verbucht« haben, auf diesen Status. Auch der Kontoauszugskopfsatz (Tabelle FEBKO) erhält dann den Status »ver-bucht« – siehe Abbildung 2.54.

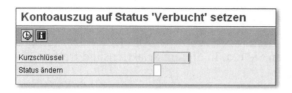

Abbildung 2.54 Selektionsbild – Report »RFEBKA90«

Tragen Sie zur Änderung des Status im Feld STATUS ÄNDERN den Wert »8« ein. Wenn Sie den Report anwenden, sollten Sie sicherstellen, dass für die Einzel-posten, deren Status verändert wurde, auch tatsächlich eine manuelle Buchung stattgefunden hat. Dieser Report ist auch dann anzuwenden, wenn Sie mit dem Report zum Löschen von Kontoauszugsdaten (Report REFEBKAD0) nicht alle Kontoauszüge löschen können. Der Report REFEBKSD0 löscht nur die Kontoauszüge, die den Status »verbucht« haben.

2.4.7 Zwischenspeicher löschen – Report »RFEBKA96«

Mit diesem Report können Daten aus dem Zwischenspeicher gelöscht wer-den (siehe Abbildung 2.55).

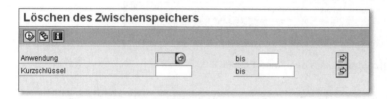

Abbildung 2.55 Selektionsbild – Transaktion RFEBKA96

Report mit Vorsicht benutzen [!]

Der Report RFEBKA96 sollte nur von Fachleuten benutzt werden, da dieses Programm gnadenlos alles löscht, was sich zur angegebenen Hausbank im Zwischenspeicher befindet.

Im Selektionsbild sind folgende Felder zu füllen:

▶ **Anwendung**

Tragen Sie eine Anwendung ein, die den Bankdatenspeicher nutzt. 0001 entspricht z. B. dem elektronischen und manuellen Kontoauszug; 0002 entspricht dem Scheckeinreicher usw.

▶ **Kurzschlüssel**

Geben Sie den höchstens achtstelligen Schlüssel ein, über den intern die Kontoauszugssätze identifiziert werden können. Diese Referenz kann über die Tabelle FEBRE ermittelt werden.

2.4.8 Kontoauszüge anzeigen – Report »RFEBAP0«

Sie können die im Bankdatenspeicher befindlichen Kontoauszüge jederzeit wieder anzeigen. Zum Anzeigen der Übersicht gehen Sie wie folgt vor: Wählen Sie den Menüpfad RECHNUNGSWESEN • FINANZWESEN • BANKEN • EINGÄNGE • KONTOAUSZUG • ANZEIGEN oder den Transaktionscode FF_6.

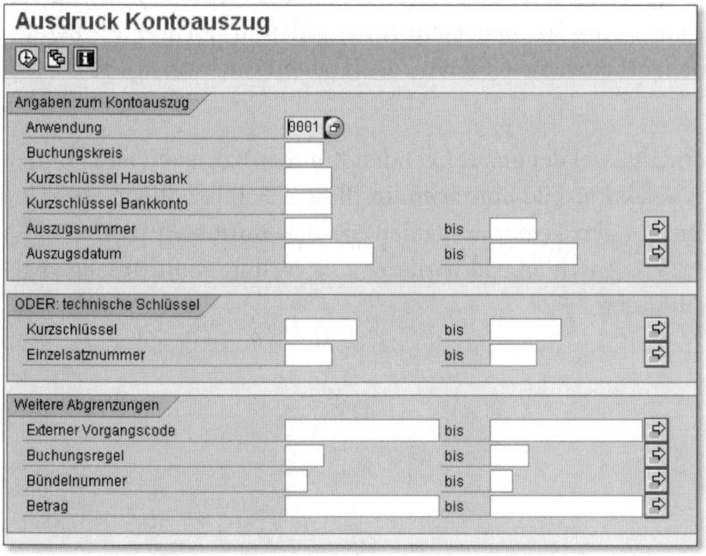

Abbildung 2.56 Selektionsbild – Report »RFEBKAP0«

Pflegen Sie im Selektionsbild des Reports RFEBKAP0 im Bereich ANGABEN ZUM KONTOAUSZUG (siehe Abbildung 2.56) das Feld ANWENDUNG. Folgende SAP-Anwendungen nutzen den Bankdatenspeicher:

- ▸ 0001 – Elektronischer und manueller Kontoauszug
- ▸ 0002 – Scheckeinreicher
- ▸ 0003 – Lockbox
- ▸ 0004 – Kontostand

Die restlichen Felder dieses Bereichs sind selbsterklärend. Im Bereich WEITERE ABGRENZUNGEN können Sie weitere Felder zur gezielten Selektion nutzen:

- ▸ **Externer Vorgangscode**
  Geben Sie den Geschäftsvorfallcode aus der Kontoauszugsdatei an.

- ▸ **Buchungsregel**
  Die im Customizing hinterlegten Regeln für die Buchungen in den beiden Buchungsbereichen sollten hier eingetragen werden.

- ▸ **Bündelnummer**
  Geben Sie hier eine Zusammenfassung logisch zusammenhängender Positionen eines Kontoauszugs ein; dieses Feld kann nur über einen User Exit gefüllt werden.

Die Angabe von Buchungskreis, Hausbankkurzschlüssel und Bankkontokurzschlüssel ist Pflicht. Falls Sie weder ein Auszugsdatum noch eine Auszugsnummer angeben, erhalten Sie einen Ausdruck aller Kontoauszüge zu diesem Bankkonto.

Falls Sie die Kurzschlüssel der anzuzeigenden Kontoauszüge kennen, können Sie diese in das Selektionsbild eintragen. In diesem Fall benötigen Sie keine Eingaben in den übrigen Feldern. Wählen Sie den Button AUSFÜHREN (oder die Taste F8). Anschließend wird der ausgewählte Kontoauszug angezeigt – siehe Abbildung 2.57.

```
Ausdruck Kontoauszug

▣ ▦▦▦ 🛈 ◼ ◀ ▶ ▶◼

IDES AG                                                    Zeit 18:34:07     Datum 10.09.2009
Frankfurt                                                  RFEBKA00/KBA      Seite           1
Deutsche Bank Gruppe
Kontoinhaber:   SAP Testreport RFEBKATX
BLZ:            50070010      Kontonummer:   10000100   Auszugsnummer:   00003   Kurzschlüssel:  00000057
Hausbank:       1000          Konto-Id:      1000       Auszugsdatum:    07.09.2009   Währung       EUR

Anfangssaldo        88.224,00-
Summe Soll          95.586,00
Summe Haben        102.620,00
Endsaldo            81.190,00-
```

ESNr	ValutaDat	BankBuDat	Verwendungszweck	BuchungsText	Betrag	GVC
13	07.09.2009	07.09.2009	GS - SUMME 150,00 EUR GS 2009/871300156 GS - SUMME 230,00 EUR GS 2009/871300168 Kurzeja-Hüsch,Doris Dortmund Geschäftspartner;; KURZEJA-HÜSCH,DORIS DORT... Partner BLZ 20050000 Partner Konto 454577474		380,00	051
14	07.09.2009	07.09.2009	Rechnung vom 05.08.2009 Ulrich Rauser KG Dortmund Geschäftspartner;; Ulrich Rauser KG Dort... Partner BLZ 44050199 Partner Konto 1237890001		2.000,00	051
15	07.09.2009	07.09.2009	Stapler FX 3500 Ulrich Rauser KG Dortmund Geschäftspartner;; Ulrich Rauser KG Dort... Partner BLZ 20050000 Partner Konto 4711		3.000,00	051

Abbildung 2.57 Kontoauszug aus dem Report »RFEBAPO«

Zusätzliche Informationen zu diesem Kapitel

Weitergehende Informationen zu Reports, die länderspezifische Formate konvertieren und vom elektronischen Kontoauszug unterstützt werden, stehen auf der Verlagswebsite unter www.sap-press.de/2208 zur Verfügung. Sie können das Zusatzkapitel »Spezielle Konvertierungsmöglichkeiten in SAP« dort kostenfrei herunterladen.

2.5   Fazit

In diesem Kapitel sind Sie mit den Funktionen der elektronischen Kontoauszugsverarbeitung vertraut geworden. Sie wissen nun, wie ein elektronischer Kontoauszug in das SAP-System eingelesen und verbucht wird. Sie haben erfahren, wie die nicht verbuchten Auszugspositionen nachbearbeitet werden. Die jeweilige Vorgehensweise wurde detailliert beschrieben. Abschließend wurden die verschiedenen Service-Programme rund um den elektronischen Kontoauszug besprochen, so dass Sie jetzt gut vorbereitet das tägliche Geschäft angehen können.

Wir zeigen Ihnen in diesem Kapitel, wie Ihre Systemeinstellungen die Verarbeitung der Kontoauszugspositionen beeinflussen. Neben den Grundeinstellungen behandeln wir die Suchmuster, das Mapping und die Rückläuferverarbeitung.

3   Customizing

Im Customizing schaffen Sie die Voraussetzungen dafür, dass alle Geschäftsvorfälle, die Ihnen von Ihrer Bank über den elektronischen Kontoauszug übermittelt werden, korrekt gebucht werden. In diesem Kapitel erhalten Sie die Informationen, die Sie für das Customizing des elektronischen Kontoauszugs benötigen.

Wir beginnen im ersten Abschnitt mit der Arbeitsweise des Verbuchungsprogramms RFEBBU00. Anschließend stellen wir Ihnen im zweiten Abschnitt die wesentlichen Einflussgrößen der Kontoauszugsverarbeitung vor. Anschließend beschäftigen wir uns mit den eigenen Bankverbindungen und mit denen unserer Geschäftspartner. Nach den Voraussetzungen für eine erfolgreiche Konfiguration stehen im vierten Abschnitt die Grundeinstellungen zum elektronischen Kontoauszug im Fokus. Im fünften Abschnitt wenden wir uns dann den Suchmustern zu, die ein probates Mittel sind, um Programmieraufwand zu sparen. Die abschließenden Abschnitte beschäftigen sich dann mit benachbarten Gebieten.

3.1   Das Verbuchungsprogramm »RFEBBU00«

Das Einlesen, Interpretieren und Verbuchen des elektronischen Kontoauszugs übernimmt im SAP-System das Programm RFEBKA00. Innerhalb dieses Programms steuern die in diesem Abschnitt vorgestellten Parameter im Wesentlichen das Programm RFEBBU00, das vom Programm RFEBKA00 aufgerufen wird. Abbildung 3.1 verdeutlicht die Arbeitsweise des Reports.

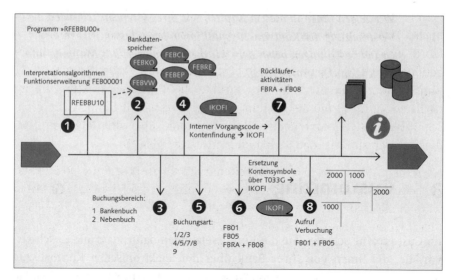

Abbildung 3.1 Funktionsweise des Programms »RFEBBU00«

Zum Zeitpunkt des Programmaufrufs ist der Bankdatenspeicher nur teilweise gefüllt. Folgende Tabellen wurden durch eines der Einleseprogramme, die vom Report RFEBKA00 und in Abhängigkeit vom Format des Kontoauszugs aufgerufen werden, gefüllt (siehe Kapitel 1, »Der elektronische Kontoauszug«):

- FEBKO – Kopfsätze des elektronischen Kontoauszugs

- FEBVW – Verwaltungssätze Electronic Banking

- FEBEP – Einzelposten des elektronischen Kontoauszugs

- FEBRE – Referenzsatz zu einem Einzelposten des elektronischen Kontoauszugs (insbesondere die Verwendungszweckfelder 1 bis 14)

Zu Beginn des Programms RFEBBU00 wird zunächst das Programm RFEBBU10 aufgerufen ❶ (siehe Abbildung 3.1). In diesem Programm werden die Einzelposten des Bankdatenspeichers mit Hilfe der hinterlegten Interpretationsalgorithmen analysiert. Nach dem Interpretationsalgorithmus kann der Bankdatenspeicher noch über die Funktionserweiterung FEB00001 bearbeitet werden. Dabei kann eine ermittelte Information geändert oder eine zusätzliche Information hinterlegt werden.

Vor der Rückkehr in das Programm RFEBBU00 füllt das Programm RFEBBU10 die Tabelle FEBCL (Clearing-Daten zu einem Einzelposten des elektronischen Kontoauszugs) und aktualisiert die Tabelle FEBEP ❷. Anschließend ❸, wieder zurück im RFEBBU00-Programm, ermittelt das Programm den aktuellen Buchungsbereich (1 für Bankbuch und 2 für Neben-buch). Danach prüft der Report, ob der ermittelte Geschäftsvorfallcode (GVC) im System hinterlegt ist, ehe die automatische Kontenfindung durch-geführt wird. Das Ergebnis wird in einer internen Übergabeschnittstelle der Kontenfindung hinterlegt ❹ – der Struktur IKOFI. Diese Struktur wird im nächsten Schritt ❺ um die Buchungsart erweitert, ehe die in der Übergabe-schnittstelle IKOFI hinterlegten Kontensymbole über die Tabelle T033G durch die entsprechenden Sachkonten ersetzt werden ❻.

Nach dem Abschluss der Vorarbeiten startet das Programm RFEBBU00 zunächst die Rückläuferaktivitäten, soweit welche auszuführen sind ❼. Dabei werden die beiden Transaktionen FBRA (RÜCKNAHME AUSGLEICH) und FB08 (BELEGSTORNO) genutzt. Anschließend werden die Positionen berücksichtigt, deren Verarbeitung die Transaktionen FB01 (BELEG BUCHEN) bzw. FB05 (BUCHEN MIT AUSGLEICH) vorsieht ❽. Doch wenden wir uns zunächst den Parametern zu.

3.2 Parameter

Wir stellen nun die wichtigsten Einflussgrößen innerhalb der elektronischen Verarbeitung von Bankkontoauszügen vor:

▸ Externe Vorgangscodes (Geschäftsvorfallcodes)

▸ Kontensymbole

▸ Buchungsregel

▸ Buchungsart

▸ Buchungsschema

▸ Interpretationsalgorithmus

▸ Vorgangstyp

▸ Kontenmodifikation

Diese Parameter besprechen wir im Folgenden genauer.

3.2.1 Externer Vorgang

Unter einem *externen Vorgang* (auch *Geschäftsvorfallcode* genannt) wird ein bankenspezifischer Code für einen Geschäftsvorgang innerhalb eines elektro-nischen Kontoauszugs verstanden. Dieser stellt einen bestimmten Zah-lungstyp dar, wie z. B. Inhaberscheck oder Überweisungsauftrag.

Der externe Vorgangscode wird von den Banken auf dem elektronischen Kontoauszug mitgegeben. Das SAP-System benötigt den externen Vorgang zur Identifizierung und Unterscheidung der einzelnen Geschäftsvorgänge. Die bankentypischen Vorgänge werden vom SAP-System in systeminterne Vorgänge (= Buchungsregeln) umgesetzt, die wiederum bestimmte Buchungen auslösen.

In Tabelle 3.1 sind exemplarisch die Geschäftsvorfallcodes (GVC) enthalten, die den Buchungsbeispielen aus Abschnitt 1.5, »Das Fallbeispiel«, entsprechen. Das Vorzeichen (Vz) »+« steht dabei für einen Zahlungseingang und »–« für einen Zahlungsausgang.

GVC	Vz	Deutsch	Englisch
001	+	Inhaberscheck	Bearer Cheque
004	–	Lastschrift Abbuchung	Debet withderawal
005	–	Lastschrift Einzugsermächtigung	Direct debet author
020	–	Überweisungsauftrag	Transfer order
051	+	Überweisungsgutschrift	Transfer order c/n
070	–	Scheckeinreichung	Cheque deposit
082	+	Einzahlung	Deposit
083	–	Auszahlung	Disbursement
091	–	Inlandsüberweisung Ausgang	Transfer order
807	–	Spesen	Expenses
821	–	Telefon	Telephone

Tabelle 3.1 Geschäftsvorfallcodes aus dem Fallbeispiel

3.2.2 Kontensymbol und Kontenzuordnung

Das *Kontensymbol* wird beim Customizing von Ihnen frei vergeben und bestimmt, welches Sachkonto bebucht wird. Durch die Angaben eines bestimmten Kontensymbols (z. B. BANK) wird das Sachkonto, das Sie beim Pflegen der Hausbank angegeben haben, bebucht. Innerhalb des Reports RFEBBU00 wird das Kontensymbol durch das hinterlegte Konto ersetzt.

Um nicht für jedes einzelne Hausbankkonto (mit jeweils anderem Sachkonto) ein eigenes Kontensymbol definieren zu müssen, ist im Feld SACHKONTO eine maskierte Ausgabe durch die Verwendung des Zeichens + möglich. In diesem

Fall ersetzt das System den maskierten Eintrag durch die von Ihnen in der Hausbank hinterlegte Sachkontonummer (z. B. 0000113100). In Tabelle 3.2 sind die Kontensymbole enthalten, die wir für unser Fallbeispiel aus Kapitel 1 benötigen.

Kontensymbol	Beschreibung	Sachkonten
Z_AUSGANGS_ÜW	Überweisung Ausgang	+++++++++02
Z_BANK	Bankkonto	++++++++++++
Z_BANKVERR	Bankverrechnungskonto	+++++++++10
Z_GELDEINGANG	Geldeingangskonto	+++++++++12
Z_KASSE_BANK	Übergangskonto Kasse/Bank	+++++++++11
Z_LAST_GUT	Lastschrift Eingang	+++++++++09
Z_SCHECKVERR	Scheckverrechnungskonto	+++++++++17
Z_SCHECK_GUT	Scheckeingang	+++++++++08
Z_SCHECK_LAST	Scheckausgang	+++++++++01
Z_SPESEN	Bankspesenkonto	479000
Z_TELEFON	Telefon	473100

Tabelle 3.2 Fallbeispiel – Kontensymbole und Kontenzuordnung

Teilmaskierung [+]

Bitte beachten Sie, dass bei maskierten Einträgen (Verwendung von +) immer von einer zehnstelligen Kontonummer ausgegangen wird. Falls Sie eine kürzere Kontonummer verwenden (z. B. eine sechsstellige), müssen Sie die Einträge rechtsbündig pflegen.

3.2.3 Buchungsregel

Die externen Vorgänge müssen im Customizing des elektronischen Kontoauszugs einer *Buchungsregel* zugeordnet werden. Anhand der Buchungsregel wird die Verbuchung in der Bank- und/oder Nebenbuchhaltung vorgenommen. Die Buchungsregel wird im System durch einen vierstelligen bankenunabhängigen Code repräsentiert (z. B. +082 für Einzahlungen).

Die Buchungsregel ist nicht direkt mit dem externen Vorgang verbunden, weil unterschiedliche Vorgänge existieren, die in der Buchhaltung zu gleichartigen Buchungen führen. Die Verwendung von Buchungsregeln hat den Vorteil, dass Sie nur einmal bestimmen, wie beispielsweise eine Lastschrift verbucht wird, und nicht mehrfach. Betrachten wir einige Beispiele:

- Vorgangscode 004 für Lastschrift per Abbuchung
- Vorgangscode 005 für Lastschrift per Einzugsermächtigung
- Vorgangscode 020 für Lastschrift per Überweisungsauftrag

Aus Sicht der Finanzbuchhaltung führen alle diese beispielhaft aufgeführten externen Vorgänge zur gleichen Buchung. Sie müssen daher der gleichen Buchungsregel zugeordnet werden. Tabelle 3.3 enthält die Buchungsregeln, die wir in unserem Beispiel benötigen:

Buchungsregel	Beschreibung
+ 001	Inhaberscheck Eingang
– 004	Lastschrift Abbuchung / Einzugsermächtigung
+ 051	Überweisungsgutschrift
– 070	Scheckeinreichung (Ausgangsscheck)
+ 082	Einzahlung
– 083	Auszahlung
– 091	Überweisung Inland Ausgang
– 807	Bankspesen
– 821	Telefon

Tabelle 3.3 Fallbeispiel – Buchungsregeln

3.2.4 Buchungsart

Zusätzlich müssen Sie für jedes Buchungsschema die *Buchungsart* angeben. Innerhalb des SAP-Systems stehen Ihnen dabei folgende Buchungsarten mit der jeweils hinterlegten Transaktion zur Verfügung (siehe Tabelle 3.4):

Schlüssel	Bedeutung	Transaktion
1	Buchen Sachkonto	FB01
2	Buchen Personenkonto im Soll	FB01

Tabelle 3.4 Buchungsarten im SAP-System

Schlüssel	Bedeutung	Transaktion
3	Buchen Personenkonto im Haben	FB01
4	Ausgleichen Sachkonto im Soll	FB05
5	Ausgleichen Sachkonto im Haben	FB05
7	Ausgleichen Personenkonto im Soll	FB05
8	Ausgleichen Personenkonto im Haben	FB05
9	Rückläuferverarbeitung	FBRA + FB08

Tabelle 3.4 Buchungsarten im SAP-System (Forts.)

3.2.5 Buchungsschema und Kontenfindung

Wenn Sie eine Buchungsregel definieren, legen Sie fest, wie ein Geschäftsvorgang, der über den elektronischen Kontoauszug übermittelt wird, im SAP-System verbucht wird.

Dabei können jeder Buchungsregel zwei *Buchungsschemata* mitgegeben werden, ein Schema für die Hauptbuchhaltung (bzw. Bankbuchhaltung), den *Buchungsbereich 1*, und ein Schema für die Nebenbuchhaltung, den *Buchungsbereich 2*. Je nachdem, ob ein Buchungsvorgang nur die Hauptbuchhaltung (bzw. Bankbuchhaltung) betrifft oder ob die Nebenbuchhaltung ebenfalls angesprochen wird, legen Sie ein Buchungsschema entweder für den einen oder für beide Buchungsbereiche fest.

[zB]

Buchungsbereiche

Für den Vorgang »Scheckgutschrift« benötigen Sie nur ein Buchungsschema für die Sachkonten, da der Ausgleich des Debitors bereits im Rahmen der Scheckeinreichung erfolgt. Dagegen benötigen Sie bei einer Überweisung neben dem Buchungsschema für die Sachkonten einen zweiten Buchungsbereich für die Nebenbuchhaltung, um den Debitor ausgleichen zu können.

In das Buchungsschema geben Sie statt der eigentlichen Konten Kontensymbole ein. Das Symbol BANK steht dann etwa in unserem Beispielunternehmen bei unserer Hausbank Volksbank für das Sachkonto 113100, weil diese Sachkontonummer im Hausbankstammsatz (siehe Abschnitt 3.3, »Pflege der Hausbanken«) hinterlegt ist.

Ein Buchungsschema besteht aus den Angaben zum Buchungsschlüssel und dem Kontensymbol für ein oder zwei Buchungszeilen (jeweils für die

Buchungen im Soll und im Haben). Über das Kontensymbol findet das System dann das Sachkonto, das bebucht werden soll. In Tabelle 3.5 sind die Buchungsschemen für unser Fallbeispiel (siehe Kapitel 1) aufgelistet.

BuRegel	Konto Soll	Konto Haben	BuArt
+001	Z_BANK	Z_SCHECKVERR	1
	Z_SCHECKVERR	Z_SCHECK_GUT	5
–004	Z_BANKVERR	Z_BANK	1
	Kreditorenkonto	Z_BANKVERR	7
+051	Z_BANK	Z_GELDEINGANG	1
	Z_GELDEINGANG	Debitorenkonto	8
–070	Z_SCHECKVERR	Z_BANK	1
	Z_SCHECK_LAST	Z_SCHECKVERR	4
+082	Z_BANK	Z_BANKVERR	1
	Z_BANKVERR	Z_KASSE_BANK	5
–083	Z_BANKVERR	Z_BANK	1
	Z_KASSE_BANK	Z_BANKVERR	4
–091	Z_AUSGANGS_ÜW	Z_BANK	1
–807	Z_BANKVERR	Z_BANK	1
	Z_SPESEN	Z_BANKVERR	1
–821	Z_BANKVERR	Z_BANK	1
	Z_TELEFON	Z_BANKVERR	1

Tabelle 3.5 Fallbeispiel – exemplarische Buchungsschemata

3.2.6 Interpretationsalgorithmus

In den Verwendungszweckfeldern des elektronischen Kontoauszugs sind verschiedene Informationen enthalten, die für den Ausgleich der offenen Posten relevant sind. Die Interpretationsalgorithmen ermöglichen die automatische Zuordnung von Zahlungsausgängen und Zahlungseingängen im Kontoauszug aufgrund der von Ihren Kunden und/oder Ihrer Hausbank zurückgelieferten Informationen, die sich beispielsweise in den Verwendungszweckzeilen des Kontoauszugs befinden.

Folgende Informationen können beispielsweise im elektronischen Kontoauszug pro Einzelposten mitgeliefert werden:

▶ Belegnummer

▶ Referenzbelegnummer

▶ Schecknummer

[!]

Führende Nullen

Die im Kontoauszug in den Verwendungszweckzeilen zurückgelieferten Informationen müssen Ihrem SAP-System bereits »bekannt« sein. Ansonsten kann kein automatischer Abgleich stattfinden. Das heißt, eine Belegnummer kann von den Standardalgorithmen nur dann im System gefunden werden, wenn sie von Ihren Kunden und/oder Ihrer Bank im Kontoauszug in genau der gleichen Zeichenlänge und Form zurückgeliefert wird, wie sie im SAP-System geführt wird.

Falls eine Referenzbelegnummer z. B. mit führenden Nullen im Beleg gespeichert ist, kann diese nur dann im SAP-System gefunden werden, wenn sie über den Kontoauszug ebenfalls mit führenden Nullen zurückgeliefert wird.

Durch die Interpretationsalgorithmen wird bestimmt, wie die vorhandenen Informationen vom System zu interpretieren sind. Die Algorithmen können dabei verschiedene Informationen pro Zahlung erkennen und verarbeiten.

Bei allen Einzelposten wird anhand des jeweiligen Geschäftsvorfallcodes bzw. externen Vorgangs zunächst geprüft, ob und mit welchen Interpretationsalgorithmen versucht werden soll, die Ausgleichsinformation zu beschaffen.

Wir beschreiben in diesem Abschnitt die Vorgehensweise der einzelnen Interpretationsalgorithmen. Bei allen wichtigen Algorithmen, also bei denen, die häufig genutzt werden, fassen wir die wesentlichen Eigenschaften abschließend komprimiert zusammen. Dabei geben wir unter dem Begriff *String* an, welche Zeichenkette der Algorithmus, und unter *Quelle*, in welchen Feldern des Kontoauszugs der Algorithmus auf die Suche geht. Unter dem Begriff *Übereinstimmung* steht, ob und wo der Algorithmus versucht, eine Übereinstimmung mit der in der Quelle gefundenen Zeichenkette zu finden. Unter *Rückgabe* geben wir an, was der Algorithmus im Erfolgsfall zurückgibt. Folgende Interpretationsalgorithmen stehen zur Verfügung:

Interpretationsalgorithmus 000 – Keine Interpretation

Diesen Algorithmus setzen Sie dann ein, wenn die von SAP ausgelieferten Standardalgorithmen nicht verwendet werden sollen. Stattdessen werden von

Ihnen selbst programmierte Algorithmen im Zusammenhang mit Funktionserweiterungen (siehe Kapitel 4, »Erweiterungsmöglichkeiten«) aufgerufen.

Interpretationsalgorithmus 001 – Standardalgorithmus

Dieser Algorithmus interpretiert die Werte in den Verwendungszweckfeldern des elektronischen Kontoauszugs als Belegnummer oder als Referenzbelegnummer. Der Algorithmus prüft dabei, ob die Werte innerhalb des von
Ihnen beim Einlesen des Kontoauszugs im Selektionsbild des Reports
RFEBKA00 angegebenen Beleg- oder Referenzbelegnummern-Intervalls liegen. Nur dann wird versucht, die auszugleichenden Posten im SAP-System zu
finden.

[!] | **Voraussetzung für den Einsatz des Interpretationsalgorithmus 001**

Beachten Sie, dass Sie auf dem Selektionsbildschirm für das Einlesen des elektronischen Kontoauszugs die möglichen Intervalle für Beleg- und Referenzbelegnummern durch die Intervalle »Nummernbereich BELNR« und »Nummernbereich
XBLNR« vorgeben müssen.

Der Algorithmus sucht in allen Verwendungszweckfeldern (d.h. in allen
abhängigen Sätzen der Tabelle FEBRE-VWEZW), die vom Kontoauszug geliefert werden, bei der Suche nach einer Belegnummer (Feldname BELNR) nach
einer zehnstelligen Ziffernfolge. Dabei werden alle Sonderzeichen und alle
Buchstaben entfernt. Mit allen Fundstücken sucht er nun eine Übereinstim-
mung in der Tabelle der Belegköpfe BKPF im Feld BELEGNUMMER BELNR. Im
Erfolgsfall füllt der Algorithmus in der Tabelle FEBCL die Felder FEBCL-
SELFD (Feldname) und FEBCL-SELVON (Eingabefeld für Suchkriterium zur
Auswahl offener Posten) mit FEBCL-SELFD = BELNR und FEBCL-SELVON =
BKPF-BELNR.

Bei der Suche nach einer Referenzbelegnummer (XBLNR) sucht der Algorithmus ebenfalls in allen Verwendungszweckfeldern, die vom Kontoauszug
geliefert werden, in diesem Fall nach einer 16-stelligen Zeichenfolge. Dabei
werden nur alle Sonderzeichen entfernt. Mit allen Fundstücken sucht er nun
eine Übereinstimmung in der Tabelle der Belegköpfe BKPF im Feld REFERENZ
XBLNR. Im Erfolgsfall füllt der Algorithmus die Felder FEBCL-SELFD (Feldname) und FEBCL-SELVON (Eingabefeld für Suchkriterium zur Auswahl offener Posten) mit FEBCL-SELFD = XBLNR und FEBCL-SELVON = BKPF-XBLNR.
Bei der Suche nach XBLNR wird auch in der BSEG nachgelesen, da die Eindeutigkeit nicht zwingend ist. Daher wird in diesem Fall auch die Ausgleichskontonummer mitgegeben.

Dazu ermittelt der Algorithmus aus der Belegart zunächst die Kontenart und liefert diese ebenfalls in das Feld FEBCL-KOART zurück. Anschließend stellt er bei Kontenart D den Wert aus BSEG-KUNNR in das Feld FEBCL-AGKON und bei K den Wert aus BSEG-LIFNR. In der Tabelle der Belegarten T003 sind im Feld KOARS die erlaubten Kontenarten hinterlegt. Falls der Wert ein D enthält, liefert der Algorithmus D. In allen anderen Fällen liefert der Algorithmus, falls ein K enthalten ist, ein K, ansonsten ein S zurück. Die folgende Auflistung zeigt diese Informationen noch einmal komprimiert zusammengefasst:

▶ **Quelle**
Felder VWZ01 – VWZ14 (Verwendungszweck 1 bis 14)

▶ **String**
zehnstellige Ziffernfolge bei BELNR und 16-stellige Zeichenfolge bei XBLNR

▶ **Übereinstimmung**
BKPF-BELNR bzw. BKPF-XBLNR

▶ **Rückgabe**
FEBCL-SELFD = BELNR, FEBCL-SELVON = BKPF-BELNR, (bei BELNR)

FEBCL-SELFD = XBLNR, FEBCL-SELVON = BKPF-XBLNR, FEBCL-KOART = BSEG-KOART und FEBCL-AGKON = BSEG-KUNNR (bei D) bzw. = BSEG-LIFNR (bei K) (bei XBLNR)

Bei mehr als einem Treffer werden alle gefundenen Werte berücksichtigt. Falls eine Ziffernfolge mit mehr Ziffern als der gesuchten Anzahl enthalten ist, werden nur die ersten zehn bzw. 16 Ziffern berücksichtigt.

Interpretationsalgorithmus 011 – Ausgangsscheck: Schecknummer ungleich Belegnummer

Dieser Algorithmus wird bei Zahlungen mit Scheck eingesetzt, falls von der Bank vornummerierte Schecks verwendet werden. Die Schecknummer wird von Ihrer Hausbank auf dem Kontoauszug zurückgeliefert. Der Algorithmus findet über die Schecknummer die zugehörige Belegnummer im SAP-System. Er nimmt den Wert, der im Feld FEBEP-CHECT (SCHECKNUMMER) hinterlegt ist. Nach dem Einlesen des Kontoauszugs ist dies der Wert aus dem Feld SCHNR der Umsatzdatei. Der Algorithmus 011 versucht nun, in der Tabelle PAYR (ZAHLUNGSTRÄGERDATEI) im Feld CHECT (SCHECKNUMMER) eine Übereinstimmung zu finden. Aus diesem Datensatz ermittelt der Algorithmus 011 den Wert im Feld PAYR-VBLNR (Belegnummer des Zahlungsbelegs), der gleichzeitig die Belegnummer des auszugleichenden Belegs ist.

▸ **Quelle**
Feld FEBEP-CHECT (Feld SCHNR (Schecknummer) aus der Umsatzdatei)

▸ **String**
13-stellige Ziffernfolge

▸ **Übereinstimmung**
PAYR-CHECT. Daraus wird die Belegnummer des Zahlungsbelegs (BKPF-BELNR) ermittelt.

▸ **Rückgabe**
FEBCL-SELFD = ›BELNR‹ und FEBCL-SELVON = PAYR-VBLNR = BKPF-BELNR

Interpretationsalgorithmus 012 – Ausgangsscheck: Schecknummer gleich Belegnummer

Dieser Algorithmus wird bei Zahlungen mit Scheck eingesetzt, falls beim Scheckdruck Formulare verwendet werden, die noch keine Schecknummer enthalten. Beim Scheckdruck wird dann die SAP-Belegnummer als Schecknummer auf den Scheck gedruckt. Diese Nummer wird von Ihrer Hausbank auf dem Kontoauszug zurückgeliefert. Der Algorithmus findet in den Verwendungszweckzeilen die Schecknummer, die in diesem Fall gleich der Belegnummer ist.

[+]

Vorgabe auf dem Selektionsbild
Auch hier müssen Sie auf dem Selektionsbild für das Einlesen des elektronischen Kontoauszugs die möglichen Nummernbereiche für die Belegnummernsuche vorgeben (siehe Algorithmus 001).

Die folgende Auflistung zeigt diese Informationen noch einmal komprimiert zusammengefasst:

▸ **Quelle**
Felder VWZ01 – VWZ14 (Verwendungszweck 1 bis 14)

▸ **String**
zehnstellige Ziffernfolge (Sonderzeichen und Buchstaben werden automatisch entfernt.)

▶ **Übereinstimmung**
BKPF-BELNR

▶ **Rückgabe**
FEBCL-SELFD = ›BELNR‹ und FEBCL-SELVON = BKPF-BELNR

Interpretationsalgorithmus	[zB]
Die Tabelle 3.6 verdeutlicht den Unterschied in der Vorgehensweise der Algorithmen 011 und 012.	

Verwendungs-zweckinfo	Interpr.Alg.	Interpretation
1001101	011	»1001101« wird als Schecknummer und nicht als Belegnummer interpretiert. Der Algorithmus findet über die Schecknummer die Belegnummer im SAP-System.
	012	»1001101« wird als Schecknummer gleich Belegnummer interpretiert. In diesem Fall entspricht die Schecknummer der Belegnummer im SAP-System.

Tabelle 3.6 Vorgehen der Algorithmen 011 und 012

Interpretationsalgorithmus 013 – Ausgangsscheck: Schecknummer gleich oder ungleich Belegnummer

Dieser Algorithmus versucht, die Schecknummer in den Verwendungszweckzeilen entweder nach Algorithmus 011 oder nach Algorithmus 012 zu finden. Der Algorithmus sucht zunächst mit den Mitteln des Algorithmus 011; falls er damit keinen Erfolg hat, wird der Algorithmus 012 ausgeführt.

Interpretationsalgorithmus 015 – Ausgleichsvorgang: Selektion über Zuordnung

Dieser Algorithmus bereitet den Ausgleich offener Posten mit Hilfe der Zuordnungsnummer vor, wie er beispielsweise durch den Report SAPF123 vorgenommen wird. Falls die entsprechende Buchungsregel einen Ausgleich vorsieht, erfolgt hier also die Selektion über die Zuordnungsnummer. Falls die entsprechende Buchungsregel keinen Ausgleich vorsieht, so wird als Zuordnungsnummer die Bankreferenz (z. B. Schecknummer) in die Belegzeile der Akontobuchung geschrieben. Dadurch kann später automatisch über die Zuordnungsnummer ausgeglichen werden (z. B. mit Hilfe des Reports SAPF123W).

[+]

Für die Selektion mit Hilfe der Zuordnungsnummer wird das Feld BANKREFERENZ bzw. SCHECKNUMMER aus dem Kontoauszug genutzt. (Sind diese Felder leer, wird der Anfang des Feldes VERWENDUNGSZWECK verwendet). Bitte überprüfen Sie, ob die genannten Felder die richtige Information enthalten, um auf dem betreffenden Konto nach offenen Posten zu suchen.

Da die Zuordnungsnummer ein Textfeld ist, kann es vorkommen, dass die Information im Kontoauszug nicht korrekt formatiert ist. Wenn Sie die Selektion mit Hilfe der Zuordnungsnummer nutzen möchten, obwohl die Informationen im Kontoauszug nicht oder nicht im korrekten Format vorliegen, können Sie über eine Funktionserweiterung das Feld SCHECKNUMMER (FEBEP-CHECT) füllen – siehe hierzu Kapitel 4, »Erweiterungsmöglichkeiten«.

Zunächst sucht der Algorithmus nach einem Wert im Feld SCHNR (SCHECKNUMMER) der Umsatzdatei, das nach dem Einlesen im Feld FEBEP-CHECT hinterlegt ist. In diesem Fall geschieht Folgendes:

▶ **Quelle**
Feld FEBEP-CHECT (Feld SCHNR (Schecknummer) aus der Umsatzdatei)

▶ **String**
13-stellige Ziffernfolge

▶ **Übereinstimmung**
Es wird keine Übereinstimmung gesucht. Jede gefundene 13-stellige Ziffernfolge wird zurückgegeben.

▶ **Rückgabe**
FEBCL-SELFD = ›ZUONR‹ und FEBCL-SELVON = FEBEP-CHECT

Gleichzeitig wird im entsprechenden Satz der Datei *FEBEP* das Feld ZUONR mit FEBEP-CHECT gefüllt. Wenn FEBEP-AVKOA = ›D‹ oder ›K‹, dann FEBCL-KOART = ›D‹ bzw. ›K‹ und FEBCL-AGKON = FEBEP-AVKON, ansonsten nur FEBCL-KOART = ›S‹.

Falls das Feld SCHNR (und damit das Feld FEBEP-CHECT) nicht gefüllt ist, ergibt sich das folgende Bild:

▶ **Quelle**
Quelle ist das Feld VWZ01 (VERWENDUNGSZWECK 1) aus der Umsatzdatei. Dies ist nach Einlesen des Kontoauszugs gleichzeitig das Feld FEBRE-VWEZW im ersten abhängigen Datensatz.

▶ **String**
Aus dem Feld FEBRE-VWEZW werden alle Zeichen – außer den Ziffern 0 bis 9 – entfernt. Falls anschließend mehr als 13 Ziffern übrig bleiben, werden nur die ersten 13 Ziffern berücksichtigt. Andernfalls wird auch eine kleinere Ziffernanzahl toleriert.

▶ **Übereinstimmung**

▶ **Rückgabe**
FEBCL-SELFD = ›ZUONR‹ und FEBCL-SELVON = String. Gleichzeitig wird im entsprechenden Satz der Datei *FEBEP* das Feld ZUONR auch mit dem String gefüllt.

Interpretationsalgorithmus 020 – Belegnummernsuche

Dieser Algorithmus funktioniert wie der Algorithmus 001. Er interpretiert den Inhalt der Verwendungszweckfelder jedoch ausschließlich als Belegnummer.

▶ **Quelle**
Felder VWZ01 – VWZ14 (Verwendungszweck 1 bis 14)

▶ **String**
zehnstellige Ziffernfolge (Sonderzeichen und Buchstaben werden automatisch entfernt.)

▶ **Übereinstimmung**
BKPF-BELNR

▶ **Rückgabe**
FEBCL-SELFD = ›BELNR‹ und FEBCL-SELVON = BKPF-BELNR

Interpretationsalgorithmus 021 – Referenzbelegnummern-Suche

Dieser Algorithmus funktioniert wie Algorithmus 001. Er interpretiert den Inhalt der Verwendungszweckfelder jedoch ausschließlich als Referenzbelegnummer.

▶ **Quelle**
Felder VWZ01 – VWZ14 (Verwendungszweck 1 bis 14)

- **String**
  16-stellige Ziffernfolge (Sonderzeichen werden jeweils automatisch entfernt.)

- **Übereinstimmung**
  BKPF-XBLNR

- **Rückgabe**
  FEBCL-KOART = BSEG-KOART, FEBCL-AGKON = BSEG-KUNNR (bei D) bzw. = BSEG-LIFNR (bei K), FEBCL-SELFD = ›XBLNR‹ und FEBCL-SELVON = BKPF-XBLNR.

Interpretationsalgorithmus 022 – BZÜ-Verfahren Deutschland mit Belegnummer

Dieser Algorithmus bezieht sich auf das sogenannte BZÜ-Verfahren, dem beleglosen Zahlschein-Überweisungsverkehr. In diesem Fall wird von einem Fakturasystem ein Überweisungsvordruck erstellt, der in der Codierzeile eine 13-stellige Nummer enthält. Diese Nummer setzt sich in der Regel aus der Belegnummer und einer Prüfziffer zusammen und hat die Form »00nnnnnnnnnnP« (n = beliebige Ziffer, P = eine Prüfziffer). Diese Nummer ist im Kontoauszug enthalten und steht entweder im Feld FEBEP-CHECT oder ist die erste Nummer im ersten Verwendungszweckfeld aus FEBRE-VWEZW.

Der Algorithmus schneidet die ersten beiden Zeichen sowie die Prüfziffer ab und interpretiert die Nummer rechtsbündig als Belegnummer. Zunächst sucht er nach einem Wert im Feld SCHNR (SCHECKNUMMER) der Umsatzdatei, das nach dem Einlesen im Feld FEBEP-CHECT hinterlegt ist. In diesem Fall sucht der Algorithmus 022 nach einer Übereinstimmung im Feld BKPF-BELNR und liefert im Erfolgsfall das Ergebnis FEBCL-SELFD = ›BELNR‹ sowie FEBCL-SELVON = BKPF-BELNR.

- **Quelle**
  Feld FEBEP-CHECT (Feld SCHNR (Schecknummer) aus der Umsatzdatei)

- **String**
  zehnstellige Ziffernfolge

- **Übereinstimmung**
  BKPF-BELNR

- **Rückgabe**
  FEBCL-SELFD = ›BELNR‹ und FEBCL-SELVON = BKPF-BELNR. Gleichzeitig wird im entsprechenden Satz der Datei *FEBCL* das Feld KOART analog dem Algorithmus 001 gefüllt.

Falls das Feld SCHNR (und damit das Feld FEBEP-CHECT) nicht gefüllt ist, sucht der Algorithmus 022 ausschließlich im ersten Satz der Tabelle FEBRE-VWEZW und damit nur im ersten Verwendungszweckfeld der Umsatzdatei. Aus dem Feld FEBRE-VWEZW werden alle Zeichen – außer den Ziffern 0 bis 9 – entfernt. Falls anschließend mehr als 13 Ziffern übrig bleiben, werden nur die ersten 13 Ziffern berücksichtigt. Andernfalls wird auch eine kleinere Ziffernanzahl toleriert. In beiden Fällen werden die ersten beiden und die letzte Ziffern entfernt, so dass maximal eine zehnstellige Ziffernfolge übrig bleibt, mit der wie mit einer Schecknummer verfahren wird.

▶ **Quelle**
Feld FEBRE-VWEZW (nur der erste Eintrag, d. h. nur der Verwendungszweck 1 aus der Umsatzdatei)

▶ **String**
zehnstellige Ziffernfolge

▶ **Übereinstimmung**
BKPF-BELNR

▶ **Rückgabe**
FEBCL-SELFD = ›BELNR‹ und FEBCL-SELVON = BKPF-BELNR. Gleichzeitig wird im entsprechenden Satz der Datei *FEBCL* das Feld KOART analog dem Algorithmus 001 gefüllt.

Interpretationsalgorithmus 023 – BZÜ-Verfahren Deutschland mit Referenzbelegnummer

Dieser Algorithmus bezieht sich ebenfalls auf das sogenannte BZÜ-Verfahren, den beleglosen Zahlschein-Überweisungsverkehr. Die Nummer besteht in diesem Fall aus der Referenzbelegnummer und einer Prüfziffer. Der Algorithmus interpretiert die Nummer inklusive der Prüfziffer in den Verwendungszweckfeldern des elektronischen Kontoauszugs somit als Referenzbelegnummer. Ansonsten wird vorgegangen wie im Algorithmus 022 – allerdings sucht der Algorithmus die Übereinstimmung im Feld BKPF-XBLNR und liefert im Erfolgsfall die zugehörige Belegnummer BKPF-BELNR zurück.

▶ **Quelle**
Feld FEBEP-CHECT (Feld SCHNR (Schecknummer) aus der Umsatzdatei)

▶ **String**
13-stellige Ziffernfolge. Wenn er damit nichts findet, entfernt er die letzte Ziffer und sucht erneut.

▶ **Übereinstimmung**
BKPF-XBLNR

▶ **Rückgabe**
FEBCL-SELFD = ›BELNR‹ und FEBCL-SELVON = BKPF-BELNR. Die Belegnummer wird dem selektierten Beleg entnommen.

Falls das Feld SCHNR (und damit das Feld FEBEP-CHECT) nicht gefüllt ist,
sucht der Algorithmus nach einer 13-stelligen Ziffernfolge im ersten Eintrag
in den Feldern FEBRE-VWEZW und damit nur im ersten Verwendungszweckfeld aus dem Kontoauszug. Ansonsten wird wie im ersten Fall (s.o.) mit
einer Schecknummer vorgegangen.

▶ **Quelle**
erster Eintrag in den Feldern FEBRE-VWEZW

▶ **String**
13-stellige Ziffernfolge. Wenn er damit nichts findet, entfernt der Algorithmus die letzte Ziffer und sucht erneut.

▶ **Übereinstimmung**
BKPF-XBLNR

▶ **Rückgabe**
FEBCL-SELFD = ›BELNR‹ und FEBCL-SELVON = BKPF-BELNR. Die Belegnummer wird dem selektierten Beleg entnommen.

**Interpretationsalgorithmus 026 – Referenzbelegnummern-Suche mit
führenden Nullen, wenn < 10**

Dieser Algorithmus kann verwendet werden, wenn im Kontoauszug für die
zehnstellige Referenznummer führende Nullen nicht zurückgeliefert werden
(z. B. wenn im Kontoauszug die Referenzbelegnummer 100 statt 0000000100
lautet). Er arbeitet in drei Schritten:

1. Wie der Algorithmus 021 durchsucht der Algorithmus 026 das Feld VER-
   WENDUNGSZWECK nach möglichen Referenzbelegnummern (Nummernbereich XBLNR im Selektionsbild zum Einlesen des Kontoauszugs).

2. Abweichend vom Algorithmus 021 füllt der Algorithmus 026 16 Stellen,
   indem er führende Nullen ergänzt. Enthält die Ziffernfolge also weniger
   als 16 Zeichen, werden linksbündig Nullen hinzugefügt, bis die Ziffernfolge aus 16 Ziffern besteht.

3. Am Ende gleicht er die Referenzbelegnummern aus dem Kontoauszug mit
   den im System vorhandenen Referenzbelegnummern ab.

Noch einmal in aller Kürze bedeutet das Folgendes:

▶ **Quelle**
Felder VWZ01 – VWZ14 (Verwendungszweck 1 bis 14) aus der Umsatzdatei

▶ **String**
16-stellige Ziffernfolge (Sonderzeichen werden jeweils automatisch entfernt.)

▶ **Übereinstimmung**
BKPF-XBLNR

▶ **Rückgabe**
FEBCL-KOART = BSEG-KOART, FEBCL-AGKON = BSEG-KUNNR (bei D) bzw. = BSEG-LIFNR (bei K), FEBCL-SELFD = ›XBLNR‹ und FEBCL-SELVON = BKPF-XBLNR

Interpretationsalgorithmus 027 – Referenznummer TITO

Dieser Algorithmus sucht die Zahlungsreferenz, die das finnische Kontoauszugsformat TITO liefert.

Interpretationsalgorithmus 028 – Referenznummer via MULTICASH-Konvertierprogramme

Entspricht dem Algorithmus 027, wenn die Kontoauszugsdateien im Multi-Cash-Format eingelesen werden. Es wird der Nummernbereich BELNR verwendet.

Interpretationsalgorithmus 029 – Zahlungsauftragsnummer

Dieser Algorithmus sucht über die Zahlungsauftragsnummer. Es wird der Nummernbereich XBLNR verwendet.

▶ **Quelle**
Felder VWZ01 – VWZ14 (Verwendungszweck 1 bis 14) aus der Umsatzdatei

▶ **String**
zehnstellige Ziffernfolge (Sonderzeichen werden jeweils automatisch entfernt.)

▸ **Übereinstimmung**
PYORDH-PYORD (Zahlungsauftrag)

▸ **Rückgabe**
Falls im Feld PYORDH-LIFNR ein Eintrag vorhanden ist: FEBCL-KOART = ›K‹, ansonsten FEBCL-KOART = ›D‹; FEBCL-SELFD = ›PYORT‹ und FEBCL-SELVON = PYORDH-PYORD

Interpretationsalgorithmus 030 – Brasilianische Suche

Dieser Algorithmus wird beim Einsatz des elektronischen Kontoauszugs in Brasilien verwendet. Er sucht über die Belegnummer, das Geschäftsjahr und die Nummer der Buchungszeile innerhalb des Buchhaltungsbelegs.

Interpretationsalgorithmus 031 – Belegnummernsuche (Kundennummer aus Belegzeile)

Dieser Algorithmus arbeitet wie der Algorithmus 020 (Belegnummernsuche). Er weist folgende Besonderheiten auf:

Sie können automatisch die Stammdaten um die Bankverbindung ergänzen, wenn der entsprechende Geschäftspartner über eine Belegnummer identifiziert werden kann, die im Feld VERWENDUNGSZWECK steht. Diese Möglichkeit besteht auch beim Algorithmus 021. Da die Bankverbindung in der Regel jeweils im Kontoauszug mitgeliefert wird, können diese Angaben zur Ergänzung der Stammdaten verwendet werden. Mit dem Report RFEBKA80 können Sie eine Datei mit Bankverbindungen von Debitoren erzeugen, die Sie mit dem Report RFBIDE00 den Stammsätzen hinzufügen.

[!] | **Abweichende Regulierer**

Im Falle eines abweichenden Regulierers ist die im Kontoauszug enthaltene Bankverbindung nicht die des Geschäftspartners, auf den die zuvor im Verwendungszweck gefundene Belegnummer verweist. Die entsprechende Bankverbindung wird beim falschen Geschäftspartner ergänzt.

Der Algorithmus ist im Zusammenhang mit der automatischen Erstellung von Zahlungsavisen beim Einlesen des Kontoauszugs von Bedeutung. Ein solches Zahlungsavis wird erstellt, wenn beim Einlesen nicht sofort alle offenen Posten ausgeglichen werden können, weil beispielsweise nicht alle im Verwendungszweck gelieferten Belegnummern gefunden wurden. Das Avis enthält die gefundenen Belegnummern und kann nun zum Buchen der entsprechenden Kontoauszugspositionen verwendet werden, wenn die fehlenden Belegnummern manuell ergänzt wurden.

Es ist nun denkbar, dass die einzelnen Belegnummern bzw. Avispositionen zu verschiedenen Geschäftspartnern gehören (z. B. Zahlung durch gemeinsamen Regulierer). Diese Positionen werden im Avis nur dann automatisch dem richtigen Geschäftspartner zugeordnet, wenn der Algorithmus 031 verwendet wird. Wenn Sie den Algorithmus 021 einsetzen, müssen Sie die einzelnen Avispositionen jeweils manuell um die richtige Geschäftspartnerinformation ergänzen.

▶ **Quelle**
Felder VWZ01 – VWZ14 (Verwendungszweck 1 bis 14) aus der Umsatzdatei

▶ **String**
zehnstellige Ziffernfolge bei BELNR (Sonderzeichen werden jeweils automatisch entfernt.)

▶ **Übereinstimmung**
BKPF-BELNR

▶ **Rückgabe**
FEBCL-SELFD = ›BELNR‹ und FEBCL-SELVON = BKPF-BELNR (bei BELNR)

Außerdem wird aus der entsprechenden Belegzeile FEBCL-AGKON = BSEG-KUNNR sowie FEBCL-KOART = ›D‹ gefüllt. Falls keine Debitorenzeile gefunden wird, liefert der Algorithmus das Ergebnis FEBCL-KOART = ›S‹.

Interpretationsalgorithmus 060 – Belegnummernsuche für Ausgleichsbelege

Dieser Algorithmus sucht zunächst nach einer Übereinstimmung in BKPF-BELNR. In diesem Fall versucht er, abhängig von der Belegart ›D‹, ›K‹ oder ›S‹ zu ermitteln, was allerdings nur zufällig passiert. Im Algorithmus 060 wird über einen CASE-Befehl die Frage gestellt, ob das Feld T003-KOARS »genau gleich« ›D‹, ›K‹ oder ›S‹ ist. Da Belegarten, die die Kontenarten ›D‹ oder ›K‹ zulassen, bis auf wenige Ausnahmen nur sinnvoll sind, wenn sie gleichzeitig auch die Kontenart ›S‹ zulassen, wird in der Praxis lediglich der ›S‹-Pfad (bei reinen Sachkontenbelegarten) beschritten. Somit dürfte in den meisten Fällen der WHEN OTHERS-Zweig zum Ziel führen und somit fast immer die Kontenart ›D‹ ermittelt werden.

▶ **Quelle**
Felder VWZ01 – VWZ14 (Verwendungszweck 1 bis 14) aus der Umsatzdatei

▶ **String**
zehnstellige Ziffernfolge (Sonderzeichen werden jeweils automatisch entfernt.)

▶ **Übereinstimmung**
BKPF-BELNR

▶ **Rückgabe**
Bei ›S‹: FEBCL-SELFD = ›BELNR‹ und FEBCL-SELVON = BKPF-BELNR, außerdem FEBCL-KOART = ›S‹.

Bei ›D‹ wird anschließend über die Tabelle BSAD geloopt. Nach Erfolg ist FEBCL-SELFD = ›BELNR‹ und FEBCL-SELVON = BKPF-BELNR, FEBCL-KOART = ›D‹ und FEBCL-KONTO = BSAD-KUNNR. Bei ›K‹ ist das Vorgehen analog. In diesem Fall wird allerdings über die Tabelle BSAK geloopt.

Interpretationsalgorithmus 120 – Belegnummernsuche ohne Probelesen

Dieser Algorithmus arbeitet wie der Algorithmus 020, nur dass keine Übereinstimmung gesucht wird. Der Algorithmus 120 liefert jede zehnstellige Ziffernfolge aus den Verwendungszweckfeldern als potentielle Belegnummer zurück. Zuvor entfernt er jedoch alle Sonderzeichen und Buchstaben.

▶ **Quelle**
Felder VWZ01 – VWZ14 (Verwendungszweck 1 bis 14) aus der Umsatzdatei

▶ **String**
zehnstellige Ziffernfolge (Sonderzeichen und Buchstaben werden jeweils automatisch entfernt.)

▶ **Übereinstimmung**
Ohne Probelesen

▶ **Rückgabe**
FEBCL-SELFD = ›BELNR‹ und FEBCL-SELVON = BKPF-BELNR

Interpretationsalgorithmus 121 – Referenzbelegnummern-Suche ohne Probelesen

Dieser Algorithmus arbeitet wie der Algorithmus 021, nur dass keine Übereinstimmung gesucht wird. Der Algorithmus 121 liefert jede 16-stellige Zeichenfolge aus den Verwendungszweckfeldern als mögliche Referenzbeleg-nummer zurück. Dabei werden Sonderzeichen zuvor entfernt.

▸ **Quelle**
Felder VWZ01 – VWZ14 (Verwendungszweck 1 bis 14) aus der Umsatzda-tei

▸ **String**
16-stellige Ziffernfolge (Sonderzeichen werden jeweils automatisch ent-fernt.)

▸ **Übereinstimmung**
Ohne Probelesen

▸ **Rückgabe**
FEBCL-KOART = BSEG-KOART, FEBCL-AGKON = BSEG-KUNNR (bei D)
bzw. = BSEG-LIFNR (bei K), FEBCL-SELFD = ›XBLNR‹ und FEBCL-SELVON
= BKPF-XBLNR

3.2.7 Vorgangstyp

Sie vergeben *Vorgangstypen*, um Banken mit identischen externen Vorgangs-codes (z. B. alle Sparkassen innerhalb des Sparkassenverbandes) zusammen-zufassen. Der Vorteil dieser Vorgehensweise besteht darin, dass Sie nicht für jede einzelne Bank die Zuordnung von externen, bankenabhängigen Vorgän-gen (Geschäftsvorfallcodes) zu SAP-internen Buchungsregeln vornehmen müssen, sondern immer nur einmal pro Vorgangstyp.

Die Geschäftsvorfallcodes aus Abschnitt 3.2.1, »Externer Vorgang«, und die dazugehörigen Buchungsregeln finden Sie in Tabelle 3.7 wieder. Sie entspre-chen den Geschäftsvorfallcodes aus dem Fallbeispiel (siehe Abschnitt 1.5).

GVC	Vz	BuRegel	Interpr.Alg.
001	+	+001	000
004	–	–004	021
005	–	–004	121
020	–	–004	901
051	–	–051	021
070	–	–070	013

Tabelle 3.7 Fallbeispiel – Zuordnung GVC zu Buchungsregeln

GVC	Vz	BuRegel	Interpr.Alg.
082	+	+082	903
083	–	–083	904
091	–	–091	015
807	–	–807	000
821	–	–821	001

Tabelle 3.7 Fallbeispiel – Zuordnung GVC zu Buchungsregeln (Forts.)

3.2.8 Kontenmodifikation

Zusätzlich kann die Kontenfindung durch die *Kontenmodifikation* (Feld FEBEP-KFMOD) beeinflusst werden. Einträge in der Spalte KONTENMODIFIKATION können Sie frei definieren. Sie werden von der Funktionserweiterung (Customer-Exit) für Ihre firmenspezifischen Buchungsvorgänge benötigt, wie z. B. die Aufteilung der Kontenvorgänge nach Sachbearbeitern, Selektion nach Lieferscheinnummer etc.

3.2.9 Weitere Voraussetzungen

Alle Bankkonten müssen einem Vorgangstyp zugewiesen werden. Jedes Bankkonto, auf das (externe) Vorgänge unterschiedlich gebucht werden, muss einem separaten Vorgangstyp zugewiesen werden. Wenn es sich nur um bestimmte Vorgänge handelt, die unterschiedlich gebucht werden müssen, kann der Parameter EXTERNER VORGANG MIT PROTOKOLLNUMMER benutzt werden.

Ein Bankkonto darf nur in einem Buchungskreis definiert sein. Die Währung des Bankkontos muss definiert sein, da bestimmte Bankinstitute ihre Bankkontonummern identisch halten und nur der Währungsschlüssel die Bankkonten unterscheidet. Das Sachkonto eines Bankkontos muss ebenfalls definiert sein.

3.2.10 Empfohlener Ablauf für das Customizing

Sie sollten das Customizing für den elektronischen Kontoauszug in folgender Reihenfolge durchführen:

1. Vorgangstyp anlegen.
2. Bankkonten zu Vorgangstypen zuordnen ❶.

3. Schlüssel für Buchungsregel anlegen. Über sie findet das System die Buchungsschemata ❷.

4. Externe Vorgangscodes zu Buchungsregeln zuordnen ❸.

5. Buchungsregeln bzw. Buchungsschemata definieren ❹.

Abbildung 3.2 verdeutlicht das Zusammenspiel der einzelnen Parameter.

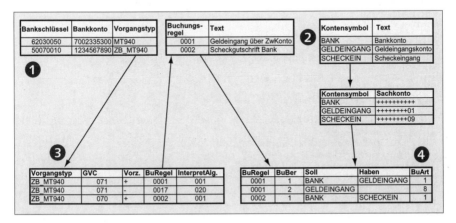

Abbildung 3.2 Zusammenspiel der Parameter

3.3 Pflege der Hausbanken

Die Bankenstammdaten werden im SAP-System zentral im Bankenverzeichnis abgelegt. Neben den Bankenstammdaten hinterlegen Sie Ihre eigenen Bankverbindungen (Hausbanken) und auch die Bankverbindungen Ihrer Geschäftspartner. Letztere geben Sie in den Stammsätzen der Geschäftspartner an.

Das *Bankenverzeichnis* enthält die Bankenstammdaten. Dazu zählen die Anschriftsdaten der Banken und Steuerungsdaten wie etwa der SWIFT-Code und die Bankengruppe. Postgiroverbindungen sind speziell zu kennzeichnen. Im Bankenverzeichnis müssen die Stammdaten aller Banken enthalten sein, die Sie für den Zahlungsverkehr mit Ihren Geschäftspartnern benötigen. Dazu zählen Ihre Hausbanken und die Banken der Geschäftspartner.

Hier pflegen Sie neben der Bankverbindung außerdem die Bankkonten, die Sie bei Ihrer Bank führen. Für jedes Bankkonto müssen Sie im System ein Sachkonto anlegen. Im *Sachkontenstammsatz* geben Sie einen Währungsschlüssel ein. Dieser muss der Währung des Bankkontos entsprechen.

Sie pflegen Ihre Hausbanken im Customizing der Bankbuchhaltung unter BANKKONTEN • HAUSBANKEN DEFINIEREN (siehe Abbildung 3.3). Alternativ dazu können die Hausbanken auch innerhalb des Einführungsleitfadens (IMG) gepflegt werden.

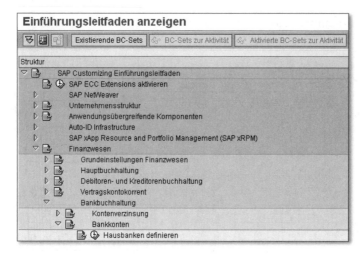

Abbildung 3.3 IMG – »Hausbanken definieren«

Bei der Angabe der Bankkontendaten in der Hausbanktabelle müssen Sie auf jeden Fall ein Sachkonto hinterlegen. Ansonsten kann beim elektronischen Kontoauszug keine Buchung durchgeführt werden.

3.3.1 Eigene Bankverbindungen definieren

Ihre Bankverbindungen legen Sie pro Buchungskreis fest. Zu jeder Bankverbindung tragen Sie eine frei definierbare Kurzbezeichnung ein. Als Kurzbezeichnung (Bank-Id) können Sie einen fünfstelligen alphanumerischen Schlüssel wählen. Beispielsweise können Sie die Bankverbindung zur Volksbank unter der Kurzbezeichnung VOBA ablegen.

Hausbank definieren

In Abbildung 3.4 sehen Sie das Einstiegsbild der Hausbankpflege.

Die Kurzbezeichnungen der Hausbanken (Feld HAUSBANK in Abbildung 3.4) sind innerhalb eines Buchungskreises eindeutig. Zu jeder Bankverbindung sind das BANKLAND und die Bankleitzahl oder ein entsprechender landesspezifischer Schlüssel (Feld BANKSCHLÜSSEL) einzugeben – siehe Abbildung 3.5.

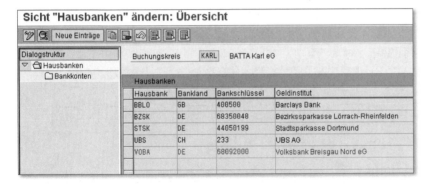

Abbildung 3.4 Hausbanken – Einstieg

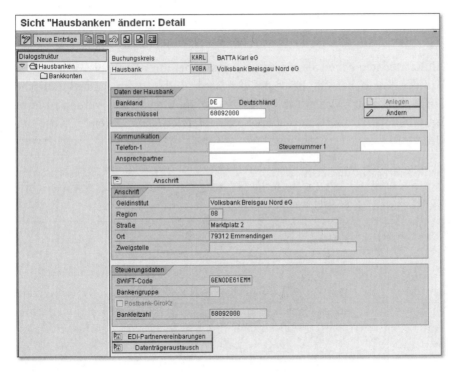

Abbildung 3.5 Hausbanken – Detailsicht

Definieren der Bankkonten

Neben der Bankverbindung müssen Sie außerdem die Bankkonten, die Sie bei Ihrer Bank führen, unter einer Kurzbezeichnung (Spalte KONTO-ID) ablegen. Diese Kurzbezeichnung ist je Buchungskreis und Hausbank eindeutig. Sie können eine vierstellige alphanumerische Kurzbezeichnung wählen (siehe Abbildung 3.6).

Abbildung 3.6 Hausbanken – Bankkontenübersicht

Unter der Kurzbezeichnung können Sie, wie in Abbildung 3.7 zu sehen ist, die Eigenschaften des Bankkontos hinterlegen. Sie sollten eine möglichst aussagekräftige Bezeichnung wählen. Diese Kurzbezeichnung werden Sie für die Festlegungen zum Zahlungsprogramm und in den Stammsätzen der Sachkonten verwenden, um auf Ihr Bankkonto Bezug zu nehmen.

Als Kontodaten geben Sie die Kontonummer bei Ihrer Bank, die Währung, in der das Konto bei der Bank geführt wird, und weitere landesspezifische Daten an (Bereich DATEN DES BANKKONTOS). Im Eingabebild werden zu Ihrer Information Stammdaten der Bank eingeblendet (siehe Bereich DATEN DER HAUSBANK).

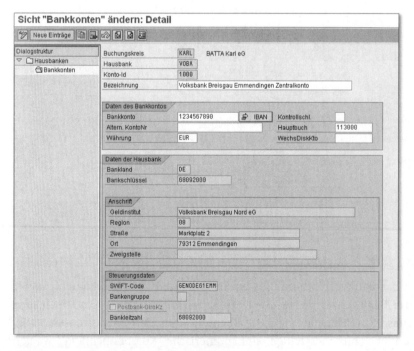

Abbildung 3.7 Hausbanken – Bankkontendetails

Sachkonten für die eigenen Bankkonten

Für jedes eigene Bankkonto müssen Sie im System ein Sachkonto anlegen. Im Sachkontenstammsatz geben Sie einen Währungsschlüssel ein. Der Währungsschlüssel muss der Währung des Bankkontos entsprechen. Wenn Sie beispielsweise ein Devisenkonto in USD bei Ihrer Bank führen, müssen Sie im Sachkontenstammsatz den Währungsschlüssel für diese Währung eingeben.

3.3.2 Banken Ihrer Geschäftspartner definieren

Die Bankverbindungen Ihrer Geschäftspartner geben Sie im Debitorenstammsatz (siehe Abbildung 3.8) oder im Kreditorenstammsatz (siehe Abbildung 3.9) an. Dazu tragen Sie das Bankland, gegebenenfalls den Bankschlüssel – dies kann die Bankleitzahl sein – und die Bankkontonummer für jedes Bankkonto Ihres Geschäftspartners ein.

Abbildung 3.8 Bankdaten beim Debitor

Diese Angaben werden z. B. für den automatischen Zahlungsverkehr benutzt. Das Zahlungsprogramm ermittelt anhand der Angaben die Bankanschrift und die Bankkontonummer für Überweisungsformulare.

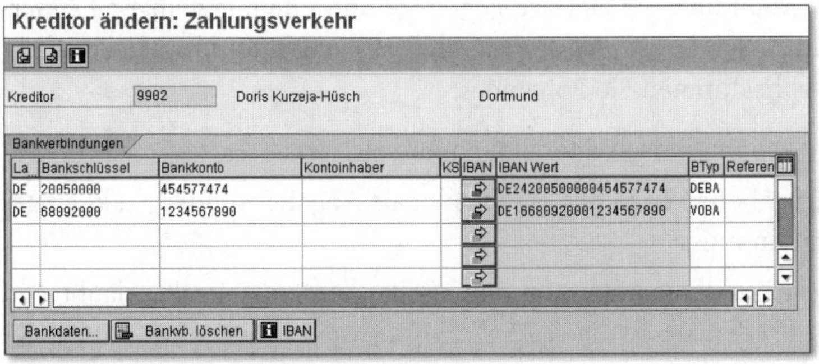

Abbildung 3.9 Bankdaten beim Kreditor

Sie können beliebig viele Bankverbindungen eintragen. Die Verbindung zu den Bankenstammdaten wird auch hier über das Bankland und den Bankschlüssel (landesspezifische Bankidentifikation) hergestellt.

3.3.3 Prüfungen für Bankenstammdaten

Beim Sichern der Debitor- bzw. Kreditorstammdaten werden vom SAP-System u. a. Prüfungen zu den angegebenen Bankdaten durchgeführt. Diese Prüfungen können im Rahmen der Systemkonfiguration festgelegt werden. Sie finden sie im IMG unter ALLGEMEINE EINSTELLUNGEN, wie in Abbildung 3.10 zu sehen ist.

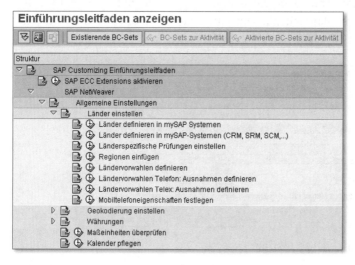

Abbildung 3.10 IMG – »Länderspezifische Prüfungen einstellen«

Zu den landesspezifischen Festlegungen können Sie Prüfregeln angeben, die für die Bankleitzahl oder für den Bankschlüssel und die Bankkontonummer gelten (siehe Abbildung 3.11). Dazu geben Sie unter dem jeweiligen Länderschlüssel die Länge der Bankleitzahl und der Bankkontonummer an. Über eine Prüfregel bestimmen Sie Folgendes:

▸ ob die Angabe numerisch oder alphanumerisch ist

▸ ob die angegebene Länge nur eine maximale Angabe ist oder exakt eingehalten werden muss

▸ ob die Lücken in der Bankkontonummer oder der Bankleitzahl erlaubt sind

Sicht "Feldprüfungen der Länder" ändern: Detail

Land   DE   Deutschland

Schlüssel für das Bankenverzeichnis

Bankschlüssel   1   Bankleitzahl

Formalprüfungen

	Länge	Prüfregel	
Postleitzahl	5	4	Länge exakt einzuhalten, numerisch, lückenlos
Bankkontonummer	14	2	Länge Maximalwert, numerisch, lückenlos
Bankleitzahl	8	4	Länge exakt einzuhalten, numerisch, lückenlos
Postbank-Girokontonr	10	1	Länge Maximalwert, lückenlos
Steuernummer 1			
Steuernummer 2			
USt.ID-Nummer	11	3	Länge exakt einzuhalten, lückenlos
Bankschlüssel			

Weitere Prüfungen

☑ Bankdaten   ☐ PLZ Musseingabe   ☐ Ortsdatei aktiv
☐ Sonstige Daten   ☑ PLZ-Postfach Musseingabe   ☐ PLZ auf Straßenebene

Abbildung 3.11 Länderspezifische Feldprüfungen

Das System führt diese formalen Prüfungen immer durch. Bezüglich der Bankleitzahl (siehe Abbildung 3.12) stehen z. B. folgende Alternativen zur Auswahl:

▸ Länge Maximalwert, lückenlos

▸ Länge exakt einzuhalten

▸ Länge Maximalwert, numerisch

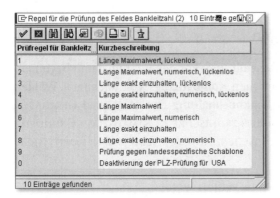

Regel für die Prüfung des Feldes Bankleitzahl (2)   10 Einträge gefunden

Prüfregel für Bankleitz.	Kurzbeschreibung
1	Länge Maximalwert, lückenlos
2	Länge Maximalwert, numerisch, lückenlos
3	Länge exakt einzuhalten, lückenlos
4	Länge exakt einzuhalten, numerisch, lückenlos
5	Länge Maximalwert
6	Länge Maximalwert, numerisch
7	Länge exakt einzuhalten
8	Länge exakt einzuhalten, numerisch
9	Prüfung gegen landesspezifische Schablone
0	Deaktivierung der PLZ-Prüfung für USA

10 Einträge gefunden

Abbildung 3.12 Prüfregel – Bankleitzahl

Entsprechendes gilt für die Bankkontonummer. Abbildung 3.13 enthält die vollständige Liste der Prüfregeln zur Kontonummer.

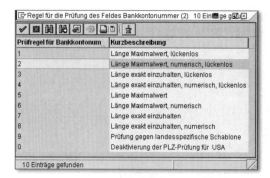

Prüfregel für Bankkontonum	Kurzbeschreibung
1	Länge Maximalwert, lückenlos
2	Länge Maximalwert, numerisch, lückenlos
3	Länge exakt einzuhalten, lückenlos
4	Länge exakt einzuhalten, numerisch, lückenlos
5	Länge Maximalwert
6	Länge Maximalwert, numerisch
7	Länge exakt einzuhalten
8	Länge exakt einzuhalten, numerisch
9	Prüfung gegen landesspezifische Schablone
0	Deaktivierung der PLZ-Prüfung für USA

Abbildung 3.13 Prüfregel – Bankkontonummer

Besondere Prüfungen sind zusätzlich wählbar, um Eingabefehler zu vermeiden. Dazu zählen z. B. folgende Prüfungen:

▶ Postscheck-Girokontonummer in Deutschland und der Schweiz

▶ Bankkontonummer in Belgien und den Niederlanden

▶ Bankleitzahl und Bankkontonummer in Frankreich

Ist eine solche länderspezifische Prüfung gewünscht, müssen Sie das Feld Bankdaten markieren (siehe Abbildung 3.11).

Eine besondere Bedeutung kommt dem Feld Bankschlüssel zu, das ebenfalls in Abbildung 3.11 zu sehen ist. Über dieses Feld legen Sie fest, wie der Bankschlüssel für Banken im jeweiligen Land vergeben wird. Der Bankschlüssel kann z. B. die Bankleitzahl sein.

3.4 Grundeinstellungen

Nachdem alle Voraussetzungen erfüllt sind, können wir nun damit beginnen, die Konfiguration des elektronischen Kontoauszugs vorzunehmen. Wählen Sie dazu im Customizing der Bankbuchhaltung den Menüpfad Geschäftsvorfälle • Zahlungsverkehr • Elektronischer Kontoauszug • Grundeinstellungen für den elektronischen Kontoauszug vornehmen (siehe Abbildung 3.14).

Dabei müssen vier Hauptschritte ausgeführt werden:

1. **Kontensymbole anlegen**
   Den Kontensymbolen werden im zweiten Schritt die Sachkonten zugeordnet, die im Rahmen der Kontoauszugsverarbeitung angesprochen werden sollen.

2. **Konten zu Kontensymbol zuordnen**

   Hierzu ist die Angabe der Sachkonten notwendig, die vom Kontoauszug bebucht werden sollen. Dazu weisen Sie Sachkontonummern Kontensymbole zu, die für die Buchungsregeln benötigt werden.

3. **Schlüssel für Buchungsregeln anlegen**

   Hier werden die Buchungen definiert, die von möglichen Vorgängen im Kontoauszug (Überweisung, Lastschrift etc.) ausgelöst werden sollen. In den Buchungsschemata Soll an Haben, die Sie hier definieren, verwenden Sie die Kontensymbole, nicht die Sachkontonummern. Dies vermeidet die mehrfache Definition von ähnlichen Buchungsregeln, die sich lediglich durch die bebuchten Konten unterscheiden.

4. **Vorgangstyp anlegen**

   Die Buchungsregeln werden nun den möglichen Vorgängen in der Kontoauszugsdatei zugeordnet. Eine solche Liste von Zuordnungen von jeweils einem externen Vorgangscode zu jeweils einer Buchungsregel wird als *Vorgangstyp* bezeichnet.

Zum Schluss müssen die Bankverbindungen, für die Kontoauszüge eingelesen werden sollen, einem Vorgangstyp zugeordnet werden. In der Regel werden alle Hausbankkonten einer bestimmten Bank demselben Vorgangstyp zugeordnet.

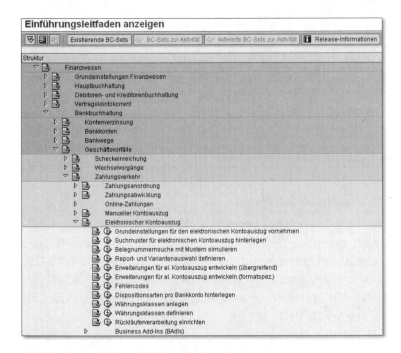

Abbildung 3.14 IMG – »Elektronischer Kontoauszug«

Zunächst muss der Arbeitsbereich festgelegt werden. In unserem Fall sind dies die ANWENDUNG 0001 (Elektronischer Kontoauszug) und der KONTEN-PLAN des eigenen Unternehmens. In Abbildung 3.15 wird das zugehörige Dialogfenster angezeigt.

Abbildung 3.15 Arbeitsbereich festlegen

Nach dem Bestätigen der Eingaben mit der ⏎-Taste oder dem Icon ✔ wird das Einstiegsbild der Grundeinstellungen zum elektronischen Kontoauszug angezeigt (siehe Abbildung 3.16).

Vorgangstyp	Bezeichnung
BANCOESP	Banco Español
ES_CSB43	Spanische Codes für elek. Kontoauszug
FIDES	FIDES Schweiz
FIN	Finnland - Merita
FRANCE	Französische Codes für elek. Kontoauszug
IHC	In-House Cash
MT940	MT940 / MultiCash (Standard Deutschland)

Sicht "Vorgangstyp anlegen" ändern: Übersicht

Neue Einträge

Dialogstruktur
- Kontensymbole anlegen
- Konten zu Kontensymbol zuordnen
- Schlüssel für Buchungsregeln anlegen
- Buchungsregeln definieren
▽ Vorgangstyp anlegen
  - Externe Vorgangscodes zu Buchungsregeln zuordnen
  - Bankkonten zu Vorgangstypen zuordnen

Abbildung 3.16 Grundeinstellungen – Einstiegsbild

3.4.1 Kontensymbole definieren

Im ersten Schritt legen wir – wie bereits angekündigt – die Kontensymbole an, die später zur Definition der Buchungsschemata benötigt werden. Dazu wählen wir zunächst im Einstiegsbild aus Abbildung 3.16 innerhalb der DIA-LOGSTRUKTUR den Menüpunkt KONTENSYMBOLE ANLEGEN. Klicken Sie anschließend auf den Button NEUE EINTRÄGE, und hinterlegen Sie dort das Kontensymbol sowie eine Bezeichnung.

In Abbildung 3.17 sind die Kontensymbole zu sehen, die in Abschnitt 3.2.2, »Kontensymbol und Kontenzuordnung«, erläutert wurden (siehe Tabelle 3.2).

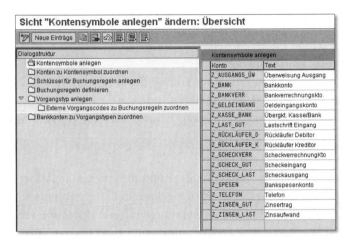

Abbildung 3.17 »Kontensymbole anlegen«

Kontensymbole für Geldeingang

Um später eine Buchungsregel für einen Geldeingang definieren zu können, haben wir die beiden Kontensymbole Z_BANK und Z_GELDEINGANG angelegt.

3.4.2 Sachkonten den Kontensymbolen zuordnen

Nach der Pflege der Kontensymbole wechseln wir in den nächsten Menüpunkt KONTEN ZU KONTENSYMBOL ZUORDNEN. Anschließend wird der Bildschirm aus Abbildung 3.18 angezeigt.

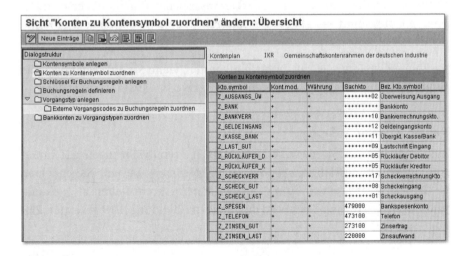

Abbildung 3.18 Konten den Kontensymbolen zuordnen

Im Prinzip haben Sie drei Möglichkeiten, um ein Sachkonto einem Kontensymbol zuzuordnen:

▶ **Kontonummer vollständig eintragen**
Zum einen können Sie die Kontonummer vollständig eintragen. Um nicht für jedes einzelne Hausbankkonto (mit jeweils anderem Sachkonto) ein eigenes Kontensymbol definieren zu müssen, ist im Feld SACHKONTO eine maskierte Ausgabe möglich.

▶ **Kontonummer voll maskiert eintragen**
Die zweite Möglichkeit besteht nun darin, die Kontonummer voll maskiert durch die Verwendung des »+«-Zeichens anzugeben. In diesem Fall ersetzt das System den maskierten Eintrag (Verwendung von »+«) durch die von Ihnen in der Hausbank hinterlegte Sachkontonummer (z. B. bei der Volksbank aus unserem Beispiel 0000113100).

▶ **Kontonummer teilweise maskiert eintragen**
Sie können die Kontonummer teilweise maskiert angeben. Auch in diesem Fall ersetzt das System den maskierten Teil des Eintrages durch die von Ihnen in der Hausbank hinterlegte Sachkontonummer, der nicht maskierte Teil des Eintrages bleibt dabei erhalten.

Betrachten wir bezüglich der dritten Möglichkeit beispielsweise das Sachkonto Scheckeingang, das zu jeder Bankverbindung existiert. Die Kontonummern der Scheckeingangskonten unterscheiden sich von der in der Hausbank hinterlegten Sachkontonummer nur in den letzten beiden Ziffern, die sind jeweils »12«. Wieder ausgehend vom Konto 0000113100 (steht in der Hausbank) werden die letzten beiden Maskierungszeichen durch »12« ersetzt: Der Eintrag lautet somit »++++++++12« und führt bei der Volksbank zum Konto 0000113112.

Sie können die Einträge zur Verbuchung testen, wenn Sie auf dem Pflegebild für die Buchungsschemata den Menüpfad SPRINGEN • SIMULATION wählen.

Konten in Fremdwährung

Zusätzlich können Sie Geschäftsvorgänge in Fremdwährungen auf unterschiedliche Fremdwährungskonten leiten. Nehmen wir an, Sie möchten Geldeingänge in Fremdwährung auf ein anderes Konto leiten als Geldeingänge in Hauswährung. Dies wird durch die in Abbildung 3.19 gezeigten Einträge erreicht.

Konten zu Kontensymbol zuordnen				
Kto.symbol	Kont.mod.	Währung	Sachkto	Bez. Kto.symbol
BANK	+	+	++++++++++	Bankkonto
GELDEINGANG	+	+	++++++++12	Geldeingangskonto
GELDEINGANG	+	SFR	++++++++14	Geldeingangskonto
GELDEINGANG	+	USD	++++++++13	Geldeingangskonto
SCHECKAUSGANG	+	+	++++++++01	Scheckausgangskonto

Abbildung 3.19 Fremdwährung und Kontensymbol

Fremdwährung und Kontensymbol   **[zB]**

Steht im elektronischen Kontoauszug ein Betrag in der Währung USD, nimmt das
System in unserem Beispiel den dritten Eintrag – hier somit bei der Volksbank das
Sachkonto 113113. Steht der Betrag in Schweizer Franken (Währungszei-
chen/Abkürzung SFR), wird der dritte Eintrag genommen – bei der Volksbank in
unserem Beispiel somit das Sachkonto 113114. Steht der Betrag in der Hauswährung oder ist für die Währung des Betrags kein spezielles Konto gepflegt, wird der
erste Eintrag für die Kontenfindung genommen – bei der Volksbank in unserem Beispiel also 113112.

Kontenmodifikation

Die Kontenmodifikation wird genutzt, um die Kontenfindung über eine
Funktionserweiterung beeinflussen zu können. Betrachten wir folgendes Beispiel: Die Gutschrift einer Miete soll auf ein anderes Konto gebucht werden
als andere Gutschriften. Die dazu notwendige Einstellung zeigt Abbildung
3.20.

Konten zu Kontensymbol zuordnen				
Kto.symbol	Kont.mod.	Währung	Sachkto	Bez. Kto.symbol
BANK	+	+	++++++++++	Bankkonto
SCHECKEINGANG	+	+	++++++++08	Scheckeingang
SCHECKEINGANG	MIETE	+	++++++9999	Scheckeingang

Abbildung 3.20 Kontenmodifikation und Kontensymbol

Wenn Sie Ihre Funktionserweiterung entsprechend programmiert haben und
danach ein entsprechender Scheckeingang erfolgt, muss in der Funktionserweiterung (Customer-Exit) das Tabellenfeld FEBEP-KFMOD = ›MIETE‹
gesetzt werden. Dadurch wird auf das Konto 119999 gebucht. Andernfalls
bleibt das Feld leer, und es wird das Konto 113108 bebucht. Alternativ dazu
können Sie die Suchmustersuche mit dem Zielfeld KONTENMODIFIKATION einsetzen.

[!] **Stellenzahl bei Maskierung**

Bei maskierten Einträgen muss immer eine zehnstellige Kontonummer zugrunde gelegt werden. Bei Verwendung einer kürzeren Kontonummer müssen die Einträge rechtsbündig eingegeben werden.

3.4.3 Schlüssel für Buchungsregeln definieren

Bevor Sie die einzelnen Buchungen konfigurieren können, müssen Sie zunächst die Bezeichnungen für die notwendigen Buchungsregeln anlegen. Diese repräsentieren jeweils den auf dem Kontoauszug vermerkten Geschäftsvorfall im SAP-System, wie Scheckeingang, Gutschrift, Lastschrift etc. Die Buchungsregel wird im System durch einen bankenunabhängigen Code dargestellt (etwa +001 für Scheckeinreichung).

Wählen Sie hierzu den Menüpfad GESCHÄFTSVORFÄLLE • ZAHLUNGSVERKEHR • ELEKTRONISCHER KONTOAUSZUG • GRUNDEINSTELLUNGEN FÜR DEN ELEKTRONISCHEN KONTOAUSZUG VORNEHMEN und dort den Menüpunkt SCHLÜSSEL FÜR BUCHUNGSREGEL ANLEGEN. Anschließend wird das Bild aus Abbildung 3.21 angezeigt. In unserem Beispiel sind die Buchungsregeln aus Abschnitt 3.2.3, »Buchungsregel«, hinterlegt (siehe Tabelle 3.3).

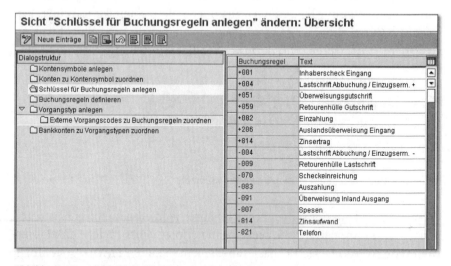

Abbildung 3.21 Schlüssel für Buchungsregeln anlegen

3.4.4 Buchungsregeln definieren

Definieren Sie die Buchungsregeln. Dies tun Sie über das Customizing der Bankbuchhaltung. Wählen Sie hierzu den bekannten Menüpfad GESCHÄFTS-

VORFÄLLE • ZAHLUNGSVERKEHR • ELEKTRONISCHER KONTOAUSZUG • GRUNDEIN-
STELLUNGEN FÜR DEN ELEKTRONISCHEN KONTOAUSZUG VORNEHMEN und dort
den Menüpunkt BUCHUNGSREGELN DEFINIEREN. Es wird der Bildschirm aus
Abbildung 3.22 angezeigt.

Buch	Buc	Buchun	Sonder	Konto (Soll)	Kompri	Buchun	Sonder	Konto (Haben)	Kompri	Belegart	Bu	Ak	St
+001	2	40		Z_SCHECK_GUT	☐			Z_SCHECKVERR	☐	SB	5	50	
+004	1	40		Z_BANK	☐	50		Z_LAST_GUT	☐	SB	1		
+051	1	40		Z_BANK	☐	50		Z_GELDEINGANG	☐	SB	1		
+051	2	40		Z_GELDEINGANG	☐				☐	DZ	8	06	
+059	1	40		Z_BANK	☐	50		Z_RÜCKLÄUFER_K	☐	SB	9		01
+082	1	40		Z_BANK	☐	50		Z_BANKVERR	☐	SB	1		
+082	2	40		Z_BANKVERR	☐			Z_KASSE_BANK	☐	SB	5	50	
+814	1	40		Z_BANK	☐	50		Z_BANKVERR	☐	SB	1		
+814	2	40		Z_BANKVERR	☐	50		Z_ZINSEN_GUT	☐	SB	1		
-004	1	40		Z_BANKVERR	☐	50		Z_BANK	☐	SB	1		
-004	2				☐	50		Z_BANKVERR	☐	SB	7	14	
-009	1	40		Z_RÜCKLÄUFER_D	☐	50		Z_BANK	☐	SB	9		01
-070	1	40		Z_SCHECK_LAST	☐	50		Z_BANK	☐	SB	1		
-070	2			Z_SCHECKVERR	☐	50		Z_SCHECK_LAST	☐	SB	4	40	
-083	1	40		Z_BANKVERR	☐	50		Z_BANK	☐	SB	1		
-083	2			Z_KASSE_BANK	☐	50		Z_BANKVERR	☐	SB	4	40	
-091	1	40		Z_AUSGANGS_ÜW	☐	50		Z_BANK	☐	SB	1		
-807	1	40		Z_BANKVERR	☐	50		Z_BANK	☐	SB	1		
-807	2	40		Z_SPESEN	☐	50		Z_BANKVERR	☐	SB	1		
-814	1	40		Z_BANKVERR	☐	50		Z_BANK	☐	SB	1		
-814	1	40		Z_BANKVERR	☐	50		Z_BANK	☐	SB	1		
-814	2	40		Z_ZINSEN_LAST	☐	50		Z_BANKVERR	☐	SB	1		
-821	1	40		Z_BANKVERR	☐	50		Z_BANK	☐	SB	1		
-821	2	40		Z_TELEFON	☐	50		Z_BANKVERR	☐	SB	1		

Abbildung 3.22 Buchungsregeln definieren

Je Buchungsregel wird ein Buchungsschema angelegt. Mit diesem wird festgelegt, wie ein gegebener Geschäftsvorfall (z. B. Überweisungsgutschrift)
jeweils verbucht werden soll.

Ein Buchungsschema besteht aus einem oder zwei Buchungssätzen »Soll an
Haben«, wobei der erste Buchungssatz als Buchungsbereich 1 (Bankbuchhaltung) bezeichnet wird und in der Regel eine Sachkontenbuchung darstellt
(z. B. BANK • GELDEINGANG). Der optional vorhandene zweite Buchungssatz wird als Buchungsbereich 2 (Nebenbuchhaltung) bezeichnet (z. B.
GELDEINGANG • DEBITOR). Je nachdem, ob ein Buchungsvorgang nur die
Bankbuchhaltung betrifft oder die Nebenbuchhaltung ebenfalls angesprochen wird, legen Sie die Buchungsregeln entweder nur für den ersten oder
für den ersten und den zweiten Buchungsbereich fest.

Beim Vorgang Scheckgutschrift benötigen Sie beispielsweise nur die
Buchungsregel für die Sachkonten, da das Ausgleichen des Debitorenkontos
bereits im Rahmen der Scheckeinreichung erfolgt ist. Dagegen werden Sie bei

einer Überweisung neben Buchungsregeln für die Sachkonten einen zweiten Buchungsbereich festlegen, um den Debitor auszugleichen.

Hierbei ist zu beachten, dass für die Personenkonten keine Kontensymbole angegeben werden dürfen, da diese über einen der Standard-Interpretations-algorithmen oder über Funktionserweiterungen ermittelt werden. Bei der Definition von Buchungsregeln stehen Ihnen folgende Möglichkeiten zur Verfügung (siehe Abbildung 3.22):

▶ **Konten/Buchungsschlüssel**
Geben Sie jeweils für Soll und Haben die Konten (d.h. Kontensymbole) und Buchungsschlüssel an. Je nach Buchungsart müssen hier gegebenen-falls die Felder der Soll- oder der Haben-Seite frei bleiben. So versucht das System z. B. bei Buchungsart 8 (AUSGLEICHEN PERSONENKONTO IM HABEN) anhand der Verwendungszweckinformation automatisch einen passenden offenen Posten zu identifizieren und auszugleichen. Hier macht es daher keinen Sinn, Konto und Buchungsschlüssel vorher festzulegen, da diese bei der OP-Suche automatisch bestimmt werden.

▶ **Belegart**
Geben Sie die Belegart an.

▶ **Buchungsart**
Geben Sie die Buchungsart an (Buchen, Ausgleichen von Sach- oder Perso-nenkonten bzw. Rücknahme Ausgleich bei der Rückläuferverarbeitung).

▶ **Optional**
Füllen Sie gegebenenfalls die optionalen Felder zu Komprimierung und Sonderhauptbuchkennzeichen (SHB-Kz), und geben Sie einen Buchungs-schlüssel für Akontobuchungen an.

Bisher musste man sich bei der Buchung einer Kontoauszugsposition ent-scheiden, ob der Vorgang mit oder ohne Ausgleich des Zielkontos gebucht werden soll. Ist die Buchung mit Ausgleich nicht erfolgreich, wurde nicht automatisch gebucht, sondern der Posten musste mit der Nachbearbeitungs-transaktion verarbeitet werden. Ist der Ausgleich nicht erfolgreich, ist es nun möglich, den Betrag dem Zielkonto mit einer Akontobuchung gutzuschreiben bzw. zu belasten. Um diese Funktion nutzen zu können, muss ein Akontobu-chungs-Schlüssel hinterlegt werden.

3.4.5 Vorgangstypen anlegen

Sie definieren Vorgangstypen im Customizing der Bankbuchhaltung unter dem Menüpunkt VORGANGSTYP ANLEGEN. Vorgangstypen klassifizieren beim elektronischen Kontoauszug die Bankkonten für die Zuordnung von externen Vorgängen zu Buchungsregeln.

In diesem Arbeitsschritt müssen Sie die Namen und Bezeichnungen der benötigten Vorgangstypen anlegen. Hausbanken, die identische Geschäftsvorfallcodes (externe Vorgänge) verwenden, können in einem späteren Schritt demselben Vorgangstyp zugeordnet werden.

[zB]

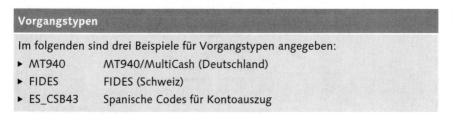

Vorgangstypen
Im folgenden sind drei Beispiele für Vorgangstypen angegeben:

- ▸ MT940   MT940/MultiCash (Deutschland)
- ▸ FIDES   FIDES (Schweiz)
- ▸ ES_CSB43   Spanische Codes für Kontoauszug

In unserem Beispiel legen wir einen Vorgangstyp ZB-MT940, wie zum Beispiel MT940, an (siehe Abbildung 3.23).

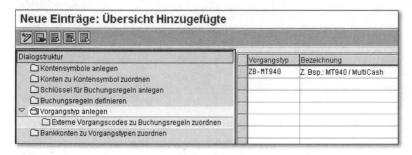

Abbildung 3.23 Vorgangstyp hinzufügen

3.4.6 Externe Vorgangscodes Buchungsregeln zuordnen

In einem weiteren Schritt können Sie nun innerhalb eines Vorgangstyps aus Abschnitt 3.4.5, »Vorgangstypen anlegen«, den einzelnen externen Geschäftsvorfallcodes (GVC) die in Abschnitt 3.4.4 definierten Buchungsregeln zuordnen. Wählen Sie hierzu in den Grundeinstellungen des elektronischen Kontoauszugs den entsprechenden Menüpunkt (siehe Abbildung 3.24). Mit dieser Technik können dieselben Buchungsschemata für jeweils unterschiedliche Geschäftsvorfallcodes (GVC) verwendet werden.

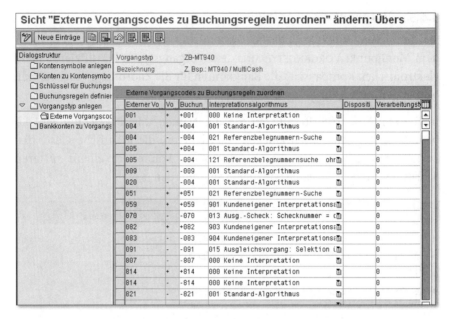

Abbildung 3.24 Externe Vorgangscodes den Buchungsregeln zuordnen

Geschäftsvorfallcodes und Buchungsregeln

Im Folgenden finden Sie drei Geschäftsvorfallcodes mit identischer Buchungsregel:

1. GVC 004   Lastschrift per Abbuchung
2. GVC 005   Lastschrift per Einzugsermächtigung
3. GVC 020   Lastschrift per Überweisungsauftrag

Buchungstechnisch sind diese Geschäftsvorfälle identisch und müssen daher der gleichen Buchungsregel (für Lastschrift) zugeordnet werden. Außerdem können auf diese Weise die gleichen Buchungsregeln bei verschiedenen Bankverbindungen eingesetzt werden, auch wenn jeweils unterschiedliche GVCs verwendet werden (etwa bei Einsatz unterschiedlicher Dateiformate).

Geben Sie jeweils im Feld VORZEICHEN (zweite Spalte von links in Abbildung 3.24) an, ob es sich um einen Zahlungseingang oder einen Zahlungsausgang handelt (+ oder –). Mit dem Setzen eines Vorzeichens können Sie einen externen Vorgang nochmals differenzieren. Hat der externe Vorgangscode das Vorzeichen »+«, handelt es sich um einen Geldeingang, bei dem Vorzeichen »–« um einen Geldausgang. Legen Sie gegebenenfalls einen Interpretationsalgorithmus fest. Dieser bestimmt, ob und mit welchen Algorithmen die Verwendungszweckzeilen des elektronischen Kontoauszugs nach Ausgleichsinformationen durchsucht werden sollen, falls mit der Buchung automatisch offene Posten ausgeglichen werden sollen.

Verarbeitungstyp	[!]
Das Feld VERARBEITUNGSTYP wird derzeit nur von den Formaten BACS (England), BAI (USA) und BRADESCO / ITAU (Brasilien) verwendet.

Die Funktionsweise der einzelnen Interpretationsalgorithmen ist in Abschnitt 3.2.6, »Interpretationsalgorithmus«, ausführlich beschrieben, so dass an dieser Stelle eine Liste der Auswahlmöglichkeiten ausreicht. Sehen Sie hierzu die Tabelle 3.8.

Interpretationsalgorithmus	
000	Keine Interpretation
001	Standardalgorithmus
011	Scheck: Schecknummer <> Zahlungsbelegnummer
012	Scheck: Schecknummer = Zahlungsbelegnummer
013	Scheck: Schecknummer <> / = Zahlungsbelegnummer
015	Ausgleichsvorgang: Selektion über Zuordnung
019	Referenznummer (DTA-Verwaltung)
020	Belegnummernsuche
021	Referenzbelegnummern-Suche
022	BZÜ-Verfahren mit Belegnummern
023	BZÜ-Verfahren mit Referenznummern
025	Rechnungsliste
026	Referenzbelegnummern mit führenden Nullen
027	Referenznummer (TITO)
029	Zahlungsauftragsnummer
030	Brasilianische Suche (BELNR, GJAHR und BUZEI)
031	Belegnummer (Kundennummer aus Belegzeile)
035	Suche für strukturierten Verwendungszweck

Tabelle 3.8 Interpretationsalgorithmen in SAP

Interpretationsalgorithmus	
060	Belegnummernsuche für Ausgleichsbelege
120	Belegnummernsuche ohne Probelesen
121	Referenzbelegnummern-Suche ohne Probelesen
901	Kundeneigener Interpretationsalgorithmus 1
...	...
909	Kundeneigener Interpretationsalgorithmus 9

Tabelle 3.8 Interpretationsalgorithmen in SAP (Forts.)

Beachten Sie hierbei bitte, dass die Bezeichnungen der einzelnen Algorithmen als Festwert in der Domäne INTAG_EB hinterlegt sind (siehe Abbildung 3.25). Dies gilt auch für die kundenspezifischen Algorithmen 901 bis 909. Demnach ist eine Änderung einer Bezeichnung nur über eine Modifikation der angegebenen Domäne möglich. Somit steht der notwendige Aufwand in keinem günstigen Verhältnis zum doch eher bescheidenen Erfolg, der mit einer Änderung der Bezeichnung erzielt werden kann.

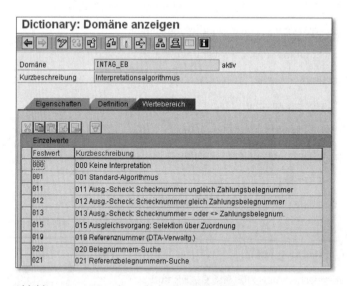

Abbildung 3.25 Wertebereich der Domäne »INTAG_EB«

Für von der Bank gemeldete Transaktionen des aktuellen Tages können Avise der Finanzdisposition erstellt werden. Hierzu muss eine Dispositionsart festgelegt werden. Pro Konto kann ein Defaultwert für die Dispositionsart vorgegeben werden. Sollen bestimmte Transaktionen gesondert in der Finanzdisposition ausgewiesen werden, kann für jeden externen Vorgang eine Dispositionsart festgelegt werden. Die *Dispositionsart* ist ein Erfassungskriterium für Folgendes:

▶ die Dispositionsebene, unter der der Einzelsatz fortgeschrieben wird

▶ die Archivklasse, in die der Einzelsatz bei der Archivierung abgelegt wird

▶ die Festlegung, ob der Einzelsatz aufgrund eines Verfalldatums automatisch verfallen soll oder ob er bis zur Archivierung gültig bleibt

▶ den Nummernkreis, unter dem die Einzelsätze geführt werden

▶ die Festlegung, welche Felder beim Anlegen und Ändern von Einzelsätzen angezeigt werden und eingabebereit sein sollen

Abschließend müssen die Vorgangstypen noch den einzelnen Hausbanken zugeordnet werden.

3.4.7 Banken den Vorgangstypen zuordnen

Abschließend müssen Sie im Customizing der Bankbuchhaltung noch Ihre Hausbanken einem Vorgangstyp zuordnen. Die Identifikation der Banken erfolgt über die Eingabe von Bankschlüssel und externer Kontonummer.

Wählen Sie hierzu den Menüpfad GESCHÄFTSVORFÄLLE • ZAHLUNGSVERKEHR • ELEKTRONISCHER KONTOAUSZUG • GRUNDEINSTELLUNGEN FÜR DEN ELEKTRONISCHEN KONTOAUSZUG VORNEHMEN und dort den Arbeitsschritt BANKKONTEN ZU VORGANGSTYPEN ZUORDNEN (siehe Abbildung 3.26). Bei der Zuordnung sind folgende Sachverhalte zu beachten:

Sie können einen *Arbeitsvorrat von Sachkonten* angeben. Das erlaubt Ihnen, beim Nachbearbeiten des elektronischen Kontoauszugs auf mehreren Bankunterkonten nach dem offenen Posten zu suchen, den das System beim sofortigen Buchen des Kontoauszugs nicht ausgleichen konnte. Wenn Sie das Feld KEIN AUTOMATISCHER AUSGLEICH markieren, bleibt ein offener Posten bestehen, auch wenn der Betrag des offenen Postens mit dem im Kontoauszug übereinstimmt.

Sie können auch *zwei Vorgangstypen verwenden*; betrachten wir dazu ein Beispiel: Bei Kontoauszügen, die Sie von Bank X und Bank Y bekommen, bedeutet der GVC 051 jeweils, dass es sich um eine Gutschrift handelt. Dieser Vorgang wird in Ihrem Unternehmen etwa durch die Buchungsregel +051 repräsentiert. Bank Z benutzt andere Geschäftsvorfallcodes als Bank X und Y. Für GVC 051 sollte hier eine andere Buchungsregel verwendet werden. In diesem Fall wird bei dem von der Bank Z eingesetzten Dateiformat ein ganz anderer GVC für Gutschriften verwendet, und die Buchungsregel +051 muss dementsprechend diesem zugewiesen werden. In diesem Beispiel würden entsprechend zwei Vorgangstypen verwendet: ein Vorgangstyp für Bank Z und ein weiterer Vorgangstyp für die Banken X und Y.

Des Weiteren können Sie Ihre *Bankkonten* einem Vorgangstyp und gegebenenfalls einer Währungsklasse *zuordnen*. Diese Einstellung ist momentan allerdings nur für das spanische CSR-Format notwendig. Die Identifikation der Banken erfolgt mit Hilfe von Bankschlüssel und externer Kontonummer.

Sicht "Bankkonten zu Vorgangstypen zuordnen" ändern: Übersicht												

Neue Einträge

Dialogstruktur	Bankkonten zu Vorgangstypen zuordnen											
Kontensymbole anlegen	Bankschlüssel	Bankkonto	Vorgang	Währungsk	D	Ver	Buc	Dispositive	Arbeitsvorrat	K	Mahn	Tage
Konten zu Kontensymbo	233	1111111	FIDES			☐	KARL			☐		
Schlüssel für Buchungsr	44050199	1234567890	ZB-MT940			☐	KARL			☐		
Buchungsregeln definier	68092000	1234567890	ZB-MT940			☐	KARL			☐		
▽ Vorgangstyp anlegen	68350048	1234567890	ZB-MT940			☐	KARL			☐		
Externe Vorgangscod												
Bankkonten zu Vorgangs												

Abbildung 3.26 Bankkonten zu Vorgangstypen zuordnen

Falls die Checkbox VERDICHTUNG DER KONTOAUSZUGSPOSTEN angehakt ist (Spalte VER... in Abbildung 3.26), wird nicht pro Kontoauszugsposten ein Avis erzeugt. Statt dessen werden die Positionen des Kontoauszuges nach Valutadatum verdichtet. Anschließend werden aus den verdichteten Sätzen Avise erstellt.

Mit der *dispositiven Kontobezeichnung* kann innerhalb des Cash Managements die Kontonummer durch einen entsprechenden Namen ersetzt werden. Bei allen Transaktionen und Reports im Cash Management wird statt der Kontonummer diese Bezeichnung verwendet. Innerhalb eines Buchungskreises ist diese Bezeichnung eindeutig.

Falls das Ausgleichen von offenen Posten auf einem Bankunterkonto beim sofortigen Buchen des Kontoauszugs nicht erfolgreich war, kann in der Nachbearbeitung auf mehreren Bankunterkonten nach dem offenen Posten gesucht werden. Dazu müssen Sie zunächst einen Arbeitsvorrat unter dem Objekt SACHKONTEN anlegen und dabei die gewünschten Unterkonten hinterlegen (Transaktion OB55). Danach kann dieser Arbeitsvorrat einer Bankverbindung zugeordnet werden.

Zum Verwenden eines Arbeitsvorrats beim Buchen mit Ausgleichen muss in den Bearbeitungsoptionen für offene Posten der Schalter VERWENDUNG VON

ARBEITSVORRÄTEN angekreuzt werden (Transaktion FB00). Beim Buchen aus der Nachbearbeitung heraus wird dann, falls die Buchungsregel einen Ausgleich auf einem Bankunterkonto dieses Arbeitsvorrats vorsieht, der offene Posten auf allen Bankunterkonten des Arbeitsvorrats gesucht.

Wenn Sie die Checkbox KEIN AUTOMATISCHER AUSGLEICH anhaken, wird in dem Fall, dass der Betrag die einzige Selektionsbedingung zum Ausgleichen eines offenen Postens ist, kein automatischer Ausgleich stattfinden.

Wenn Sie für einen Rückläufer im Customizing das Feld RÜCKNAHME DES AUSGLEICHS markiert haben, können Sie abhängig vom Buchungskreis eine *Mahnsperre* in den Posten setzen, die nach der festzulegenden Lebensdauer vom Kontoauszugs-Einleseprogramm wieder gelöscht wird. Wenn Sie das Feld leer lassen, wird keine Mahnsperre gesetzt. Mit dem nächsten Kontoauszug wird diese Mahnsperre wieder gelöscht, falls die hier angegebene Haltbarkeit überschritten wurde.

Mahnsperre bei Rückläufern   [zB]

Es wird eine Haltbarkeit von einem Tag eingegeben. Der Tagesauszug avisiert eine Zahlung für die Rechnung 4711. Damit wird die Mahnsperre für einen Tag gesetzt. Am nächsten Tag kommt der Kontoauszug, der die Mahnsperre wieder löscht. Da er auch die Zahlung enthält, wird die Rechnung ausgeglichen. Eine Mahnung des Debitors konnte vermieden werden.

3.5 Suchmuster und Mapping

Beim Einlesen eines elektronischen Kontoauszugs identifiziert das System die enthaltenen Vorgänge (z. B. Geldeingang) und ermittelt, wie sie gebucht werden. Die entscheidende Information dazu findet das System in der Regel in den Verwendungszweckfeldern des Kontoauszugs.

In vielen Fällen (z. B. beim Kontoauszugsformat MultiCash) sind die Verwendungszweckzeilen unstrukturiert, d. h., die einzelnen (max. 14) Zeichenketten enthalten neben der gesuchten Zeichenkette auch andere Textteile (wie z. B. Zahlungsdaten). Die Interpretationsalgorithmen lösen die gesuchten Informationen aus der Zeichenkette heraus. Dazu ist es besonders wichtig, dass die Referenzinformation unverändert übermittelt wird. Wenn etwa innerhalb der Belegnummer Zahlen fehlen oder zusätzliche Zeichen hinzugefügt sind, finden die Interpretationsalgorithmen die Belegnummer nicht im System. Sie müssen diese Vorgänge dann manuell nachbearbeiten.

[zB]

Suchmustereinsatz

Betrachten wir zwei Beispiele für den Einsatz von Suchmustern:

▸ **Weglassen der ersten Zeichen**
Der Debitor erhält z. B. regelmäßig Reparaturrechnungen mit folgender Art Rechnungsnummer: 12RXXXXXXX. Da die Nummern immer mit 12R beginnen, lässt der Debitor diese Zeichen weg, weil sie in seinen Augen keine wichtige Information enthalten.

▸ **Hinzufügen von Zeichen**
Debitoren trennen z. B. lange Belegnummern durch Punkte oder Leerzeichen, um Fehler zu vermeiden, wenn sie diese von Hand schreiben. Ebenso sind Fälle bekannt, in denen die elektronische Verarbeitung von Zahlungen beim Debitor zu Veränderungen der Belegnummer führt.

Tabelle 3.9 zeigt einige Beispiele aus der Praxis. Die erste Spalte enthält die Belegnummer aus dem SAP-System, die zweite Spalte die Angaben der Kunden im Verwendungszweck des Überweisungsträgers und somit im zu verarbeitenden Kontoauszug.

Belegnummer	Angaben im Verwendungszweck
5406423	540 6423
6067132, 6136194	60-67132, 61-36194
6200122	6 200 122
6032946	6.032946
5997137	599 7137
851333	001*0050*0000851333

Tabelle 3.9 Angaben im Verwendungszweck

Die Mustersuche ergänzt die Standard-Interpretationsalgorithmen. Sie ermöglicht es, Belegnummern und Referenzbelegnummern automatisch zu identifizieren, auch wenn sie unvollständig oder verändert sind. Mit den Suchmustern können Sie alle möglichen Zeichenfolgen abbilden, die Ihnen der Debitor übermittelt, ohne programmieren zu müssen.

[+]

Mustersuche im Programm RFEBBU10

Wenn Sie Suchmuster definiert haben, führt das System zuerst eine Mustersuche durch, bevor es den Interpretationsalgorithmus startet.

Mit dem Suchmuster können Sie eine Zusammensetzung von Zeichen innerhalb einer Zeichenkette identifizieren. Es fehlt aber noch ein Mechanismus, um überflüssige Zeichen zu eliminieren. Dies wird mit dem Mapping erreicht. Sie legen pro Suchmuster auch ein Mapping fest. Jedes Zeichen des Suchmusters können Sie einem anderen Zeichen zuordnen.

Wollen Sie keine Zeichen im Suchmuster durch andere ersetzen, sind Suchmuster und Mapping gleich. Das System schlägt auch zunächst als Mapping das Suchmuster vor, so dass Sie nur die gewünschten Zeichen ändern müssen.

3.5.1 Suchmuster

Unter einem Suchmuster versteht man ein Muster zum Suchen in Texten. Ein Suchmuster besteht aus normalen Zeichen (Buchstaben und Ziffern) und aus Zeichen mit besonderer Bedeutung (siehe Tabelle 3.10):

Sonderzeichen	Bezeichnung	Beschreibung
|	Oder	a|b findet a oder b
( )	Gruppierung	c(ac|b)d findet cacd oder cbd
+	Wiederholung	ein- oder mehrfache Wiederholung des vorhergehenden Zeichens (ab)+ findet ab oder abbbbbb
*	Wiederholung	wie +, ist aber auch keinmal zugelassen. ab* findet a oder abbbbb
?	Wildcard	beliebiges einzelnes Zeichen a?b findet aqb oder a1b
#	Ziffer	beliebige Ziffer 0 bis 9
^	Zeilenanfang	
$	Zeilenende	
\	Fluchtsymbol	sucht nach Sonderzeichen \#\#\# findet ### und nicht 123

Tabelle 3.10 Sonderzeichen in Suchmustern

> **Beispiele: Suchmuster**
>
> Das Suchmuster ›ab‹ passt auf jede Stelle in einer Zeichenkette, bei der der Buchstabe ›b‹ auf ›a‹ folgt. Das Suchmuster ›(A|B)+C‹ passt auf die Zeichenfolgen ›AC‹, ›BC‹, ›AAAAAC‹ und ›ABAAC‹. ›(A+|B+)C‹ passt auf ›AC‹, ›BC‹ und ›AAAAAC‹, nicht jedoch auf ›ABAAC‹. ›*C‹ passt auf ›*C‹, wird also durch das vorausgehende Fluchtsymbol nicht als Sonderzeichen interpretiert.

3.5.2 Gemapptes Muster

Ein *gemapptes* Muster ist eine Zeichenkette, die einem Suchmuster zugeordnet ist und die angibt, inwieweit die Fundstelle nach erfolgreicher Suche verändert werden soll (das sogenannte *Mapping*). Falls Suchmuster und zugehöriges Mapping im Wesentlichen identisch sind (bis auf Suchmusterzeichen mit besonderer Bedeutung wie ›*‹), wird die Fundstelle unverändert zurückgegeben. Das Mapping wird bei der Definition eines Suchmusters angegeben.

Beim Einlesen eines elektronischen Kontoauszugs identifiziert das System die Vorgänge und ermittelt anhand der Einstellungen, die Sie in den vorhergehenden Arbeitsschritten vorgenommen haben, wie der Vorgang (z. B. Geldeingang) gebucht werden muss. Die entscheidende Information für das Ausgleichen findet das System meist im Verwendungszweck des Kontoauszugs (z. B. werden bei einem Geldeingang die offenen Posten des Debitors ausgeglichen).

Die Verwendungszweckfelder können unvollständige Informationen enthalten. Der Interpretationsalgorithmus stößt dann an seine Grenzen; er findet die entsprechenden Belegnummern nicht im System, und der Beleg kann nicht ausgeglichen werden.

Neben der Suche nach Ausgleichsinformation kann die Mustersuche allerdings auch zum Füllen anderer Felder des Bankdatenspeichers (Kostenstelle, Steuerkennzeichen etc.) in Abhängigkeit vom Inhalt des Verwendungszwecks eingesetzt werden. Das Zielfeld im Bankdatenspeicher gibt an, wohin das Ergebnis der Mustersuche geschrieben wird. Bei der Suche nach Ausgleichsinformationen (Belegnummer, Referenzbelegnummer) muss das Zielfeld stets Verwendungszweck lauten.

[+]

> **Verwendungszweck**
>
> Im Gegensatz zu anderen Zielfeldern wird das Verwendungszweckfeld nicht permanent geändert. Es findet nur eine temporäre Anreicherung der Verwendungszweckinformation zur Laufzeit des eigentlichen Interpretationsalgorithmus statt.

Suchmuster definieren

Im ersten Schritt definieren Sie das Suchmuster (siehe Abbildung 3.27).

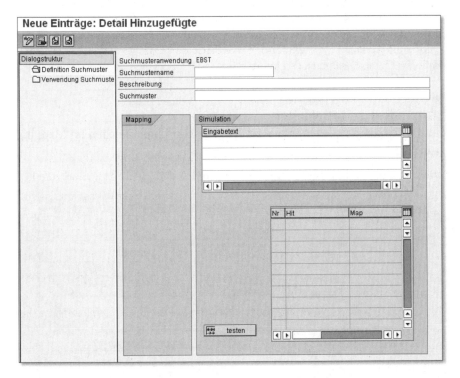

Abbildung 3.27 Suchmuster anlegen

Nach Eingabe eines Suchmusternamens sowie einer Beschreibung muss ein Suchmuster hinterlegt werden. Nachdem Sie das Suchmuster definiert haben, müssen Sie noch das Mapping festlegen. Es dient dazu, Zeichen, die der Kunde bei der Belegnummer zusätzlich eingefügt hat, zu eliminieren. Das System schlägt zunächst das unveränderte Suchmuster vor. Ändern Sie die Zeichen wie gewünscht.

Zum Verständnis des Beispiels sei hier nur erwähnt, dass das Symbol # im Suchmuster für eine beliebige Ziffer 0 – 9 steht. Ein Leerzeichen im Mapping führt zur Löschung der jeweiligen Position.

Sie können also jedem Zeichen des Suchmusters ein anderes Zeichen zuordnen (z. B. einem Punkt ein Leerzeichen, siehe Tabelle 3.11). Beim Neuanlegen eines Suchmusters schlägt das System als Mapping zunächst das unveränderte Suchmuster vor (siehe Abbildung 3.28).

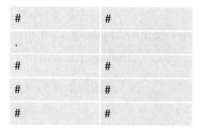

#	#
.	
#	#
#	#
#	#

Tabelle 3.11 Beispiel zum Mapping

Sie können dann gegebenenfalls noch die gewünschten Zeichen im Mapping abändern.

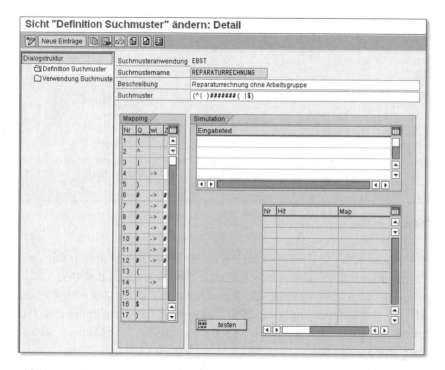

Abbildung 3.28 Suchmuster »Reparaturrechnung«

In der Detailsicht der Suchmusterdefinition können Sie das entsprechende Muster testen. Dazu geben Sie eine beliebige Zeichenkette ein, wie sie im Kontoauszug im Verwendungszweckfeld stehen könnte, und wählen TESTEN. Das System zeigt das Suchergebnis an (siehe Abbildung 3.29). Sie sehen dann, mit welcher Zeichenkette das System einen Beleg sucht, um den Geschäftsvorgang im System zu buchen. Eine eventuell zusätzlich definierte Mappingbasis wird bei diesem Test allerdings nicht berücksichtigt.

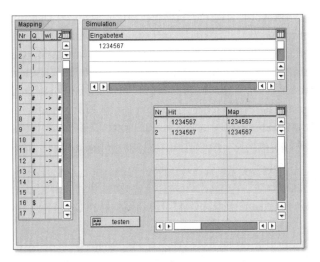

Abbildung 3.29 Suchmuster – »Simulation«

Verwendung des Suchmusters

Im zweiten Schritt legen Sie die Verwendung des Suchmusters fest. Dabei können Sie beliebig viele Muster pro Bankkonto und Interpretationsalgorithmus definieren. Zusätzlich können Sie auch noch eine Mappingbasis eingeben und das ID-Kennzeichen markieren. Geben Sie Buchungskreis, Hausbank, Konto, IA und den Namen des Suchmusters ein. Wenn Sie alle oder eines der Felder BUCHUNGSKREIS, HAUSBANK oder KONTO leer lassen, sucht das System mit dem angegebenen Suchmuster in allen Buchungskreisen, Hausbanken und Konten. Wenn das Suchmuster bei der Belegnummernsuche verwendet werden soll, markieren Sie die Spalte AKTIV und als ZIELFELD VERWENDUNGSZWECK. Geben Sie, falls notwendig, eine MAPPINGBASIS ein, und markieren Sie gegebenenfalls das ID-Kennzeichen (siehe Abbildung 3.30).

Sicht "Verwendung Suchmuster" ändern: Übersicht

Dialogstruktur	Verwendung Suchmuster								
	BuKr	Ha	Kon	Ex	VZ	Inter	Suchmustername	Zielfeld	aktiv	Mappingbasis

Dialogstruktur:
- Definition Suchmuster
- Verwendung Suchmuste

BuKr	Ha	Kon	Ex	VZ	Inter	Suchmustername	Zielfeld	aktiv	Mappingbasis
KARL	VOBA	1000	051	posit	021	REPARATURRECHNUNG	Verwendungszw	☑	12R0000000
KARL	VOBA	1000	821	negat	001	TELEFON DORTMUND	Kostenstelle	☑	
KARL	VOBA	1000	821	negat	001	TELEFON HV	Kostenstelle	☑	
KARL	VOBA	1000	821	negat	001	TELEFON KÖNDRINGEN	Kostenstelle	☑	
KARL	VOBA	1000	821	negat	001	TELEFON STEUER	BDC-Kontoart	☑	1
KARL	VOBA	1000	821	negat	001	TELEFON STEUER	BDC-Kontoart	☑	1
KARL	VOBA	1000	821	negat	001	TELEFON STEUER	BDC-Feldname	☑	BSEG-MWSKZ
KARL	VOBA	1000	821	negat	001	TELEFON STEUER	BDC-Feldname	☑	BKPF-XMWST
KARL	VOBA	1000	821	negat	001	TELEFON STEUER	BDC-Feldwert	☑	V1
KARL	VOBA	1000	821	negat	001	TELEFON STEUER	BDC-Feldwert	☑	X

Abbildung 3.30 Suchmusterverwendung

Die MAPPINGBASIS ist eine frei wählbare Zeichenkette, mit Hilfe derer sich bei erfolgreicher Suchmustersuche die Fundstelle auffüllen lässt, falls diese zu kurz ist (ausgelassene Stellen). Die Mappingbasis sollte genauso lang sein, wie die gesuchten Belegnummern im System. Der hintere Teil wird dann jeweils durch das gefundene Muster ersetzt. Ist ein Treffer länger oder genauso lang wie die zugehörige Mappingbasis, überschreibt der Treffer die Mappingbasis vollständig. Hiermit lassen sich insbesondere redundante Teile (z. B. führende Nullen) bei unvollständigen Referenzinformationen ergänzen.

[zB]
> **Reparaturrechnungsnummer**
>
> Mappingbasis ›12R0000000‹ und Fundstelle ›1234567‹ führt zu ›12R1234567‹.

Bei Verwendung der Markierung ID-KENNZEICHEN (Geschäftspartneridentifizierung), erfolgt die Mustersuche nur in solchen Fällen, in denen der Geschäftspartner erfolgreich identifiziert wurde.

[+]
> **Aktivierung**
>
> Damit das Programm RFEBBU10 die Muster bei der Belegnummernsuche verwendet, müssen die Suchmuster aktiviert werden.

Geben Sie bei Suchmustern unbedingt immer Anfangs- und Endzeichen (, ,, ^ $) an, um fehlerhafte Treffer zu vermeiden. Ein Muster ohne Anfangs- und Endzeichen ist z. B. » ###«. Die Belegnummer im Verwendungszweck des Kontoauszugs lautet »12345678«. Die Mustersuche findet dann im Verwendungszweck die folgenden sechs Treffer: 123, 234, 345, 456, 567, 678. Dies ist in der Regel nicht erwünscht, da es zur fehlerhaften Selektion von Posten kommen kann, falls die entsprechenden Belegnummern tatsächlich im System existieren sollten.

Betrachten wir das Beispiel aus Abbildung 3.28. Es enthält das Suchmuster ‚(^|)#######(|$)‘ mit dem Mapping ‚12R#######‘. Das System sucht nach einer Nummer, die direkt am Zeilenanfang oder mit einem Leerzeichen beginnt, dann sieben Ziffern hat und mit einem Leerzeichen oder direkt am Zeilenende endet. Sie geben folgende Mappingbasis an: ‚12R0000000‘. Das System ersetzt die letzten sieben Zeichen der Mappingbasis mit 1234567, so dass das Suchergebnis/die Fundstelle ‚12R1234567‘ lautet. Mit dieser Referenzbelegnummer sucht das System den Beleg, um den offenen Posten auszugleichen.

In Tabelle 3.12 sehen Sie drei Beispiel für die Arbeitsweise von Suchmustern mit einer Mappingbasis.

Suchmuster	Mapping	Beschreibung
(^|)### ###($|)	### ###	7-stellig mit Leerzeichen an Position 4
(^|)#(.|)######($|)	# ######	7-stellig mit Punkt oder Leerzeichen an Position 2
(|^)#######(|$)	####	7-stellige Zahl, nehme die ersten 4

Tabelle 3.12 Beispiel für Suchmuster und Mapping

3.5.3 Andere Zielfelder

Mit Hilfe der Suchmuster können neben einer Belegnummer bzw. einer Referenzbelegnummer noch weitere Zielfelder gefüllt werden. Betrachten wir zunächst das Zielfeld *Kostenstelle*.

Feld »Kostenstelle«

Betrachten wir bezüglich der Kostenstelle zunächst ein Beispiel:

[zB]

Zielfeld »Kostenstelle« im Suchmuster

Unser Telefonanbieter bucht monatlich die Telefonkosten je Telefonanschluss von unserem Konto unter Angabe der dazugehörigen Telefonnummer ab. Die unter einem eigenen GVC (821) im Kontoauszug enthaltenen Positionen sollen direkt auf das entsprechende Aufwandskonto gebucht werden. Die jeweilige Kostenstelle hängt von der Telefonnummer ab.

Wir benötigen ein Suchmuster je Kostenstelle, eines davon lautet ‚0231/4455982' mit dem Mapping ‚TEL2000 ' (die Ziffern TEL2000 und fünf Leerzeichen, siehe Abbildung 3.31).

Somit wird z. B. bei Auftreten der Zeichenkette 0231/4455982 im Verwendungszweck stets das Kostenstellenfeld mit der Konstanten TEL2000 gefüllt.

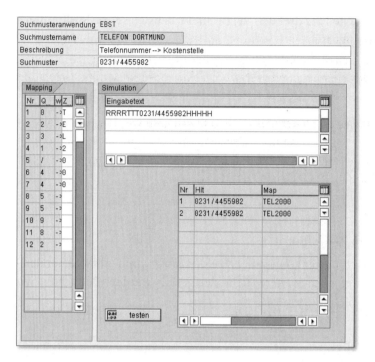

Abbildung 3.31 Suchmuster »Telefon«

Feld »Spesen in Kontenwährung«

Dieses Zielfeld kann eingesetzt werden, wenn im Verwendungszweck enthaltene Gebühreninformationen automatisch übernommen und bei der Buchung verwendet werden sollen. Voraussetzung ist hier in der Regel, dass der entsprechende Gebührenbetrag stets durch ein eindeutiges Schlüsselwort gekennzeichnet ist (z. B. »Bankgebühr:«). In diesem Fall ließe sich z. B. ein Suchmuster der Art ›Bankgebühr: *#+,##‹ mit dem Mapping ›# .##‹ verwenden. Hierbei bedeutet # eine beliebige Ziffer und das + eine beliebige Wiederholung (1, 2, 3, ..., n-mal). Der * im Suchmuster steht für ein beliebiges Zeichen in beliebiger Wiederholung (0, 1, 2, ..., n-mal). Das Mapping entspricht dem Suchmuster, somit wird jeder gefundene Betrag auch zurückgegeben und verarbeitet. Es ist unbedingt zu beachten, dass als Dezimaltrennzeichen im Mapping stets der Punkt verwendet werden muss, also gegebenenfalls ein Komma im Verwendungszweck/Suchmuster auf einen Punkt gemappt werden muss.

BDC-Felder

Die BDC-Felder eignen sich zum direkten Füllen von Dynpro-Feldern, falls kein passendes Zielfeld im Bankdatenspeicher existiert. Hierzu muss der technische Name des entsprechenden Dynpro-Feldes bekannt sein (z. B. über die F1-Hilfe).

Soll beispielsweise ein Steuerkennzeichen übertragen werden, wenn im Verwendungszweck eine bestimmte Telefonnummer – in unserem Beispiel 0231/445598# – auftaucht, kann folgendermaßen vorgegangen werden (siehe Abbildung 3.32).

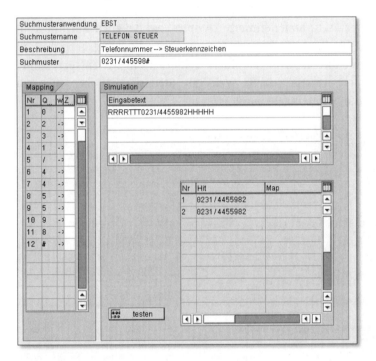

Abbildung 3.32 Suchmuster »Telefon Steuer«

Das Suchmuster ‚0231/445598#' mit dem Mapping ‚   ' (zwölf Leerzeichen) wird für die drei Zielfelder BDC-FELDWERT 1, BDC-FELDNAME 1 und BDC-KONTOART 1 verwendet. Im Feld MAPPINGBASIS werden jeweils die Konstanten abgelegt, mit denen die einzelnen BDC-Felder zu füllen sind. In unserem Beispiel sind dies die folgenden (siehe auch Abbildung 3.33):

▶ BDC-FELDWERT 1 = V1

▶ BDC-FELDNAME1 = BSEG-MWSKZ

▶ BDC-KONTOART 1 = 1

Soll der Feldinhalt nur für eine bestimmte Buchungszeile übertragen werden, kann dies über das Feld BDC-KONTOART gesteuert werden. Wird dieses Feld mit den Konstanten 0, 1, 2 oder 3 gefüllt, findet die Übertragung nur spezifisch statt. Die Konstanten haben hierbei die folgende Bedeutung:

- 0 – 1. Zeile Buchungsbereich 1
- 1 – 1. Zeile Buchungsbereich 2
- 2 – 2. Zeile Buchungsbereich 1
- 3 – 2. Zeile Buchungsbereich 2

Wird diese Steuerung der Übertragung nicht verwendet, versucht das Programm, das unter FELDNAME definierte Dynpro-Feld bei allen Buchungszeilen und sowohl für Buchungsbereich 1 als auch für Buchungsbereich 2 zu übertragen. Dies führt natürlich zu einem Fehler, wenn das entsprechende Dynpro-Feld nicht existiert (z. B. weil ein Steuerkennzeichen für ein bestimmtes Konto nicht eingabebereit ist).

Sicht "Verwendung Suchmuster" ändern: Übersicht

Neue Einträge

Dialogstruktur
☐ Definition Suchmuster
🗀 Verwendung Suchmuste

Verwendung Suchmuster

BuKr	Ha	Kon	Ex	VZ	Inter	Suchmustername	Zielfeld	aktiv	Mappingbasis
KARL	VOBA	1000	051	posit	021	REPARATURRECHNUNG	Verwendungszv	✓	12R0000000
KARL	VOBA	1000	821	negat	001	TELEFON DORTMUND	Kostenstelle	✓	
KARL	VOBA	1000	821	negat	001	TELEFON HV	Kostenstelle	✓	
KARL	VOBA	1000	821	negat	001	TELEFON KÖNDRINGEN	Kostenstelle	✓	
KARL	VOBA	1000	821	negat	001	TELEFON STEUER	BDC-Kontoart	✓	1
KARL	VOBA	1000	821	negat	001	TELEFON STEUER	BDC-Kontoart	✓	1
KARL	VOBA	1000	821	negat	001	TELEFON STEUER	BDC-Feldname	✓	BSEG-MWSKZ
KARL	VOBA	1000	821	negat	001	TELEFON STEUER	BDC-Feldname	✓	BKPF-XMWST
KARL	VOBA	1000	821	negat	001	TELEFON STEUER	BDC-Feldwert	✓	V1
KARL	VOBA	1000	821	negat	001	TELEFON STEUER	BDC-Feldwert	✓	X

Abbildung 3.33 Verwendung der Suchmuster

Für das Beispiel des Steuerkennzeichens ist zu beachten, dass außer dem Steuerkennzeichen selbst auch noch das Flag STEUER RECHNEN gesetzt werden muss, damit die Buchung automatisch erfolgt. Hierzu ist dann Folgendes noch entsprechend zu setzen, wie auch in Abbildung 3.33 zu sehen ist:

- BDC-FELDNAME 2 = BKPF-XMWST
- BDC-FELDWERT 2 = X
- BDC-KONTOART 2 = 1

Abbildung 3.34 zeigt noch einmal alle bisher besprochenen Suchmuster mit dem jeweiligen Mapping.

Abbildung 3.34 Übersicht über die Suchmuster

3.6 Report- und Variantenauswahl definieren

In diesem Arbeitsschritt können Sie die Programme festlegen, die Ihnen innerhalb der elektronischen Kontoauszugsbearbeitung angeboten werden. Mit Programmen/Reports zur Transaktion FF.5 legen Sie die ABAP-Programme für den Menüpunkt EINLESEN fest. Die Programme zur Transaktion FF.6 steuern den Menüpunkt AUSGEBEN. Außerdem können Sie zu jedem Report eine Variante angeben.

Wenn Sie die Reports, die Sie nicht benötigen, durch eine Markierung in der Checkbox REPORT NICHT ANZEIGEN, Spalte RNA in Abbildung 3.35 kennzeichnen, erhalten Sie bei dem entsprechenden Menüpunkt nur die Reports, die Sie tatsächlich benötigen. Abbildung 3.35 zeigt den Bildschirm, in dem Sie die Kriterien angeben, die Sie für die Report- und Variantenauswahl benötigen.

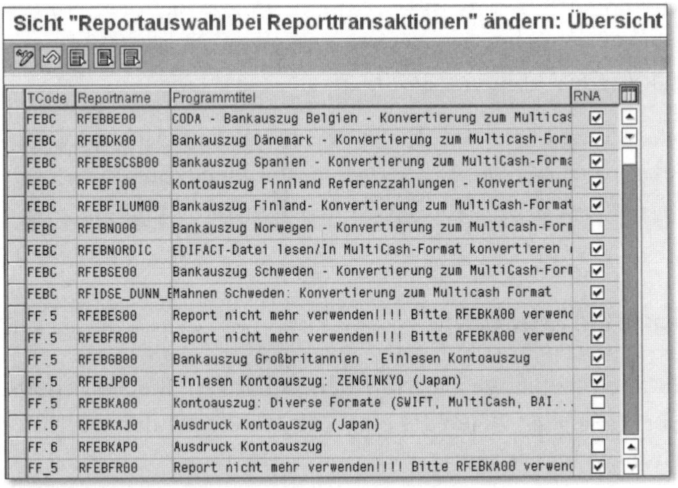

Abbildung 3.35 Reportauswahl bei Reporttransaktionen

3.7 Währungsklassen

Wenn Sie Kontoauszüge einlesen möchten, die Währungsschlüssel enthalten, die nicht dem ISO-Standard und somit dem SAP-Standard entsprechen, haben Sie im Customizing die Möglichkeit, dieses Problem zu umgehen. Sie können die alternativen Währungsschlüssel unter einer Klasse von Währungsschlüsseln zusammenfassen. Innerhalb der Währungsklasse wird der alternative Währungsschlüssel dem SAP-Währungsschlüssel zugeordnet. Die Währungsklassen hinterlegen Sie dann in der Hausbank.

Zunächst müssen Sie die Währungsklassen, die Sie benötigen, im IMG anlegen. Dies geschieht über den Menüpfad FINANZWESEN • BANKBUCHHALTUNG • GESCHÄFTSVORFÄLLE • ZAHLUNGSVERKEHR • ELEKTRONISCHER KONTOAUSZUG • WÄHRUNGSKLASSEN ANLEGEN.

Abbildung 3.36 Währungsschlüssel

Anschließend definieren Sie die von Ihnen benötigten Währungsklassen im IMG über den Menüpfad FINANZWESEN • BANKBUCHHALTUNG • GESCHÄFTSVORFÄLLE • ZAHLUNGSVERKEHR • ELEKTRONISCHER KONTOAUSZUG • WÄHRUNGSKLASSEN DEFINIEREN (siehe Abbildung 3.36).

Innerhalb einer Währungsklasse ordnen Sie die möglichen Alternativwährungen, die im elektronischen Kontoauszug vorkommen können, jeweils einer Währung zu, die dem SAP-Währungsschlüssel entspricht.

3.8 Rückläuferverarbeitung

In diesem Abschnitt betrachten wir die Systemeinstellungen, die Sie vornehmen müssen, um bei möglichst vielen der eingehenden Rückläufer eine automatische Verarbeitung zu erreichen.

3.8.1 Rückläuferverarbeitung einrichten

Die Pflege der Rückläuferverarbeitung erreichen Sie im IMG über den Menüpfad FINANZWESEN • BANKBUCHHALTUNG • GESCHÄFTSVORFÄLLE • ZAHLUNGSVERKEHR • ELEKTRONISCHER KONTOAUSZUG • RÜCKLÄUFERVERARBEITUNG EINRICHTEN.

In diesem Arbeitsschritt können Sie *interne Rückläufergründe externen Rückläufergründen* zuweisen. Ein interner Rückläufergrund gibt dabei an, unter welchem unternehmensspezifischen *Grund* ein Rückläufer aufgetreten ist. Ein *externer Rückläufergrund* wiederum gibt an, unter welchem bankspezifischen *Grund* ein Rückläufer aufgetreten ist.

Wenn Sie für alle Bankverbindungen eines *Vorgangstyps* die gleiche Zuordnung machen möchten, können Sie den Vorgangstyp angeben und die Felder für die Bankverbindung leer lassen.

Ist im Kontoauszug kein Rückläufergrund angegeben oder wollen Sie für alle Rückläufergründe die gleichen Rückläuferaktivitäten definieren, geben Sie nur den externen Vorgangscode an und lassen das Feld EXTERNER RÜCKLÄUFERGRUND leer (siehe Abbildung 3.37).

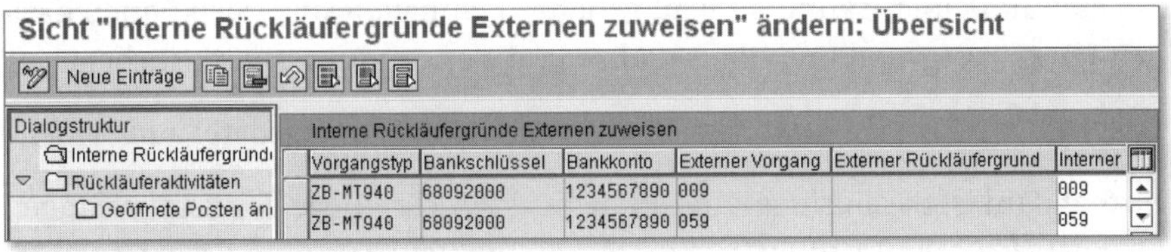

Abbildung 3.37 Rückläufergründe zuordnen

Sie legen fest, auf welche Konten der Rückläufer-Einzelposten und die Gebühren gebucht werden sollen und ob der Ausgleich für den Rückläufer-Einzelposten zurückgenommen werden soll. Falls Sie das Feld RÜCKNAHME DES AUSGLEICHS (Spalte RÜCKNAHME D... in Abbildung 3.38) markiert haben, können Sie pro Buchungskreis die Debitorenposten, die wieder geöffnet werden, automatisch ändern lassen.

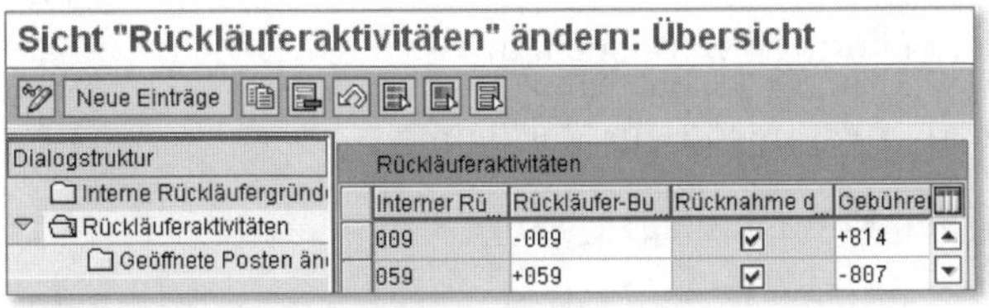

Abbildung 3.38 Rückläuferaktivitäten

Sie können hierbei auch eine Mahn- oder Zahlsperre setzen sowie den Zahlweg ändern oder löschen. Wenn Sie die entsprechenden Felder leer lassen, ändert das System die Belege nicht (siehe Abbildung 3.39).

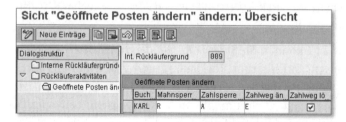

Abbildung 3.39 Offene Posten – Bearbeitung bei Rückläufern

3.8.2 BAdI zur Verarbeitung von Rückläufern

Dieses Business Add-In (BAdI) wird in der Komponente Elektronischer Kontoauszug (FI-BL-PT-BS-EL) verwendet. Mit diesem BAdI können Sie die Verarbeitung von Rückläufern steuern. Anhand der Kontoauszugsdaten – Importparameter I_FEBKO (Kopfdaten), I_FEBEP (Einzelposten) und Tabelle T_FEBRE (Verwendungszweck) – können Sie entscheiden, ob ein Einzelposten ein Rückläufer ist und ob Bankgebühren enthalten sind. Sie können dazu den Rückläufergrund und die Gebühren im Verwendungszweck suchen.

Das BAdI wird direkt nach dem Einlesen der Kontoauszugsdatei aufgerufen.

Im Standard ist das Business Add-In nicht aktiv. Zur Pflege des BAdI gelangen Sie über den Menüpfad FINANZWESEN • BANKBUCHHALTUNG • GESCHÄFTSVOR-FÄLLE • ZAHLUNGSVERKEHR • ELEKTRONISCHER KONTOAUSZUG • BUSINESS ADD-INS (BADIS) • BADI: VERARBEITUNG VON RÜCKLÄUFERN.

3.8.3 Rückläufer bearbeiten

Anhand der Kontoauszugsdaten – Importparameter I_FEBKO (Kopfdaten), I_FEBEP (Einzelposten) und Tabelle T_FEBRE (Verwendungszweck) – können Sie bei dieser Methode entscheiden, ob ein Einzelposten ein Rückläufer ist und ob Bankgebühren enthalten sind. Sie können dazu den Rückläufergrund und die Gebühren im Verwendungszweck suchen.

Es stehen folgende Importing-Parameter zur Verfügung:

- der Kopfsatz des aktuellen Kontoauszugs I_FEBKO
- der aktuelle Einzelsatz I_FEBEP
- der Verwendungszweck des Einzelpostens T_FEBRE

Es stehen folgende Exporting-Parameter zur Verfügung: E_SUBRC, E_MSG. MSGTY, E_MSGNO, E_MSGV1, E_MSGV2, E_MSGV3 und E_MSGV4, mit denen man eine Nachricht übergeben kann, die das Hauptprogramm ausgibt.

Der Changing-Parameter C_RETURN_CHARGES ist wie folgt aufgebaut (siehe auch im Data Dictionary die zugehörige Struktur FIEB_RET_CHARGES), die folgenden beiden Felder stellen die Verknüpfung zum Einzelposten her:

▸ C_RETURN_CHARGES-KUKEY (Kurzschlüssel des Auszugs)

▸ C_RETURN_CHARGES-ESNUM (Einzelsatznummer eines Umsatzes)

Im Standard wird zwar im Kontoauszug nach dem Rückläufergrund gesucht, es kann jedoch sein, dass er nicht gefunden wurde, weil z. B. das Kontoauszugsformat kein eigenes Feld für den Rückläufer hat und die Banken ihn in den Verwendungszweck schreiben. Falls die Bank einen Rückläufergrund mitliefert und das Standardprogramm diesen nicht findet, haben Sie hier die Möglichkeit, den Rückläufergrund im Verwendungszweck (Tabelle T_FEBRE) zu suchen und dann in C_RETURN_CHARGES-RREXT zu füllen.

Der Betrag, der in C_RETURN_CHARGES-KWBTR steht, ist der Betrag des Gebührenumsatzes. Der Betrag des zugehörigen Einzelpostens (I_FEBEP-KWBTR) wird dann um diesen Gebührenbetrag automatisch gekürzt. Wenn C_RETURN_CHARGES-FWBTR ebenso wie der Fremdwährungsbetrag des zugehörigen Einzelpostens (I_FEBEP-FWBTR) gefüllt ist, wird der Fremdwährungsbetrag des Gebühren-Umsatzes mit diesem C_RETURN_CHARGES-FWBTR gefüllt und T_FEBEP-FWBTR entsprechend gekürzt.

Wie auch beim externen Rückläufergrund kann es sein, dass die Gebühren im Verwendungszweck stehen und das Standardprogramm sie deshalb nicht findet. Sie können Sie dann suchen oder selbst definieren und die Felder T_RETURN_CHARGES-KWBTR oder T_RETURN_CHARGES-FWBTR entsprechend füllen.

3.9 Das Programm »RFEBKATX«

Das Programm RFEBKATX unterstützt Sie bei der Einführung des elektronischen Kontoauszugs hinsichtlich der Konfiguration und vermittelt Ihnen ein Gefühl für die Möglichkeiten des elektronischen Kontoauszugs.

Der elektronische Kontoauszug dient u. a. dem automatischen Zuordnen von ein- und ausgehenden Zahlungsströmen auf Hausbankkonten (Überweisungen, Schecks, ...) zu den zugehörigen, bereits in das System eingebuchten offenen Positionen. Beim Customizing entstehen meist zwei Haupthindernisse für eine schnelle und effiziente Einführung:

Die Erstellung der Kontoauszugsdateien *UMSATZ.txt* und *AUSZUG.txt* gestaltet sich schwierig. Viele Probleme beim Customizing beruhen auf einer fehlerhaften Erstellung (Formatfehler) dieser Dateien. Auch eine Verwendung von Echtdateien der Bank ist schwierig, da es sich meist um sehr große Dateien handelt.

Die offenen Posten, die mit dem Kontoauszug gefunden und ausgeglichen werden sollen, müssen in der Regel mit korrekten Ausgleichsinformationen in das (Test-)System manuell eingebucht werden. Diese Informationen müssen sich auch in den Einzelumsätzen der Datei *UMSATZ.txt* an der richtigen Stelle wiederfinden, z. B. in den Verwendungszweckfeldern.

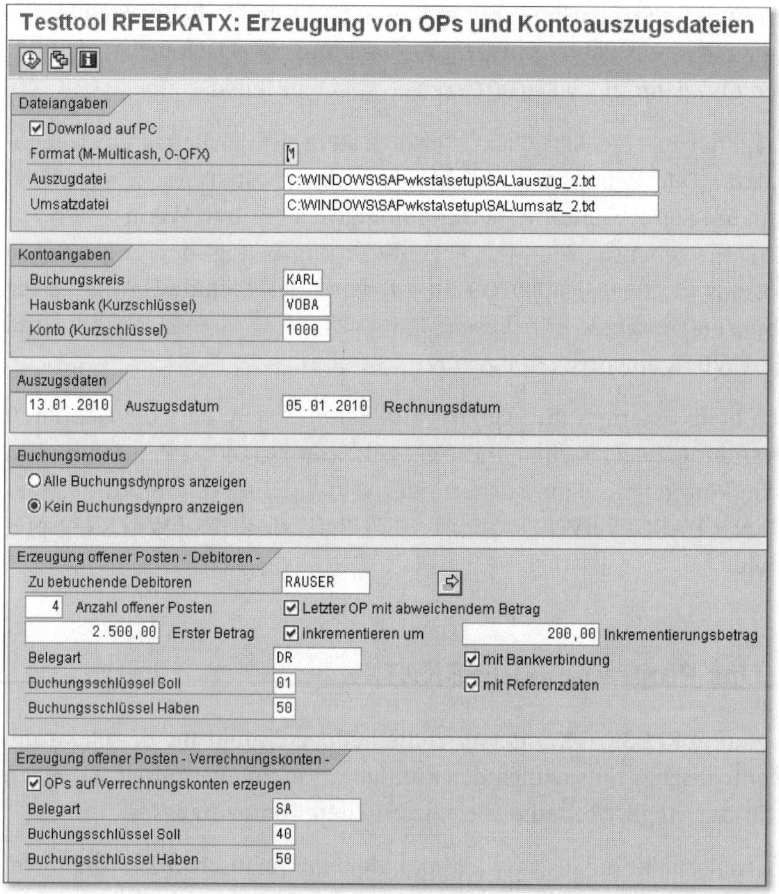

Abbildung 3.40 RFEBKATX-Selektionsbild

Mit dem Programm RFEBKATX (siehe Abbildung 3.40) können Sie sowohl offene Posten in einem Buchungskreis als auch dazugehörige (MULTICASH)-Kontoauszugsdateien für ein Hausbankkonto dieses Buchungskreises erstellen. Diese können Sie direkt mit dem Einleseprogramm RFEBKA00 einlesen und so Ihre Einstellungen im Customizing und die generelle Funktionsweise des Programms RFEBKA00 testen.

Hierfür sind die folgenden Voraussetzungen notwendig:

▸ Sie müssen gegebenenfalls zunächst im Buchungskreis ein Hausbankkonto anlegen, für das die Kontoauszüge erzeugt werden sollen.

Wichtig: Im Hausbankkonto-Stammsatz muss das Hauptbuchkonto gepflegt sein (z. B. Sachkonto 113100).

▸ Sie müssen gegebenenfalls für die offenen Posten, die Sie testweise erzeugen wollen, im Buchungskreis zunächst entsprechende Debitoren anlegen.

▸ Sie müssen zudem ein Hauptbuchkonto anlegen, und zwar als Stellvertreterkonto für die Buchungen, die Sie zur Erzeugung der offenen Posten auf Debitorenkonten ausführen. Die Nummer dieses Sachkontos muss dem Hauptbuchkonto des Hausbankkontos bis auf die letzten beiden Stellen entsprechen, die durch ‚19' ersetzt werden müssen.

Der Testreport RFEBKATX führt zur Erzeugung offener Debitorenposten eine Akontobuchung *Debitor* an *Stellvertreterkonto* aus. Dies ist aus buchhalterischer Sicht für die Buchung einer Rechnung auf ein Debitorenkonto nicht korrekt. Die korrekte Verbuchung von Debitorenrechnungen auf Erlöskonten ist jedoch nicht Gegenstand dieses Testprogramms, das ausschließlich in Testsystemen verwendet werden darf.

Für die Generierung offener Posten auf Verrechnungskonten müssen Sie für diese entsprechende Sachkonten anlegen. Die Bildungsregel ist analog zum Stellvertreterkonto, wobei jetzt folgende Endziffern gelten:

▸ Scheckausgang: 01

▸ Scheckeingang: 08

▸ Geldausgang: 09

Bitte setzen Sie bei diesen Konten in den Stammdaten die Schalter VERWALTUNG OFFENER POSTEN und EINZELPOSTENANZEIGE.

Der Testreport RFEBKATX erzeugt mit den Einstellungen aus diesem Buch die folgenden Buchungen (jeweils Soll an Haben):

- Debitor an +…+19 mit hinterlegtem bzw. daraus abgeleitetem Betrag (Geschäftsvorfallcode +051, Überweisungsgutschrift)

- +…+19 an +…+02 mit dem Betrag 30.000 EUR (Geschäftsvorfallcode –071, Lastschrifteinreichung)

- +…+19 an +…+01 mit 31.000 EUR und 32.000 EUR (Geschäftsvorfallcode –001, Scheckausgang)

- +…+08 an +…+19 über 40.000 EUR (Geschäftsvorfallcode +070, Scheckeingang)

3.10 Fazit

Nach diesem Kapitel wissen Sie, wie Sie die Voraussetzungen dafür schaffen, dass alle Kontoauszugspositionen, die Sie von Ihrer Bank über einen elektronischen Kontoauszug übermittelt bekommen, korrekt zugeordnet und möglichst automatisch verbucht werden.

Sie haben zunächst eine Vorstellung von der Arbeitsweise des Verbuchungsprogramms gewonnen und kennen nun die Stellen, an denen Sie in den Standardprozess eingreifen können. Dies gilt insbesondere für die Interpretationsalgorithmen, deren Funktionsweise sehr detailliert erläutert wurde. Daneben haben wir Ihnen die Parameter vorgestellt, die innerhalb der Kontoauszugsverarbeitung von Bedeutung sind. Anhand des Fallbeispiels aus Abschnitt 1.5, »Suchmuster und Mapping«, haben wir diese Parameter beispielhaft gepflegt. Neben den Grundeinstellungen haben Sie die Suchmuster studiert und wissen nun, wie Sie diese mit einem Mapping beeinflussen können. Auch hier haben wir anhand des Fallbeispiels die Funktionsweise verdeutlicht.

Sie haben zudem die Möglichkeit kennengelernt, die Qualität der Rückläuferverarbeitung mit Hilfe von Systemeinstellungen deutlich zu verbessern. Zum Schluss dieses Kapitels wurden Sie mit dem Programm RFEBKATX vertraut gemacht, und Sie wissen jetzt, wie Sie mit dessen Hilfe Dateien zum Test Ihrer Systemeinstellungen erzeugen können.

Somit haben Sie nun alle Werkzeuge in der Hand und können mit der Konfiguration des elektronischen Kontoauszugs beginnen.

In diesem Kapitel werden die verschiedenen Möglichkeiten dargestellt, den Standard an individuelle Anforderungen anzupassen. Dabei werden die unterschiedlichen Erweiterungsoptionen miteinander verglichen. Anschließend werden anhand unseres Fallbeispiels die wichtigsten Erweiterungsmöglichkeiten detailliert erklärt.

4 Erweiterungsmöglichkeiten

Bei der Verarbeitung des elektronischen Kontoauszugs kommt es immer wieder vor, dass die im Standard vorhandenen Einstellungsmöglichkeiten nicht ausreichend sind, um alle Anforderungen zu erfüllen. In diesen Fällen muss zusätzliche Funktionalität geschaffen werden. SAP bietet zu diesem Zweck unterschiedliche Werkzeuge an.

Die meisten Möglichkeiten zum Eingreifen bei der Verarbeitung des elektronischen Kontoauszugs sind im Report RFEBBU10 beheimatet. Hier wollen wir uns zunächst einen Überblick verschaffen:

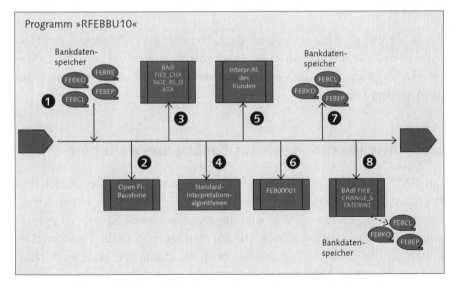

Abbildung 4.1 Ablauf des Reports »RFEBBU10«

Während der Verarbeitung wird das Programm RFEBBU10 vom Verbuchungsprogramm RFEBBU00 (das in Kapitel 3, »Customizing«, beschrieben wurde) aufgerufen. Der Report RFEBBU10 ist für die Interpretation der Datensätze zuständig. Er liest die Daten des Bankdatenspeichers ein ❶ und verarbeitet diese wie folgt weiter. In Schritt ❷ erfolgt zuerst der Absprung in die Verarbeitung durch Open-FI-Bausteine, die in Abschnitt 4.3.2, »Release 4.5B – Open FI-Bausteine«, näher erläutert werden. Anschließend ❸ wird das BAdI `FIEB_CHANGE_BS_DATA` aufgerufen, falls dieses implementiert wurde. Details hierzu erfahren Sie in Abschnitt 4.3.4, »Release 4.70 – Business Add-Ins«. Danach werden die SAP-Standard-Interpretationsalgorithmen durchlaufen (Schritt ❹), bevor in ❺ die kundeneigenen Interpretationsalgorithmen in Form von Funktionsbausteinen aufgerufen werden (hierzu finden Sie Beispiele in Abschnitt 4.2.2). Als Nächstes erreichen wir die Aufrufstelle ❻ der Funktionserweiterung FEB00001, diese wird in Abschnitt 4.3.6, »Funktionserweiterung FEB00001«, ausführlich anhand eines Beispiels beschrieben. Mit den ermittelten Informationen befüllt das Programm nun den Bankdatenspeicher ❼. Danach erreichen wir die letzte Möglichkeit innerhalb dieses Programms, Änderungen vorzunehmen, und zwar in Punkt ❽ mit dem BAdI `FIEB_CHANGE_STATEMNT`, das in Abschnitt 4.3.4 zu finden ist. Falls für dieses BAdI eine Implementierung vorhanden ist, wird diese ausgeführt und anschließend der Bankdatenspeicher nochmals auf den neuesten Stand gebracht. Danach kehrt das Programm zurück in das aufrufende Programm RFEBBU00.

Bevor wir uns aber mit den einzelnen Erweiterungsmöglichkeiten des elektronischen Kontoauszugs im Detail beschäftigen, sollten wir uns einen allgemeinen Überblick über die Vor- und Nachteile der diversen Anpassungsoptionen verschaffen.

4.1   Modifikationen versus Funktionserweiterung

Das SAP-System stellt eine umfassende Infrastruktur für die betriebliche Informationsverarbeitung zur Verfügung. Um die Prozesse in einem Unternehmen zu optimieren, wird es allerdings häufig notwendig sein, Anpassungen des Standards vorzunehmen. Die zur Verfügung gestellte Funktionalität kann unter bestimmten Umständen erweitert, modifiziert oder auch reduziert werden (siehe Abbildung 4.2).

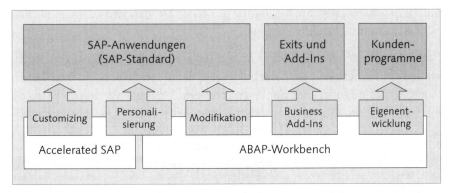

Abbildung 4.2 Übersicht – Änderungen des Standards

In einem SAP-System gibt es diverse Ansatzpunkte, um den vorhandenen Standard an eine konkrete betriebliche Arbeitssituation anzupassen, z. B. die folgenden:

▶ Customizing

▶ Personalisierung

▶ vorgedachte Erweiterungen (Customer-Exits, BAdIs)

▶ Modifikationen des Standards

▶ Eigenentwicklungen

Das Customizing, die Personalisierung, das Hinzufügen vorgedachter Erweiterungen und auch das Entwickeln kundeneigener Programme wird durch entsprechende Werkzeuge wie den IMG, die Business Add-Ins (BAdIs), die Transaktion CMOD für Customer-Exits und die Entwicklungsumgebung für Eigenentwicklungen unterstützt. Modifikationen des Standards werden durch den Modifikationsassistenten unterstützt.

Das Customizing des elektronischen Kontoauszugs wurde bereits in Kapitel 3, »Customizing«, ausführlich vorgestellt. Die Personalisierung umfasst die anwenderspezifischen Einstellungen zur Arbeitserleichterung. In diesem Kapitel werden die Erweiterungsmöglichkeiten durch den Einsatz der Entwicklungswerkzeuge vorgestellt.

4.1.1 Modifikationen des Standards

Wenn man zur Modifikation von Objekten des Standards die Editoren der ABAP Workbench aufruft, verzweigen Sie in einen speziellen *Modifikationsmodus*. Das Original wird in diesem Modus zunächst geschützt und kann nur mit Hilfe zusätzlicher zur Verfügung gestellter Drucktasten (dem Modifikationsassistenten) geändert werden.

Durch Einsatz des Modifikationsassistenten werden alle Änderungen protokolliert, so dass eine möglichst schnelle und detaillierte Übersicht über Modifikationen ermöglicht und der Aufwand beim Upgrade verringert wird, da die modifizierten Objekte gesondert aufgeführt werden. Diese Modifikationen werden bei einem Upgrade nicht überschrieben.

[+]

Modifikationen des Standards

Modifikationen des Standards sollten nur dann vorgenommen werden, wenn sie für die Optimierung bestimmter Arbeitsabläufe in einem Unternehmen unumgänglich sind. Auch sollten Sie sich darüber im Klaren sein, dass ein gutes Hintergrundwissen über die Aufbau- und Ablaufstruktur einer Applikation als Grundlage der Beurteilung von Modifikationsmöglichkeiten und sinnvolles Modifikationsdesign bei Änderungen des Standards unabdingbar sind. Die Verantwortung für die semantische Richtigkeit der Modifikation liegt ausschließlich beim Ändernden.

4.1.2 Erweiterungen des Standards

Erweiterungen stellen potentielle Kundenanforderungen dar, die nicht im Standard vorhanden sind. Aber sie sind im Standard vorgesehen und können auch beim Kunden mit kundenspezifischer Logik ausgestaltet werden. Die Aufwärtskompatibilität ist gewährleistet, d.h., der Aufruf einer Erweiterung aus der Standardsoftware sowie die Gültigkeit der Aufrufschnittstelle bleiben in den zukünftigen Releaseständen erhalten. Erweiterungen des Standards können u.a. mit Customer-Exits vorgenommen werden. Seit dem Release 4.6A können Erweiterungen des Standards auch durch sogenannte BAdIs vorgenommen werden.

Customer-Exits

Innerhalb der Standardanwendungen hat SAP Customer-Exits oder User Exits (Absprünge) für bestimmte Programme, Bildschirmbilder und Menüs angelegt. Diese Exits haben keine Funktionalität, sie dienen vielmehr als Schnittstelle, in die sie eine eigene, zusätzliche Funktionalität aufnehmen können. Es gibt hauptsächlich zwei Gründe, warum Sie Customer-Exits anderen Änderungen an der SAP-Software vorziehen sollten. Die Funktionalität, die in Customer-Exits ausprogrammiert wird, bietet folgende Vorteile:

▶ Sie hat keine Auswirkungen auf den SAP-Standardquelltext.

▶ Sie hat keine Auswirkungen auf Software-Aktualisierungen (SPAU-Abgleich).

Business Add-Ins (BAdIs)

Die Business-Add-In-Technik basiert auf ABAP Objects. Auch BAdIs beziehen sich auf mögliche Änderungen des SAP-Systems, die zu speziell sind, um in den Standard aufgenommen zu werden, die aber dennoch häufig benötigt werden und deswegen im Standardsystem vorgesehen sind. Wie bei den Customer-Exits kann man zwei Sichten differenzieren:

▶ **Definitionssicht**
In der Definitionssicht legt ein Anwendungsentwickler bestimmte Stellen innerhalb eines Quellcodes fest, an denen die Nutzer dieser Software Coding einfügen können, ohne das Originalobjekt zu modifizieren.

▶ **Implementierungssicht**
In der Implementierungssicht können die Nutzer die von Ihnen benötigte Logik ausgestalten oder eine eventuell zur Verfügung gestellte Standardlösung (Beispiel-Coding) übernehmen.

Im Gegensatz zu Customer-Exits wird bei BAdIs nicht von einer zweistufigen (SAP, Kunde), sondern von einer mehrstufigen (SAP, Länderversionen, IS-Lösungen, Partner, Kunde etc.) Systemlandschaft ausgegangen. Definitionen und Implementierungen können in jeder Stufe der Systemlandschaft angelegt werden.

Die Aufwärtskompatibilität der Schnittstellen eines BAdI ist ebenfalls gewährleistet, d.h., der Aufruf einer Erweiterung aus der Standardsoftware und die Gültigkeit der Aufrufschnittstelle bleiben von Releasewechseln unberührt.

4.2   Interpretationsalgorithmen

Die bereits in relativ großer Zahl vorhandenen Interpretationsalgorithmen decken ein großes Feld an Funktionalität ab, um die gewünschten Belege im System zu finden. Es besteht aber auch hier die Möglichkeit, kundeneigene Interpretationsalgorithmen anzulegen und in die Verarbeitung des elektronischen Kontoauszugs einzubinden.

Wir werden Ihnen nun zunächst einige typische Interpretationsalgorithmen vorstellen, die im Standard vorhanden sind. Danach wird an zwei Beispielen die Erstellung von kundeneigenen Interpretationsalgorithmen gezeigt. Über diese Interpretationsalgorithmen wird die Tabelle FEBCL des Bankdatenspeichers gefüllt. Diese Informationen werden später, im Ablauf des Verbuchungsprogramms RFEBBU00, wiederum genutzt, um die einzelnen Buchungen korrekt zu erzeugen.

4.2.1 Voreingestellte Algorithmen

Wir betrachten nun exemplarisch die Funktionsweise einiger von SAP voreingestellter Interpretationsalgorithmen. Um entscheiden zu können, welchen der bereits vorhandenen Interpretationsalgorithmen man für seine Zwecke nutzen kann, muss man feststellen, wie die einzelnen Algorithmen arbeiten: Mit welchen Informationen geht der Algorithmus auf die Suche, und welche Informationen gibt er zurück?

Interpretationsalgorithmus 001

Dieser Algorithmus interpretiert die Werte in den Verwendungszweckfeldern des elektronischen Kontoauszugs als Belegnummer oder als Referenzbelegnummer. Der Algorithmus prüft dabei, ob die Werte innerhalb des von Ihnen beim Einlesen des Kontoauszugs im Selektionsbild des Reports RFEBKA00 angegebenen Beleg- oder Referenzbelegnummern-Intervalls liegen. Nur dann wird versucht, die auszugleichenden Posten im SAP-System zu finden.

Der Algorithmus geht bei der Suche nach einer Belegnummer (BELNR) folgendermaßen vor:

1. Er sucht in allen Verwendungszweckfeldern (d.h. in allen abhängigen Sätzen der Tabelle FEBRE-VWEZW), die vom Kontoauszug geliefert werden, nach einer zehnstelligen Ziffernfolge. Dabei werden alle Sonderzeichen und alle Buchstaben entfernt.

2. Bei allen Fundstücken sucht er nun eine Übereinstimmung in der Tabelle der Belegköpfe BKPF im Feld BELNR (Belegnummer).

3. Im Erfolgsfall füllt der Algorithmus die Felder FEBCL-SELFD (Feldname) und FEBCL-SELVON (Eingabefeld für Suchkriterium zur Auswahl offener Posten) mit den Einträgen FEBCL-SELFD = ›BELNR‹ und FEBCL-SELVON = BKPF-BELNR.

Bei der Suche nach einer Referenzbelegnummer (XBLNR) geht der Algorithmus folgendermaßen vor:

1. Er sucht ebenfalls in allen Verwendungszweckfeldern, die vom Kontoauszug geliefert werden, nach einer 16-stelligen Zeichenfolge. Dabei werden nur alle Sonderzeichen entfernt.

2. Bei allen Fundstücken sucht er nun eine Übereinstimmung in der Tabelle der Belegköpfe BKPF im Feld XBLNR (Referenz).

3. Im Erfolgsfall füllt der Algorithmus die Felder FEBCL-SELFD (Feldname) und FEBCL-SELVON (Eingabefeld für Suchkriterium zur Auswahl offener Posten) mit den Einträgen FEBCL-SELFD = ›XBLNR‹ und FEBCL-SELVON = BKPF-XBLNR.

Bei der Suche nach der Referenzbelegnummer (Feld XBLNR) wird auch in der Tabelle BSEG nachgelesen, da die Eindeutigkeit nicht zwingend ist. Daher wird in diesem Fall auch die Ausgleichskontonummer mitgegeben.

Um dies zu erreichen, ermittelt der Algorithmus aus der Belegart zunächst die Kontoart und liefert diese ebenfalls in das Feld FEBCL-KOART zurück.

Anschließend stellt er bei Kontoart D den Wert aus dem Tabellenfeld BSEG-KUNNR in das Feld FEBCL-AGKON und bei K den Wert aus BSEG-LIFNR. In der Tabelle der Belegarten T003 sind im Feld KOARS die erlaubten Kontoarten hinterlegt. Falls der Wert ein D enthält, liefert der Algorithmus D. In allen anderen Fällen liefert der Algorithmus, falls ein K enthalten ist, ein K, ansonsten ein S zurück.

Listing 4.1 zeigt das Coding zum Interpretationsalgorithmus 001:

```
WHEN '001'.
 FORM ANALYSE_VERWENDUNGSZWECK USING SFNAM.
  DATA: RWBTR LIKE AVIK-RWBTR.
  DATA: AVIS_WAERS LIKE AVIK-WAERS.

  REFRESH TREFFER.
  CLEAR   TREFFER.

  PERFORM SPEICHER_TO_PUFFER.

* Schlüssel FEBCL initialisieren
  XFEBCL-KUKEY = FEBEP-KUKEY.
  XFEBCL-ESNUM = FEBEP-ESNUM.
* XFEBCL-CSNUM = 0.
```

```
*-------- Ausgleichsinformation suchen ----------------
   CASE SFNAM.
     WHEN 'BELNR'.
       PERFORM SEARCH_BELNR.
     FORM SEARCH_BELNR.
          *   TRANSLATE PUFFER TO UPPER CASE.
          PERFORM DTA_TEXT_
AUFBEREITEN USING PUFFER.     *ungewöhnliche Zeichen durch gewöhnliche
ersetzen
          TRANSLATE PUFFER USING CONVERT1.          *Großbuchstaben
          TRANSLATE PUFFER USING CONVERT2.          *Sonderzeichen
          CONDENSE PUFFER.
          TRANSLATE PUFFER USING CONVERT3.           *SemiColon
          REFRESH TREFFER.
          DO.
          PERFORM PUFFER_ZERLEGEN.
                         *String zerlegen SemiColon getrennt
          IF HEAD = SPACE OR SY-SUBRC NE 0.
          EXIT.
          ENDIF.
          IF HEAD CO ' 0123456789'.
          NUM10 = HEAD.                  "   Führende Nullen
          IF NUM10 IN FILTER.
           TREFFER-NUMMER = NUM10.
           APPEND TREFFER.
          ENDIF.
          ENDIF.
          ENDDO.
          PERFORM DELETE_DOUBLE_TREFFER.
                      *Doppelte Einträge aus Ergebnis löschen
          ENDFORM.                        "SEARCH_BELNR


       PERFORM B-TREFFER_PROBELESEN.
     FORM B-TREFFER_
PROBELESEN.                          Treffer in BKPF suchen
          CLEAR TREFFER.
          LOOP AT TREFFER.
          SELECT * FROM BKPF WHERE BUKRS = FEBKO-BUKRS
                         AND BELNR = TREFFER-NUMMER.
          ENDSELECT.
          IF SY-SUBRC = 0.
          CLEAR CLEARDATA.
*Set account type: D (cutomer) or K (vendor) from document *type
*If S (GL account) RFEBBU00 overwrites D or K deriving from *the
*----posting type of customizing (trans OT59 ) ----------
```

```
     SELECT SINGLE * FROM T003 WHERE BLART = BKPF-BLART.
       IF SY-SUBRC = 0.
         IF T003-KOARS CA 'D'.
           CLEARDATA-KOART  = 'D'.
         ELSEIF T003-KOARS CA 'K'.
           CLEARDATA-KOART  = 'K'.
         ELSE.
           CLEARDATA-KOART  = 'S'.
         ENDIF.
       ELSE.
         CLEARDATA-KOART  = 'D'.
       ENDIF.
       CLEARDATA-SELFD  = 'BELNR'.
       CLEARDATA-SELVON = BKPF-BELNR.
       APPEND CLEARDATA.
     ELSE.
*      Treffer wurde in BKPF nicht gefunden -> kein Treffer
     ENDIF.
   ENDLOOP.
 ENDFORM.                          "B-TREFFER_PROBELESEN
```

Listing 4.1 Coding zu Interpretationsalgorithmus 001

Interpretationsalgorithmus 011

Dieser Algorithmus wird bei Zahlungen mit Scheck eingesetzt, falls von der Bank vornummerierte Schecks verwendet werden und somit die Schecknummer ungleich der Zahlungsbelegnummer ist. Er wird folgendermaßen durchgeführt:

1. Die Schecknummer wird von Ihrer Hausbank auf dem Kontoauszug zurückgeliefert.

2. Der Algorithmus findet über die Schecknummer die zugehörige Belegnummer im SAP-System und übernimmt zur Weiterverarbeitung den Wert, der im Feld FEBEP-CHECT (Schecknummer) hinterlegt ist. Nach dem Einlesen des Kontoauszugs ist dies der Wert aus dem Feld SCHNR (Schecknummer) der Umsatzdatei.

3. Der Algorithmus 011 versucht nun, in der Tabelle PAYR (Zahlungsträgerdatei) im Feld CHECT (Schecknummer) eine Übereinstimmung zu finden. Aus diesem Datensatz ermittelt er den Wert im Feld PAYR-VBLNR (Belegnummer des Zahlungsbelegs), der gleichzeitig die Belegnummer des auszugleichenden Belegs ist.

Listing 4.2 zeigt das Coding zum Interpretationsalgorithmus 011:

```
WHEN '011'.
 PERFORM SEARCH_CHECK_IN_PAYR.

 DATA:   TPAYR-RWBTR LIKE PAYR-RWBTR.
 DATA:   TFEBEP-KWBTR LIKE FEBEP-KWBTR.

  PERFORM GET_NUMBER_CHECT_OR_1ST_FEBRE  USING CHECT.
     FORM GET_NUMBER_CHECT_OR_1ST_FEBRE  USING CHECKNUM.
       IF NOT FEBEP-CHECT IS INITIAL.
     CHECKNUM = FEBEP-CHECT.
       ELSE.
         LOOP AT XFEBRE WHERE KUKEY = FEBEP-KUKEY
                    AND ESNUM = FEBEP-ESNUM
                    AND RSNUM = 1.
       CLEAR PUFFER.
       PUFFER = XFEBRE-VWEZW.
*        TRANSLATE PUFFER TO UPPER CASE.
       PERFORM DTA_TEXT_AUFBEREITEN USING PUFFER.
       TRANSLATE PUFFER USING CONVERT1.
       TRANSLATE PUFFER USING CONVERT2.
       CONDENSE PUFFER NO-GAPS.
       CHECKNUM = PUFFER.
       EXIT.
         ENDLOOP.
       ENDIF.
     ENDFORM.                              " GET_CHECK_NUMBER

*-get lock for check ( will be released with 'commit work' )
  CALL FUNCTION 'ENQUEUE_EFPAYR'
    EXPORTING
      ZBUKR = FEBKO-BUKRS
      HBKID = FEBKO-HBKID
      HKTID = FEBKO-HKTID
      CHECT = CHECT
    EXCEPTIONS
      FOREIGN_LOCK = 8.

  IF NOT SY-SUBRC IS INITIAL.
    FEBEP-INFO1 = TEXT-015.
    REPLACE '&' WITH SY-MSGV1 INTO FEBEP-INFO1.
    FEBEP-INFO2 = TEXT-016.
    EXIT.
  ENDIF.
```

```
SELECT * FROM PAYR WHERE ICHEC = SPACE    "Zahlungsträgerdatei
              AND    ZBUKR = FEBKO-BUKRS
              AND    HBKID = FEBKO-HBKID
              AND    HKTID = FEBKO-HKTID
              AND    CHECT = CHECT.
   ENDSELECT.

   IF SY-DBCNT = 1.

     TPAYR-RWBTR = ABS( PAYR-RWBTR ).    "insert 167129
     TFEBEP-KWBTR = ABS( FEBEP-KWBTR ). "insert 167129

* For prenumbered checks sy-dbcnt is ALWAYS sy-dbcnt = 1.
     IF NOT PAYR-VOIDR IS INITIAL.
*    check is voided in check register -> no posting
         FEBEP-INFO1 = TEXT-001.

     ELSEIF NOT PAYR-XBANC IS INITIAL.
*    check has already been cashed -> no posting
         FEBEP-INFO1 = TEXT-003.

     ELSEIF ( TPAYR-RWBTR <> TFEBEP-KWBTR ) AND
            ( PAYR-WAERS = FEBEP-KWAER ).
*    check amount not match, don't mark it as cashed
         FEBEP-INFO1 = TEXT-010.
         FEBEP-INFO2 = PAYR-VBLNR.
     ELSE.
*    check is not voided nor cashed
         SELECT SINGLE * FROM BKPF WHERE BUKRS = FEBKO-BUKRS
                                    AND BELNR = PAYR-VBLNR
                                    AND GJAHR = PAYR-GJAHR.
       IF SY-SUBRC = 0.
         PAYR-XBANC = 'X'.
         PAYR-BANCD = FEBEP-VALUT.
         UPDATE PAYR.
         FEBEP-INFO1 = TEXT-004.
         PERFORM MOVE_BELNR_TO_XFEBCL USING 'S' PAYR-GJAHR.
FORM MOVE_BELNR_TO_XFEBCL USING KOART L_GJAHR.
                  XFEBCL-KUKEY  = FEBEP-KUKEY.
                  XFEBCL-ESNUM  = FEBEP-ESNUM.
                  XFEBCL-CSNUM  = 1.
                  XFEBCL-KOART  = KOART.
                  XFEBCL-SELFD  = 'BELNR'.
                  XFEBCL-SELVON = BKPF-BELNR.
             IF NOT L_GJAHR IS INITIAL.
```

```
                    XFEBCL-SELVON+10(4) = L_GJAHR.
                ENDIF.
              APPEND XFEBCL.
          ENDFORM.                          " MOVE_CHECK_BELNR_TO_XFEBCL


       ENDIF.
     ENDIF.
   ELSEIF SY-DBCNT GT 1.
*    check number found with several payment methods -> ERROR
     FEBEP-INFO1 = TEXT-005.
     FEBEP-INFO2 = TEXT-002.
   ELSE.
*    no check found -> no processing
     FEBEP-INFO1 = TEXT-006.
     FEBEP-INFO2 = TEXT-002.
   ENDIF.


ENDFORM.                          "SEARCH_CHECK_IN_PAYR
```

Listing 4.2 Coding zum Interpretationsalgorithmus 011

Interpretationsalgorithmus 019

Dieser Algorithmus übernimmt die Referenznummer des Zahlprogramms zur Suche nach der Zahlungsbelegnummer oder nach der Zahlauftragsnummer.

1. Diese Routine ermittelt mit der vom Zahlprogramm vergebenen eindeutigen Referenznummer die Belege eines Zahllaufs, damit sie auf dem Ausgangskonto ausgeglichen werden können.

2. Die Routine liest dann die Verwaltungsdaten aus der Tabelle REGUT und die Zahlungsbelege aus der Tabelle RFDT (Funktionsbaustein GET_DOCUMENTS).

3. Anschließend schreibt die Routine die Daten zur Kontoauszugsübernahme per Funktionsbaustein SET_STATEMENT_DATA.

Somit werden folgende Werte an die Tabelle FEBCL zurückgegeben. Feld SELFD = REFNO und Feld SELVON ist gleich dem Wert aus FEBEP-CHECKT, falls mit diesem ein Beleg gefunden wurde.

Listing 4.3 zeigt das Coding zum Interpretationsalgorithmus 019:

```
*&---------------------------------------------------------------------*
*&      Form  SEARCH_BELNR_OF_PAYM_PROG
*&---------------------------------------------------------------------*
*       Diese Routine ermittelt mit der vom Zahlprogramm
```

```
*          vergebenen eindeutigen Referenznummer die Belege
*          eines Zahllaufs, damit sie auf dem Ausgangskonto
*          ausgeglichen werden können
*-----------------------------------------------------------*
FORM SEARCH_BELNR_OF_PAYM_PROG.
  DATA: REFNO(10) TYPE N.
  CHECK NOT FEBEP-CHECT IS INITIAL.
  REFNO = FEBEP-CHECT.
  CHECK NOT REFNO IS INITIAL.
  CALL FUNCTION 'GET_DOCUMENTS'
    EXPORTING
      I_BELEGE     = 'X'
      I_REFNO      = REFNO
      I_REGUT      = SPACE
    TABLES
      TAB_BELEGE   = DTA_BELEGE
    EXCEPTIONS
      NO_DOCUMENTS = 01
      NO_REGUT     = 02
      WRONG_NUMBER = 03.

  IF SY-SUBRC = 0.
    CALL FUNCTION 'SET_STATEMENT_DATA'
      EXPORTING
        I_REFNO        = FEBEP-CHECT
      EXCEPTIONS
        NO_TABLE_ENTRY = 01
        NO_UPDATE      = 02
        WRONG_NUMBER   = 03.

    XFEBCL-KUKEY  = FEBEP-KUKEY.
    XFEBCL-ESNUM  = FEBEP-ESNUM.
    XFEBCL-CSNUM  = 1.
    XFEBCL-SELFD  = 'REFNO'.
    XFEBCL-SELVON = REFNO.
    APPEND XFEBCL.

  ENDIF.
ENDFORM.
```

Listing 4.3 Coding zum Interpretationsalgorithmus 019

Interpretationsalgorithmus 022

Dieser Algorithmus bezieht sich auf das sogenannte BZÜ-Verfahren in Deutschland (mit Belegnummer), den beleglosen Zahlschein-Überweisungsverkehr. In diesem Fall wird von einem Fakturasystem ein Überweisungsvordruck erstellt, der in der Codierzeile eine 13-stellige Nummer enthält. Diese Nummer setzt sich in der Regel aus der Belegnummer und einer Prüfziffer zusammen und hat die Form »00nnnnnnnnnnP« (»n« steht für eine beliebige Ziffer, »P« für eine Prüfziffer). Diese Nummer ist im Kontoauszug enthalten und steht entweder im Feld FEBEP-CHECT oder ist die erste Nummer im ersten Verwendungszweckfeld aus FEBRE-VWEZW.

Der Algorithmus schneidet die ersten beiden Zeichen sowie die Prüfziffer ab und interpretiert die Nummer rechtsbündig als Belegnummer. Zunächst sucht der Algorithmus nach einem Wert im Feld SCHNR (Schecknummer) der Umsatzdatei, das nach dem Einlesen im Feld FEBEP-CHECT hinterlegt ist. In diesem Fall sucht der Algorithmus 022 nach einer Übereinstimmung im Feld BKPF-BELNR und liefert im Erfolgsfall das Ergebnis FEBCL-SELFD = ›BELNR‹ sowie FEBCL-SELVON = BKPF-BELNR.

Falls das Feld SCHNR (und damit das Feld FEBEP-CHECT) nicht gefüllt ist, sucht der Algorithmus 022 ausschließlich im ersten Satz der Tabelle FEBRE-VWEZW und damit nur im ersten Verwendungszweckfeld der Umsatzdatei. Aus dem Feld FEBRE-VWEZW werden alle Zeichen, außer den Ziffern 0 bis 9, entfernt. Falls anschließend mehr als 13 Ziffern übrig bleiben, werden nur die ersten 13 Ziffern berücksichtigt. Andernfalls wird auch eine kleinere Ziffernanzahl toleriert. In beiden Fällen werden die ersten beiden und die letzte Ziffer entfernt, so dass maximal eine zehnstellige Ziffernfolge übrig bleibt, mit der wie mit einer Schecknummer verfahren wird.

Listing 4.4 zeigt das Coding zum Interpretationsalgorithmus 022:

```
*&---------------------------------------------------------*
*&      Form  GERMAN_BZUE_WITH_BELNR.
*&---------------------------------------------------------*
*Über das deutsche BZÜ-Verfahren kommt eine 13stellige    *
*prüfferngesicherte Nummer zurück.                        *
*Die Nummer steht entweder in FEBEP-
CHECT oder ist die erste *Nummer im Verwendungszweck FEBRE-
VWEZW                        *
*Diese Routine erwartet eine Belegnummer der Form         *
*00nnnnnnnnP, wobei P = Prüfziffer                        *
*---------------------------------------------------------*
FORM GERMAN_BZUE_WITH_BELNR.
  CLEAR CHECT.
  PERFORM GET_NUMBER_CHECT_OR_1ST_FEBRE  USING CHECT.
  CHECT+12(1) = SPACE.
  SHIFT CHECT LEFT BY 2 PLACES.
```

```
    SELECT * FROM BKPF WHERE BUKRS = FEBKO-BUKRS
                         AND BELNR = CHECT.
    ENDSELECT.
    IF SY-SUBRC = 0.
*-- Set account type: D (cutomer) or K (vendor) from document type
*-- If S (GL account) RFEBBU00 overwrites D or K deriving * *from the
*-- posting type of customizing (trans OT59 )
      SELECT SINGLE * FROM T003 WHERE BLART = BKPF-BLART.
      IF SY-SUBRC = 0.
        IF T003-KOARS CA 'D'.
          PERFORM MOVE_BELNR_TO_XFEBCL USING 'D' SPACE.
        ELSEIF T003-KOARS CA 'K'.
          PERFORM MOVE_BELNR_TO_XFEBCL USING 'K' SPACE.
        ELSE.
          PERFORM MOVE_BELNR_TO_XFEBCL USING 'S' SPACE.
        ENDIF.
      ELSE.
        PERFORM MOVE_BELNR_TO_XFEBCL USING 'D' SPACE.
      ENDIF.
    ENDIF.

ENDFORM.                                  "
```

Listing 4.4 Coding zum Interpretationsalgorithmus 022

Interpretationsalgorithmus 025

Dieser Interpretationsalgorithmus ist reserviert für Lastschriftrückläufer.

Der Algorithmus sucht mit der Referenzbelegnummer (XBLNR) in den Tabellen BKPF und BSEG nach Treffern. Bei Erfolg werden die Informationen in Abhängigkeit von der Kontoart weitergegeben. Bei BSEG-KOART = D wird Folgendes an die Tabelle FEBCL übergeben:

▸ KOART = D

▸ AGKON = BSEG-KUNNR

▸ SLEFD = XBLNR

▸ SELVON = BKPF-XBLNR

Bei BSEG-KOART = K wird Folgendes übergeben:

▸ KOART = K

▸ AGKON = BSEG-LIFNR

▸ SELFD = XBLNR

▸ SELVON = BKPF-XBLNR

Es wird auch überprüft, ob es sich um eine Teilzahlung handelt, und wenn ja, werden die entsprechenden Daten übergeben.

Listing 4.5 zeigt das Coding zum Interpretationsalgorithmus 025:

```
WHEN 'ILIST'.
     PERFORM SEARCH_XBLNR.
     PERFORM I-TREFFER_PROBELESEN.

FORM SEARCH_XBLNR.
   DATA: PUFFER2(910)     TYPE C.

*   TRANSLATE PUFFER TO UPPER CASE.
   PERFORM DTA_TEXT_AUFBEREITEN USING PUFFER.
   TRANSLATE PUFFER USING CONVERT2.
   CONDENSE PUFFER.
   PUFFER2 = PUFFER.
   TRANSLATE PUFFER USING CONVERT3.
   REFRESH TREFFER.

*   Mögliche XBLNR AUS DEM PUFFER IN TREFFER ABSPEICHERN
   PERFORM IS_PUFFER_IN_TFILTER.

   PUFFER = PUFFER2.
   TRANSLATE PUFFER USING CONVERT1.
   CONDENSE PUFFER.
   TRANSLATE PUFFER USING CONVERT3.

*   Mögliche XBLNRS AUS DEM PUFFER IN TREFFER ABSPEICHERN
   PERFORM IS_PUFFER_IN_TFILTER.

   PERFORM DELETE_DOUBLE_TREFFER.
ENDFORM.                   "SEARCH_XBLNR

FORM I-TREFFER_PROBELESEN.
   CLEAR TREFFER.
   LOOP AT TREFFER.
     SELECT * FROM BKPF WHERE BUKRS = FEBKO-BUKRS
                    AND BSTAT = ' '
                    AND XBLNR = TREFFER-NUMMER.

       SELECT * FROM BSEG WHERE BUKRS = BKPF-BUKRS
                      AND BELNR = BKPF-BELNR
                      AND GJAHR = BKPF-GJAHR
                      AND AUGBL = SPACE
                      AND ( KOART = 'D'
                         OR KOART = 'K' ).
```

```
*          CHECK BSEG-KOART = 'D' OR BSEG-KOART = 'K'.
*          gefunden: XBLNR in CLEARDATA
           IF BSEG-KOART = 'D'.
             CLEARDATA-KOART  = BSEG-KOART.
             CLEARDATA-AGKON  = BSEG-KUNNR.
             CLEARDATA-SELFD  = 'XBLNR'.
             CLEARDATA-SELVON = BKPF-XBLNR.
             APPEND CLEARDATA.
           ENDIF.
           IF BSEG-KOART = 'K'.
             CLEARDATA-KOART  = BSEG-KOART.
             CLEARDATA-AGKON  = BSEG-LIFNR.
             CLEARDATA-SELFD  = 'XBLNR'.
             CLEARDATA-SELVON = BKPF-XBLNR.
             APPEND CLEARDATA.
           ENDIF.
        ENDSELECT.
      ENDSELECT.
      IF SY-SUBRC NE 0.
*-------- Teilzahlung?-----------------------------------
        SELECT * FROM BKPF WHERE BUKRS = FEBKO-BUKRS
                           AND AWTYP = 'VBRK'
                           AND AWKEY = TREFFER-NUMMER.
           SELECT * FROM BSEG WHERE BUKRS = BKPF-BUKRS
                              AND BELNR = BKPF-BELNR
                              AND GJAHR = BKPF-GJAHR
                              AND AUGBL = SPACE
                              AND ( KOART = 'D'
                                  OR KOART = 'K' ).

*          CHECK BSEG-KOART = 'D' OR BSEG-KOART = 'K'.
*          gefunden: XBLNR in CLEARDATA
             IF BSEG-KOART = 'D'.
               CLEARDATA-KOART  = BSEG-KOART.
               CLEARDATA-AGKON  = BSEG-KUNNR.
               CLEARDATA-SELFD  = 'BELNR'.
               CLEARDATA-SELVON = BKPF-BELNR.
               APPEND CLEARDATA.
             ENDIF.
             IF BSEG-KOART = 'K'.
               CLEARDATA-KOART  = BSEG-KOART.
               CLEARDATA-AGKON  = BSEG-LIFNR.
               CLEARDATA-SELFD  = 'BELNR'.
               CLEARDATA-SELVON = BKPF-BELNR.
               APPEND CLEARDATA.
             ENDIF.
```

```
      ENDSELECT.
      ENDSELECT.
    ENDIF.
  ENDLOOP.
ENDFORM.
```

Listing 4.5 Coding zum Interpretationsalgorithmus 025

4.2.2 Kundeneigene Interpretationsalgorithmen

SAP hat durch ein erweitertes Konzept die Nummern für kundeneigene Customer-Exits kundeneigenen Funktionsbausteinen per Namenskonvention zugeordnet. Die Standardalgorithmen werden ebenfalls zu Funktionsbausteinen mit gleicher eindeutiger Schnittstelle umgewandelt und damit auf eine Stufe mit den Kundenalgorithmen gestellt. Damit können diese Bausteine auch außerhalb des elektronischen Kontoauszugs (z. B. bei der Avisverarbeitung) genutzt werden. Für die Umwandlung der bisherigen Interpretationsalgorithmen in Funktionsbausteine gibt es im Folgenden erste Beispiele.

[zB]

> **Umwandlung bisheriger Interpretationsalgorithmen in Funktionsbausteine**
>
> Ein solches Beispiel ist z. B. der Interpretationsalgorithmus 028 (KIDNO), der jetzt im Funktionsbaustein FIEB_028_ALGORITHM gekapselt ist. Dieser Funktionsbaustein wird nun auch in der Verarbeitung des IDoc FINSTA01 aufgerufen, so dass im Falle eines Ausgleichs über Avise aus dem Feld KIDNO (Zahlungsreferenz) auch der Debitor ermittelt werden kann. Bisher war das nicht der Fall. Als Schnittstelle für kundeneigene Funktionsbausteine sollte man den SAP-Standardfunktionsbaustein FIEB_028_ALGORITHM kopieren. Die Namenskonvention ist Z_FIEB_901_ALGORITHM für den kundeneigenen Funktionsbaustein. Diese Namenskonvention ist unbedingt einzuhalten, da ansonsten der Funktionsbaustein vom Standardprogramm nicht erkannt wird und somit auch nicht ausgeführt wird. Der vorgesehene kundeneigene Bereich 901–909 steht für den vorgesehenen Namensbereich. Z steht für den kundeneigenen Namensraum.

In der Schnittstelle wird der Verwendungszweck als Parameter i_note_to_payee mit dem Typ »String« mit <CR-LF> als Trennzeichen zwischen den einzelnen Zeichen übergeben. Um dieses Trennzeichen zu erkennen, vergleichen Sie es mit der Klassenkonstanten cl_abap_char_utilities = cr_lf.

Damit sollen Zeilenumbrüche erkennbar werden, damit man z. B. auch Nummern, die über mehrere Zeilen gehen, wieder zusammenfügen kann. Das Resultat der Interpretation wird in der Tabelle t_avip_out übergeben. Von Interesse sind hier die Felder SFELD (Name des Selektionsfeldes, also z. B.

KIDNO9), SWERT (Wert der Selektion, also z. B. 12345678) und KONTO (Konto, auf dem der offene Posten ausgeziffert werden soll).

Schließlich werden in der Tabelle t_avip_in bereits strukturiert vorhandene Informationen übergeben, die man separat auswerten kann. Das sind zurzeit KIDNO, CHECT (strukturierte Bankreferenz (Tabelle AVIP), Schecknummer) und das Resultat der Mustersuche (Feldname ist MAPRES).

Fallbeispiel – Kundennummer

Für dieses Fallbeispiel erstellen wir zuerst den Funktionsbaustein Z_FIEB_ 901_ALGORITHM. In diesem Algorithmus gehen wir davon aus, dass wir unsere Kontonummer beim Lieferanten (also unsere Kundennummer) im Feld REFE-RENZBELEGNUMMER finden.

In unserem Baustein wird über diese Kundennummer in der Tabelle LFB1 (Stammsatz) die Lieferantennummer gesucht. Mit dieser wird anschließend in der Tabelle BSIK (Offene Posten) nach entsprechenden Belegen gesucht. Diese Belege werden dann an die Tabelle FEBCL des Bankdatenspeichers übergeben. Die Weiterverarbeitung der Belege erfolgt später in der Funktionserweiterung FEB00001. Um dies zu erreichen, gehen wir wie folgt vor:

1. Zuerst wird die Transaktion SE37 aufgerufen. In Abbildung 4.3 wählen wir die Möglichkeit FUNKTIONSBAUSTEIN KOPIEREN, kopieren die Vorlage FIEB_028_ALGORITHM auf unseren Funktionsbaustein Z_FIEB_901_ ALGORITHM und geben eine entsprechende Funktionsgruppe (hier ZKARL) an, in der die Funktionsbausteine gesammelt werden. Anschließend wird der Bildschirm aus Abbildung 4.4 angezeigt.

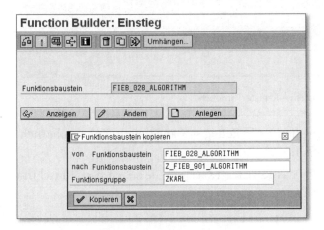

Abbildung 4.3 Einstieg – »Funktionsbaustein kopieren«

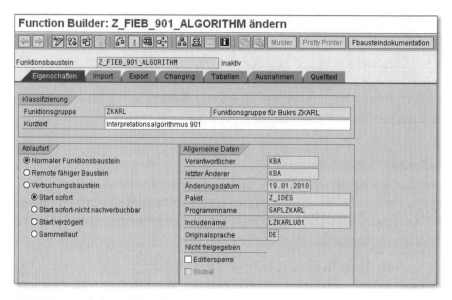

Abbildung 4.4 Funktionsbaustein – Register »Eigenschaften«

2. Nach dem Kopieren gehen wir im Änderungsmodus in das Register EIGEN-
SCHAFTEN unseres Z-Bausteins und legen dort einen passenden Kurztext
an.

3. Anschließend wechseln wir in das Register IMPORT.

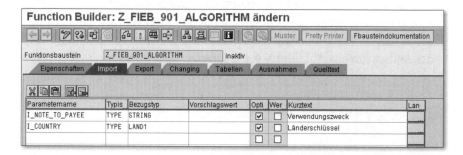

Abbildung 4.5 Funktionsbaustein – Register »Import«

Die Importparameter, die in Abbildung 4.5 angezeigt werden, übernehmen wir wie vorgegeben.

4. Danach selektieren wir das Register TABELLEN. Sie sehen den Bildschirm
aus Abbildung 4.6.

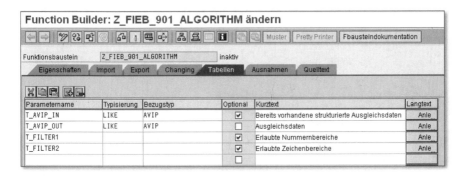

Abbildung 4.6 Funktionsbaustein – Register »Tabellen«

Die Übergabetabellen im Register TABELLEN können Sie ebenfalls übernehmen.

| **Schnittstelle nicht verändern** | **[!]** |

Aus Kompatibilitätsgründen darf die Schnittstelle des Funktionsbausteins nicht verändert werden.

5. Anschließend wählen Sie das Register QUELLTEXT und geben dort unser gewünschtes Coding ein (siehe Listing 4.6).

```
FUNCTION z_fieb_901_algorithm.
*"----------------------------------------------------------
*"*"Lokale Schnittstelle:
*"  IMPORTING
*"     REFERENCE(I_NOTE_TO_PAYEE) TYPE  STRING OPTIONAL
*"     REFERENCE(I_COUNTRY) TYPE  LAND1 OPTIONAL
*"  TABLES
*"     T_AVIP_IN STRUCTURE  AVIP OPTIONAL
*"     T_AVIP_OUT STRUCTURE  AVIP
*"     T_FILTER1 OPTIONAL
*"     T_FILTER2 OPTIONAL
*"----------------------------------------------------------
  DATA: l_note_to_payee TYPE string,
        BEGIN OF kto_tab OCCURS 0,
          eikto TYPE lfb1-eikto,
        END OF kto_tab,
        BEGIN OF res_tab OCCURS 0,
          lifnr TYPE bsik-lifnr,
          belnr TYPE bsik-belnr,
        END OF res_tab,
        lv_lifnr TYPE lfb1-lifnr,
```

```
            s_bsik TYPE STANDARD TABLE OF bsik,
            s_bsid TYPE STANDARD TABLE OF bsid,
            h_bsik TYPE bsik,
            h_bsid TYPE bsid.

    l_note_to_payee = i_note_to_payee.

    IF NOT l_note_to_payee IS INITIAL.
*reference information is free form, put it into good shape
      IF i_country = 'NO'.
        CALL FUNCTION 'FIEB_EXTRACT_MINUS_NUMBERS'
          EXPORTING
            i_note_to_payee = l_note_to_payee
          TABLES
            e_numbers       = kto_tab.
      ELSE.
        CALL FUNCTION 'FIEB_EXTRACT_NUMBERS'
          EXPORTING
            i_note_to_payee = l_note_to_payee
          TABLES
            e_numbers       = kto_tab.
      ENDIF.

    ELSE.
*reference information is already structured
      LOOP AT t_avip_in WHERE sfeld = 'XBELNR'.
        kto_tab-eikto = t_avip_in-swert.
        APPEND kto_tab.
      ENDLOOP.
    ENDIF.                  "structured or unstructured reference

    REFRESH t_avip_out.

    LOOP AT kto_tab.
      CLEAR lv_lifnr.
      SELECT lifnr FROM lfb1 INTO lv_lifnr
              WHERE eikto = kto_tab-eikto.
        IF sy-subrc = 0.
          SELECT lifnr belnr FROM bsik INTO (res_tab-lifnr,     res_
tab-belnr)
                  WHERE lifnr EQ lv_lifnr.
            IF sy-subrc = 0.
              APPEND res_tab.
            ENDIF.
          ENDSELECT.
```

```
      ENDIF.
    ENDSELECT.
  ENDLOOP.

  LOOP AT res_tab.
    t_avip_out-koart  = 'K'.
    t_avip_out-konto  = res_tab-lifnr.
    t_avip_out-sfeld  = 'BELNR'.
    t_avip_out-swert = res_tab-belnr.
    APPEND t_avip_out.
  ENDLOOP.

ENDFUNCTION.
```

Listing 4.6 Coding Funktionsbaustein »Z_FIEB_901_ALGORITHM«

Fallbeispiel – Reparaturrechnung

Für das nächste Fallbeispiel erstellen wir den Funktionsbaustein Z_FIEB_902_ ALGORITHM. In diesem Algorithmus wird nach einer Reparaturrechnungsnummer gesucht; es wird davon ausgegangen, dass die Reparaturnummern mit ihrem Präfix 12R oder 13R angegeben werden, in der anschließenden laufenden Nummer die führenden Nullen aber abgeschnitten werden.

Die Routine füllt nun die führenden Nullen wieder auf und verknüpft diese dann mit dem Präfix; danach wird in den Tabellen BKPF und BSEG nach einer passenden Referenzbelegnummer gesucht und die dabei gefundene Belegnummer weitergegeben. Die Übergabe an die Tabelle FEBCL enthält dabei neben der Belegnummer auch die Kontoart und abhängig von dieser entweder das Feld BSEG-KUNNR oder das Feld BSEG-LIFNR.

1. Wir kopieren zunächst wieder den Standardfunktionsbaustein FIEB_028_ ALGORITHM.

2. Anschließend können wir in unserem angelegten Z-Baustein wieder die Eigenschaften anpassen. Den dazugehörenden Screen finden Sie in Abbildung 4.7.

3. Die Importparameter (Register IMPORT, siehe Abbildung 4.8) werden wieder unverändert übernommen. Dies gilt auch für die Übergabetabellen (Register TABELLEN, siehe Abbildung 4.9).

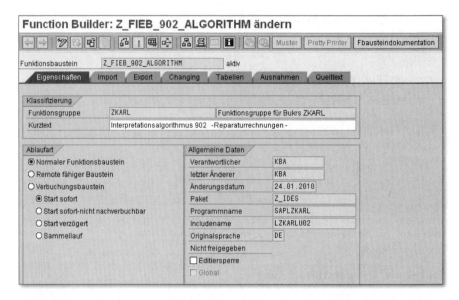

Abbildung 4.7 Funktionsbaustein »Z_FIEB_902_ALGORITHM« – Register »Eigenschaften«

Abbildung 4.8 Funktionsbaustein »Z_FIEB_902_ALGORITHM« – Register »Import«

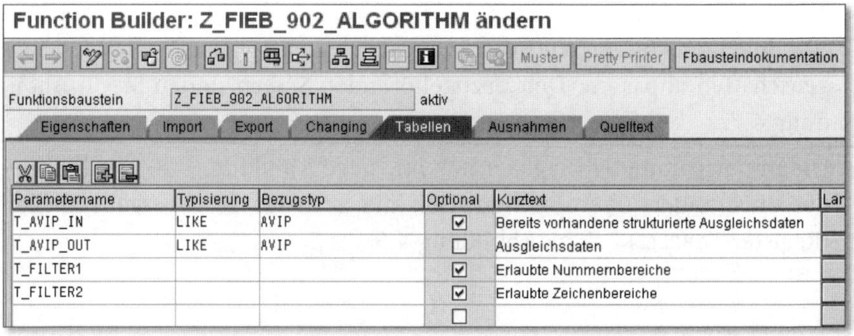

Function Builder: Z_FIEB_902_ALGORITHM ändern

Funktionsbaustein Z_FIEB_902_ALGORITHM aktiv

Eigenschaften Import Export Changing Tabellen Ausnahmen Quelltext

Parametername	Typisierung	Bezugstyp	Optional	Kurztext	Lan
T_AVIP_IN	LIKE	AVIP	☑	Bereits vorhandene strukturierte Ausgleichsdaten	
T_AVIP_OUT	LIKE	AVIP	☐	Ausgleichsdaten	
T_FILTER1			☑	Erlaubte Nummernbereiche	
T_FILTER2			☑	Erlaubte Zeichenbereiche	
			☐		

Abbildung 4.9 Funktionsbaustein »Z_FIEB_902_ALGORITHM« – Register »Tabellen«

4. Abschließend kann im Register Quelltext das Coding hinterlegt werden (siehe Listing 4.7):

```
FUNCTION z_fieb_902_algorithm.
*"----------------------------------------------------------------
*"*"Lokale Schnittstelle:
*"  IMPORTING
*"     REFERENCE(I_NOTE_TO_PAYEE) TYPE  STRING OPTIONAL
*"     REFERENCE(I_COUNTRY) TYPE  LAND1 OPTIONAL
*"  TABLES
*"     T_AVIP_IN STRUCTURE  AVIP OPTIONAL
*"     T_AVIP_OUT STRUCTURE  AVIP
*"     T_FILTER1 OPTIONAL
*"     T_FILTER2 OPTIONAL
*"----------------------------------------------------------------
  DATA: l_note_to_payee TYPE string,
        BEGIN OF xblnr_tab OCCURS 10,
          nummer LIKE bkpf-xblnr,
        END OF xblnr_tab,
        s_bkpf TYPE bkpf,
        s_bseg TYPE bseg,
        lv_prefix(3) TYPE c,
        lv_num(7) TYPE c,
        lv_length TYPE i,
        lc_length TYPE i VALUE '7',
        lv_zero TYPE i,
        lv_xblnr TYPE bkpf-xblnr,
        lv_lnum(7) TYPE c,
        nummer TYPE bkpf-xblnr.

  l_note_to_payee = i_note_to_payee.

  IF NOT l_note_to_payee IS INITIAL.
*reference information is free form, put it into good shape

    CALL FUNCTION 'FIEB_EXTRACT_CHARACTERS'
      EXPORTING
        i_note_to_payee = l_note_to_payee
      TABLES
        e_characters    = xblnr_tab.
  ELSE.
*reference information is already structured
    LOOP AT t_avip_in WHERE sfeld = 'XBLNR'.
      xblnr_tab-nummer = t_avip_in-swert.
      APPEND xblnr_tab.
    ENDLOOP.
```

```
    ENDIF.                  "structured or unstructured reference

  REFRESH t_avip_out.
  LOOP AT xblnr_tab.

    nummer = xblnr_tab-nummer.

    lv_prefix = nummer+0(3).
    lv_num = nummer+3(7).
    IF lv_prefix = '12R' OR lv_prefix = '13R'.
      IF lv_num CO ' 1234567890'.
        lv_length = STRLEN( lv_num ).
        lv_zero = lc_length - lv_length.
        DO lv_zero TIMES.
          CONCATENATE '0' lv_lnum INTO lv_lnum.
        ENDDO.
        CONCATENATE lv_prefix lv_lnum lv_num INTO lv_xblnr.
        CONDENSE lv_xblnr.

* nach passender XBLNR in Belegen suchen
    SELECT * FROM bkpf INTO s_bkpf WHERE bstat = ' '
                        AND xblnr = lv_xblnr.
      SELECT * FROM bseg INTO s_bseg WHERE bukrs = s_bkpf-bukrs
                      AND belnr = s_bkpf-belnr
                      AND gjahr = s_bkpf-gjahr
                      AND augbl = space
                      AND ( koart = 'D'
                          OR koart = 'K' ).

*         CHECK BSEG-KOART = 'D' OR BSEG-KOART = 'K'.
*         gefunden: XBLNR in t_avip_out
          IF s_bseg-koart = 'D'.
            t_avip_out-koart   = s_bseg-koart.
            t_avip_out-konto   = s_bseg-kunnr.
            t_avip_out-sfeld   = 'BELNR'.
            t_avip_out-swert = s_bkpf-belnr.
            APPEND t_avip_out.
          ENDIF.
          IF s_bseg-koart = 'K'.
            t_avip_out-koart   = s_bseg-koart.
            t_avip_out-konto   = s_bseg-lifnr.
            t_avip_out-sfeld   = 'BELNR'.
            t_avip_out-swert = s_bkpf-belnr.
            APPEND t_avip_out.
          ENDIF.
        ENDSELECT.
```

```
       ENDSELECT.
       IF sy-subrc NE 0.
*          Es wurden keine Daten in t_avip_out aufgenommen
         ENDIF.
       ENDIF.
     ENDIF.

     ENDLOOP.

ENDFUNCTION.
```

Listing 4.7 Coding Funktionsbaustein »Z_FIEB_902_ALGORITHM«

4.3 Erweiterungsoptionen

Im Laufe der verschiedenen Releases haben sich die Erweiterungsoptionen verändert – es wurden immer neue Möglichkeiten geschaffen. Hier erhalten Sie nun einen Überblick über diese Möglichkeiten.

4.3.1 Allgemeine Informationen zu Business Transaction Events

Zur Anbindung von Zusatzkomponenten (z. B. in Form von eigenentwickelten Funktionsbausteinen oder eines Nicht-SAP-Produkts) an das Standardsystem gibt es hier zwei Arten von Schnittstellen.

▶ **Publish & Subscribe-Schnittstellen (informierende Schnittstellen)**
Diese Schnittstellen sollen darüber informieren, dass bestimmte Ereignisse (z. B. die Erfassung eines Belegs) in der SAP-Standardanwendung stattgefunden haben, und die dadurch erzeugten Daten der externen Software verfügbar machen. Die externe Software gibt dem SAP-Standardsystem keine Daten zurück. Solche Ereignisse im Standardsystem sind beispielsweise folgende:

▷ Ein Stammsatz wurde angelegt, geändert oder gesperrt.

▷ Ein Beleg wurde erfasst, vorerfasst, geändert oder storniert.

▷ Ein Ausgleich wurde vorgenommen oder zurückgenommen.

Aufgrund dieser Ereignisse und der Daten können weitere Verarbeitungen in der Zusatzkomponente verursacht werden, etwa die folgenden:

▷ Starten eines Workflows

▷ Erzeugung oder Änderung von zusätzlichen Daten

▷ Anfordern von Korrespondenz

5. **Die Prozess-Schnittstellen (Prozess)**

Prozess-Schnittstellen dienen dazu, Geschäftsprozesse einer anderen Steuerung zu unterwerfen, die mit dem Standardsystem nicht zu realisieren sind, d.h., Prozess-Schnittstellen ersetzen Standardprozesse. Sie können dabei die Bestimmung einzelner Feldinhalte bzw. spezifische Reaktionen auf Abläufe individuell gestalten. Es ist auch möglich, verschiedene externe Entwicklungen an das SAP-Standardsystem anzubinden. Auf diese Weise können Sie beispielsweise die Steuerung des Zahlungsverkehrs beeinflussen. Die Auswahl von Zahlweg, Hausbank und Partnerbanken kann anhand der Zahlungsdaten (Währung, Betrag und Zahlungsempfänger) gemäß einer von Ihnen definierten Auswahllogik vorgenommen werden.

Im SAP-System werden Musterbausteine ausgeliefert, die Sie in Ihren Namensraum kopieren und dort mit eigenem Quellcode füllen können.

Mit Einführung der Transaktion FEBAN oder auch FEBA für die Nachbearbeitung des Kontoauszugs gibt es folgende Open FI-Zeitpunkte (vorbereitete Funktionsbausteine):

▶ **2830 Prozess**
Dieser Zeitpunkt ermöglicht die anwendungsspezifische Darstellung im Subscreen.

▶ **2830 P/S**
Dieser Zeitpunkt ermöglicht die Übergabe des OK-Codes an den Anwendungs-Subscreen.

▶ **2840 P/S**
Dieser Zeitpunkt ermöglicht die anwendungsspezifische Darstellung im Subscreen, die aber nicht positionsbezogen ist und die im Unterschied zum 2830er-Zeitpunkt auch nicht die Standardeinstellung ausschaltet. Hier können bis zu fünf Subscreens einbezogen werden.

▶ **2850 P/S und Prozess**
Dieser Zeitpunkt ermöglicht die Automatisierung beim Ändern des Bankdatenspeichers in der Nachbearbeitung. Damit kann man z.B. das immer gleiche Füllen bestimmter Felder in der Nachbearbeitung automatisieren: Ändert man ein Feld im Bankdatenspeicher, werden andere Felder automatisch mitgeändert.

▶ **2860 Prozess**
Dieser Zeitpunkt ermöglicht eine dritte Buchung (außer beim Buchungsbereich 1 und 2), die nur in der Nachbearbeitung möglich ist. Führt man diese aus, sollte man den gebuchten Beleg (Feld FEBEP-SDOC2) in der

Nachbearbeitung auch anzeigbar machen. Dazu eignet sich der Zeitpunkt 2830 (siehe oben).

▶ **2870 Prozess**
Dieser Zeitpunkt ermöglicht das Ersetzen der Baum- bzw. Listdarstellung in der Nachbearbeitung. Sie können auch nur eine von beiden Darstellungen durch eine eigene Darstellungsweise ersetzen.

▶ **2880 P/S und Prozess**
Dieser Zeitpunkt ermöglicht das Ersetzen der Selektionsmaske durch einen eigenen Selektionsbildschirm.

4.3.2 Release 4.5B – Open FI-Bausteine

Ab Release 4.5B gibt es die Möglichkeit, Open FI-Bausteine für die Zeitpunkte 2810 und 2820 zu implementieren. Allgemeine Informationen zur Open FI/BTE-Funktionalität (BTE = *Business Transaction Events*) finden Sie im Customizing über den Menüpfad Finanzwesen • Grundeinstellungen Finanzwesen • Business Transaction Events. Für die Zeitpunkte im Kontoauszug gehen Sie auf Umfeld • Infosystem (P/S) bzw. Umfeld • Infosystem (Prozesse) und geben jeweils die Schnittstellen 00002810 und 00002820 ein. Sie werden dann den Musterfunktionsbaustein und die Dokumentation zur jeweiligen Schnittstelle sehen. Es folgt eine kurze Zusammenfassung der Funktionalität:

▶ **Publish & Subscribe-Schnittstelle 2810**
Die *Publish & Subscribe-Schnittstelle 2810* dient zur Registrierung eines Einzelpostens für die Verarbeitung durch die jeweilige Anwendung. Bitte beachten Sie hier insbesondere, dass man für die Registrierung (unter Einstellungen • P/S Bausteine) einer SAP-Anwendung (bzw. eines Partners oder eines Kunden) neben dem Funktionsbaustein auch eine Applikation hinterlegen muss. Als Standardapplikation kann man hier einfach FI-BA (Bank Accounting) wählen. Ebenso kann man entscheiden, ob die Standardbuchung für den Einzelposten unterdrückt werden soll. Der entsprechende Funktionsbaustein wird vor den Interpretationsalgorithmen und dem Suchmuster aufgerufen.

▶ **Prozess-Schnittstelle 2820**
Mit Hilfe der *Prozess-Schnittstelle 2820* lassen sich Kontoauszugsdaten ändern. Der entsprechende Baustein wird unmittelbar nach dem *Public & Subscribe Baustein 2810* aufgerufen (also auch vor dem Suchmuster und den Interpretationsalgorithmen). Hier kann man wie im BAdI `FIEB_ CHANGE_BS_DATA` den Bankdatenspeicher verändern.

Der Funktionsbaustein wird nur aufgerufen, falls man den *P/S-Baustein 2810* (*P/S = Publish & Subscribe*) implementiert hat und dieser sich für den Einzelsatz registriert hat.

► **Prozess-Schnittstelle 2810**
Die *Prozess-Schnittstelle 2810* dient zur Verbuchung eines Umsatzes. Der Baustein wird im Buchungsreport RFEBBU00 aufgerufen, falls sich der *P/S-Baustein 2810* für diesen Umsatz registriert hat.

► **Publish & Subscribe-Schnittstelle 2820**
Die *Publish & Subscribe-Schnittstelle 2820* dient zur Anzeige der im Prozess 2810 gebuchten Belege in der Nachbearbeitung. Der Funktionsbaustein wird beim Anzeigen eines Einzelpostens in der Nachbearbeitungstransaktion (FEBAN) beim Betätigen des Buttons BELEG aufgerufen.

4.3.3   Release 4.6B – Suchmuster

Ab Release 4.6B wird die Suchmusterfunktion angeboten, bei der man durch reines Customizing den Verwendungszweck durchsuchen kann. Ab Release 4.6C kann man auch den Bankdatenspeicher verändern, so dass in vielen Fällen Customer-Exits überflüssig wurden. Diese Funktionalität wird ausführlich in Kapitel 3, »Customizing«, erläutert.

4.3.4   Release 4.70 – Business Add-Ins

Ab Release 4.70 gibt es diverse Business Add-Ins (BAdIs), u. a. mit dem Definitionsnamen FIEB_CHANGE_BS_DATA, der vor den Interpretationsalgorithmen und vor dem Suchmuster im Programm RFEBBU10 aufgerufen wird. Das BAdI dient zum Ändern des Bankdatenspeichers vor der Standardinterpretation des Verwendungszwecks. Sowie das BAdI FIEB_CHANGE_STATEMNT, das am Ende des Programms RFEBBU10 aufgerufen wird und mit dem man alle Einzelposten auf einmal interpretieren kann.

Ebenfalls ab Release 4.70 gibt es zwei Business Add-Ins für die Rücklastschriften-Verarbeitung: das BAdI FIEB_RETURNS_ADDIN und das BAdI FIEB_RET_CHANGE_DOC.

BAdI »FIEB_RETURNS_ADDIN«

Das erste BAdI hat den Definitionsnamen FIEB_RETURNS_ADDIN und ist dazu da, Gebühren aus dem Verwendungszweck auszulesen. Im Customizing des Kontoauszugs finden Sie im Punkt BAdI: VERARBEITUNG VON RÜCKLÄUFERN die Dokumentation dieses BAdI. Von dort aus können Sie auch direkt in den BAdI-Builder springen.

Mit diesem BAdI können Sie die Verarbeitung von Rückläufern steuern. Anhand der Kontoauszugsdaten – Importparameter I_FEBKO (Kopfdaten), I_FEBEP (Einzelposten) und der Tabelle T_FEBRE (Verwendungszweck) – können Sie entscheiden, ob ein Einzelposten ein Rückläufer ist und ob Bankgebühren enthalten sind. Sie können dazu den Rückläufergrund und die Gebühren im Verwendungszweck suchen.

Gehen Sie dazu folgendermaßen vor:

1. Nach dem Aufrufen der IMG-Aktivität gelangen Sie zunächst zu einem Dialogfenster, in dem Sie einen Namen für die Implementierung eingeben.

2. Falls bereits Implementierungen zu diesem BAdI angelegt wurden, gelangen Sie zu einem Dialogfenster, in dem die existierenden Implementierungen angezeigt werden.

3. Wählen Sie in diesem Dialogfenster die Option ANLEGEN, und fahren Sie fort. Die einzelnen Schritte zum Implementieren eines BAdI werden anhand des Beispiel-BAdI FEB_BADI aufgezeigt (siehe das Fallbeispiel zum BAdI FEB_BADI in diesem Abschnitt).

Um Beispiel-Coding anzuzeigen, wählen Sie SPRINGEN • BEISPIEL-CODING • ANZEIGEN. Wenn das Standardprogramm einen Rückläufergrund findet, werden im Beispiel-Coding nur die Gebühren im Verwendungszweck gesucht. Wenn das Standardprogramm keinen Rückläufergrund findet, wird im Beispiel-Coding auch der Rückläufergrund im Verwendungszweck gesucht.

BAdI »FIEB_RET_CHANGE_DOC«

Das zweite BAdI hat den Definitionsnamen FIEB_RET_CHANGE_DOC. Mit diesem BAdI können Sie bei der Verarbeitung von Rückläufern die Änderung der Belegzeile, die nach Rücknahme des Ausgleichs wieder offen ist, steuern (siehe SAP-Hinweis 576768). Die zu ändernde Belegzeile wird mit den Importparametern I_BUKRS (Buchungskreis), I_GJAHR (Geschäftsjahr), I_BELNR (Belegnummer) und I_BUZEI (Buchungszeile) übergeben. Zusätzlich werden die Kontoauszugsdaten (I_FEBKO; I_FEBEP und die Tabelle T_FEBRE übergeben.

Die Changing-Tabelle T_BDCDATA ist schon mit Daten gefüllt, falls im Rückläufer-Customizing die Änderung eines der Felder ZAHLSPERRE, MAHNSPERRE oder ZAHLWEG eingestellt ist. Falls nicht, ist diese Tabelle leer. Um nun die Belegänderung zu beeinflussen, müssen Sie die Tabelle T_BDCDATA verändern: Sie hat die Dictionary-Struktur BDCDATA (siehe Abbildung 4.10) und wird später vom aufrufenden Programm zur Belegänderung über die Technik `call transaction fb09 using t_bdcdata` genutzt, falls der Kontoauszug sofort gebucht wird. Falls eine Batch-Input-Mappe erzeugt wird, wird folgende Technik genutzt (siehe Listing 4.8):

```
Call function `BDC_INSERT`exporting tcode = fb09
      Tables dynprotab = t_bdcdata.
```

Listing 4.8 Aufruf der Transaktion über Batch-Input

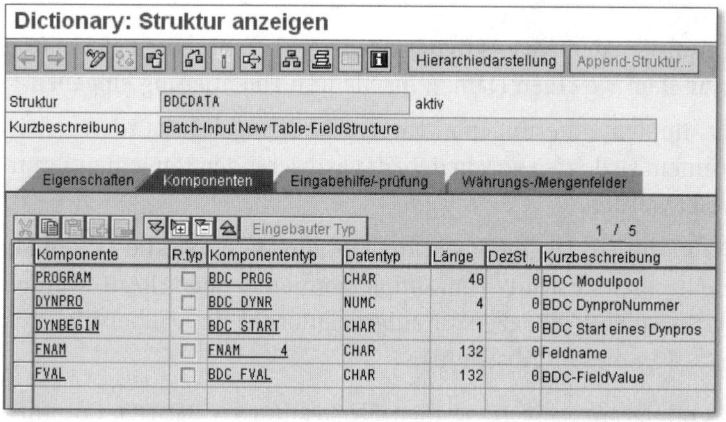

Abbildung 4.10 Dictionary-Struktur BDCDATA

BAdI »FEB_BADI«

Ab Release 4.70 gibt es ein BAdI mit dem Definitionsnamen FEB_BADI, das kurz vor den Standardbuchungen im Programm RFEBBU00 aufgerufen wird. Sie können hiermit den Ablauf der Standardbuchung verändern oder zusätzliche Kontierungen vornehmen, indem Sie die Tabellen, die der Buchungsschnittstelle übergeben werden (FTPOST, FTCLEAR), ändern.

Gehen Sie hierzu folgendermaßen vor:

1. Legen Sie die Erweiterung an, und implementieren Sie die Methode CHANGE_POSTING_DATA. Beim Aktivieren des BAdI erhalten Sie die Meldung, dass bereits eine aktive Implementierung dieses BAdI existiert.

[+]

Branchenlösung »SAP for Public Sector«

Falls Sie die Branchenlösung SAP for Public Sector nicht nutzen, können Sie das aktive BAdI des Bereichs IBS_PS bedenkenlos deaktivieren und Ihre eigene Implementierung aktivieren.

2. In der Transaktion SE19 lassen Sie sich die Implementierung IBS_PS anzeigen, hierbei handelt es sich um ein sogenanntes *klassisches* BAdI.

3. Nach Aufruf der Transaktion SE19 wird der Screen aus Abbildung 4.11 angezeigt.

Abbildung 4.11 BAdI »FEB_BADI« – standardmäßig vorhandene Implementierung

4. Nach Eingabe des Implementierungsnamens gelangen Sie mit Hilfe des Buttons ANZEIGEN zum Screen, der in Abbildung 4.12 zu sehen ist.

Abbildung 4.12 Vorhandene Implementierung deaktivieren

Dort können Sie diese Implementierung mit Hilfe des Buttons DEAKTIVIEREN bzw. der Tastenkombination [STRG] + [F4] deaktivieren, bevor Sie eine eigene Implementierung anlegen.

Fallbeispiel zum BAdI »FEB_BADI«

Im BAdI FEB_BADI soll unter bestimmten Voraussetzungen eine zusätzliche Buchungszeile erzeugt werden.

Bevor der entsprechende Posten in unserer BAdI-Implementierung ankommt, durchläuft er den Standard-Interpretationsalgorithmus *021 Referenzbelegnummernsuche*. In der Tabelle FEBCL sind also die erwarteten Einträge vorhanden.

Im BAdI soll eine zusätzliche Buchung erzeugt werden, wenn bei Auslandsüberweisungen im Verwendungszweck eine Bankgebühr auftaucht, die die Bank vom Originalbetrag abgezogen hat. Zunächst muss hierbei festgelegt werden, wann das BAdI durchlaufen werden soll. Hier ist dies der Fall, wenn das Feld IKOFI-ATTR2 = 8 ist (IKOFI = interne Übergabestruktur der automatischen Kontenfindung). Zur Sicherheit fragen wir noch den externen Geschäftsvorfallcode ab, der im Falle einer Auslandsüberweisung 206 ist.

Wir gehen nun folgendermaßen vor:

1. Wir suchen in den Verwendungszweckzeilen nach dem Kürzel »Geb.«, das die Bank mitgibt; dann suchen wir die tatsächliche Gebühr; anschließend ermitteln wir den Originalbetrag des entsprechenden Belegs.

2. Nachdem wir die Gebühr mit dem Betrag aus dem Einzelposten (FEBEP) addiert haben, vergleichen wir ihn mit dem Originalbetrag.

3. Stimmen diese Beträge überein, können wir fortfahren.

4. In der Tabelle FTPOST sind die für die Buchung zu füllenden Dynpro-Felder enthalten. Wir suchen die Übergabe des Betrages und ändern diesen auf den Originalbetrag.

5. Danach fügen wir die zusätzliche Buchung ein, indem wir die Tabelle FTPOST um die entsprechenden Einträge erweitern. In diesem Fall handelt es sich um die Dynpro-Felder BSEG-BSCHL, BSEG-HKONT, BSEG-WRBTR, BSEG-ZUONR und BSEG-SGTXT.

Kommen wir nun zu einer beispielhaften Implementierung des BAdI FEB_BADI:

1. Wählen Sie den Menüpfad WERKZEUGE • ABAP WORKBENCH • HILFSMITTEL • BUSINESS ADD-INS • SE19 – IMPLEMENTIERUNG (siehe Abbildung 4.13). Es erscheint die Darstellung aus Abbildung 4.14.

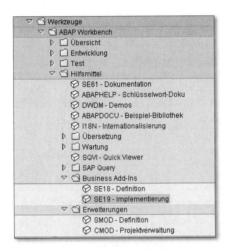

Abbildung 4.13 Einstieg BAdI-Builder – Transaktion SE19

Abbildung 4.14 BAdI-Builder – »Einstieg Implementierungen«

2. Geben Sie im Dialogfenster im Feld IMPLEMENTIERUNG einen Namen für die Implementierung des BAdI ein, und wählen Sie danach den Button

IMPL. ANLEGEN. Sie gelangen zum Einstiegsbild für das Anlegen von BAdI-Implementierungen, das in Abbildung 4.15 zu sehen ist.

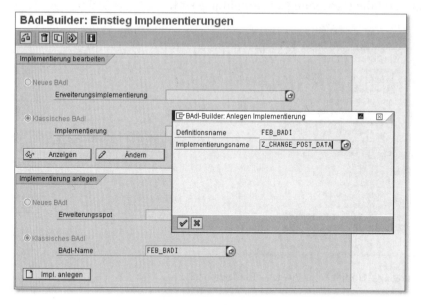

Abbildung 4.15 Implementierung anlegen

3. Geben Sie im Dialogfenster aus Abbildung 4.15 im Feld KURZTEXT ZUR IMPLEMENTIERUNG einen Kurztext für die Implementierung an. Wählen Sie WEITER ✓. Sie gelangen zum Bildschirm aus Abbildung 4.16.

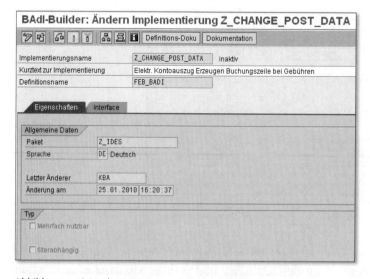

Abbildung 4.16 Implementierung – Register »Eigenschaften«

4. Wechseln Sie in das Register INTERFACE (siehe Abbildung 4.17). In diesem Register ist das Feld NAME DER IMPLEMENTIERENDEN KLASSE automatisch gefüllt, da das System aufgrund des Namens Ihrer Implementierung einen Klassennamen vergibt.

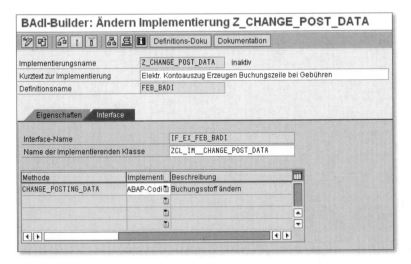

Abbildung 4.17 BAdI-Builder – Register »Interface«

5. Sichern Sie Ihre Eingaben, und nehmen Sie die Zuordnung zu einer Entwicklungsklasse vor.

6. Positionieren Sie den Cursor jeweils auf der Methode, und verzweigen Sie per Doppelklick in die Methodenbearbeitung. Sie gelangen zur Darstellung aus Abbildung 4.18.

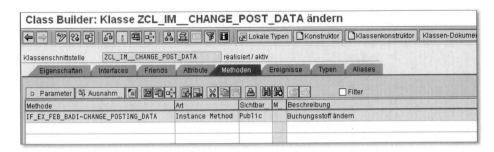

Abbildung 4.18 Implementierende Klasse

7. Wechseln Sie in das Register METHODEN, und lassen Sie sich die Parameter anzeigen. Sie sehen den Screen aus Abbildung 4.19.

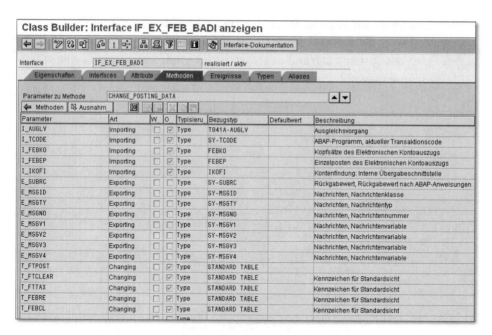

Abbildung 4.19 Parameter der Methode »CHANGE_POSTING_DATA«

8. Geben Sie zwischen den Anweisungen `method <Interface-Name>~<Name der Methode>` und `endmethod` das von Ihnen gewünschte Coding zur Implementierung ein. Listing 4.9 zeigt ein Beispiel-Coding:

```
METHOD if_ex_feb_badi~change_posting_data.
DATA:    count            TYPE count_pi,
         wa_ftpost        TYPE ftpost,
         r_ftpost         TYPE REF TO ftpost,
         r_febre          TYPE REF TO febre,
         r_febcl          TYPE REF TO febcl,
         lv_betrag        TYPE febep-kwbtr,
         lv_vwezw         TYPE febre-vwezw,
         lv_geb           TYPE febep-kwbtr,
         lv_geb_c         TYPE ftpost-fval,
         lv_betrag_c      TYPE ftpost-fval,
         lv_kwbtr         TYPE febep-kwbtr,
         lv_moff          TYPE i,
         lv_lin           TYPE i.

CLEAR: lv_vwezw, lv_betrag, lv_betrag_c, lv_geb, lv_geb_c.

IF i_ikofi-attr2 = '8'.
  IF i_febep-vgext = '206'.
```

```
DESCRIBE TABLE t_ftpost LINES lv_lin.
IF lv_lin > '14'.

  LOOP AT t_febre REFERENCE INTO r_febre .
    IF r_febre->*-vwezw CS 'Geb.'.
      MOVE r_febre->*-vwezw TO lv_vwezw.
    ENDIF.
  ENDLOOP.

  IF lv_vwezw IS NOT INITIAL.

    FIND 'Geb.' IN lv_vwezw MATCH OFFSET lv_moff.
    lv_moff = lv_moff + 4.
    REPLACE ALL OCCURRENCES OF ',' IN lv_vwezw WITH '.'.
    MOVE lv_vwezw+lv_moff TO lv_geb.

    LOOP AT t_febcl REFERENCE INTO r_febcl.
      SELECT wrbtr FROM bsid INTO lv_betrag
        WHERE kunnr = r_febcl->*-agkon
        AND   xblnr = r_febcl->*-selvon.
      ENDSELECT.
    ENDLOOP.

    lv_kwbtr = i_febep-kwbtr + lv_geb.
    IF lv_betrag = lv_kwbtr.

      MOVE lv_betrag TO lv_betrag_c.
      MOVE lv_geb TO lv_geb_c.
      REPLACE ALL OCCURRENCES OF '.'  IN lv_betrag_c WITH ','.
      REPLACE ALL OCCURRENCES OF '.'  IN lv_geb_c WITH ','.
      SHIFT lv_betrag_c LEFT DELETING LEADING space.
      SHIFT lv_geb_c LEFT DELETING LEADING space.

      LOOP AT t_ftpost REFERENCE INTO r_ftpost.
        IF r_ftpost->*-stype = 'P'
          AND r_ftpost->*-count = '002'
          AND r_ftpost->*-fnam = 'BSEG-WRBTR'.

          wa_ftpost-stype = 'P'.
          wa_ftpost-count = '002'.
          wa_ftpost-fnam = 'BSEG-WRBTR'.
          wa_ftpost-fval = lv_betrag_c.
          MODIFY t_ftpost FROM wa_ftpost.
        ENDIF.
      ENDLOOP.

      CLEAR wa_ftpost.
```

```
          wa_ftpost-stype = 'P'.
          wa_ftpost-count = '003'.
          wa_ftpost-fnam  = 'BSEG-BSCHL'.
          wa_ftpost-fval  = '40'.
          APPEND wa_ftpost TO t_ftpost.

          CLEAR wa_ftpost.
          wa_ftpost-stype = 'P'.
          wa_ftpost-count = '003'.
          wa_ftpost-fnam  = 'BSEG-HKONT'.
          wa_ftpost-fval  = '479000'.
          APPEND wa_ftpost TO t_ftpost.

          CLEAR wa_ftpost.
          wa_ftpost-stype = 'P'.
          wa_ftpost-count = '003'.
          wa_ftpost-fnam  = 'BSEG-WRBTR'.
          wa_ftpost-fval  = lv_geb_c.
          APPEND wa_ftpost TO t_ftpost.

          CLEAR wa_ftpost.
          wa_ftpost-stype = 'P'.
          wa_ftpost-count = '003'.
          wa_ftpost-fnam  = 'BSEG-ZUONR'.
          wa_ftpost-fval  = i_febep-zuonr.
          APPEND wa_ftpost TO t_ftpost.

          CLEAR wa_ftpost.
          wa_ftpost-stype = 'P'.
          wa_ftpost-count = '003'.
          wa_ftpost-fnam  = 'BSEG-SGTXT'.
          wa_ftpost-fval  = i_febep-sgtxt.
          APPEND wa_ftpost TO t_ftpost.

        ENDIF.
      ENDIF.
    ENDIF.
  ENDIF.
ENDIF.

ENDMETHOD.
```

Listing 4.9 Coding zur Implementierung des BAdIs »FEB_BADI«

9. Sichern und aktivieren Sie anschließend Ihr Coding, und navigieren Sie zurück zum Screen ÄNDERN IMPLEMENTIERUNG (siehe Abbildung 4.16). Sichern Sie Ihre Änderungen.

[+]

Implementierung anlegen und später aktivieren

Es ist ebenfalls möglich, für ein BAdI zunächst eine Implementierung anzulegen und diese später zu aktivieren. In diesem Fall schließen Sie die Bearbeitung zum jetzigen Zeitpunkt ab.

10. Wählen Sie das Icon AKTIVIEREN 🔧. Bei der Ausführung des Anwendungsprogramms wird jetzt das von Ihnen in der Methode hinterlegte Coding durchlaufen.

4.3.5 Formatspezifische Erweiterungsmöglichkeiten

Neben diesen Erweiterungen gibt es noch einige formatspezifische Erweiterungen.

Um diese zu nutzen, gehen Sie im Customizing des Kontoauszugs auf den Punkt ERWEITERUNGEN FÜR EL. KONTOAUSZUG ENTWICKELN (FORMATSPEZ.). Im IMG finden Sie diesen Arbeitsschritt unter IMG: FINANZWESEN • BANKBUCHHALTUNG • GESCHÄFTSVORFÄLLE • ZAHLUNGSVERKEHR • ELEKTRONISCHER KONTOAUSZUG • ERWEITERUNGEN FÜR EL. KONTOAUSZUG ENTWICKELN (FORMATSPEZ.).

Exit »FEB00002«

Der Exit FEB00002 wird bei der Konvertierung des belgischen Coda-Formats in das MultiCash-Format im Programm RFEBBE00 aufgerufen. Mit diesem Customer-Exit können folgende Daten der MultiCash-Datei im Programm RFEBBE00 geändert werden:

▶ Die Referenzdaten (Verwendungszwecke), die im Standardreport nur aus der CODA Records (belgisches Format) von Typ 2 übergeben werden, können im Customer-Exit auch aus den CODA-Informationsrecords von Typ 3 und 4 geholt werden. Mögliche Verwendungen sind:

 ▷ Analyse der strukturierten Mitteilungen

 ▷ Analyse der Bankreferenzdaten

 ▷ eigene Aufbereitung der Referenzdaten

▶ Die Bankdaten des Geschäftspartners können auf Basis der Adressdaten des Geschäftspartners geändert oder gesetzt werden.

Pro Aufruf des Customer-Exits werden die folgenden Daten übergeben:

▶ eine Tabelle mit den Referenzdaten

▶ eine Variable mit dem Wert der Anzahl der Einträge in der Referenzdatentabelle, die in die MultiCash-Datei übernommen werden können

- die Bankdaten (wie der Standardreport sie aufbereitet hat)
- CODA Records von Typ 1 (Bankkonto- und Auszugsidentifikationsdaten), Typ 2 (Banktransaktionsdaten), Typ 3 und 4 (Informationsdaten zum Records von Typ 2)

Exit »FEB00003«

Der Exit FEB00003 wird beim Einlesen des finnischen TITO-Formats im Programm RFEBFI20 aufgerufen.

Exit »FEB00004«

Der Exit FEB00004 wird beim Einlesen des Formats SWIFT MT940 im Programm RFEKA400 aufgerufen. Mit dieser Erweiterung können Sie Kontoauszugsdateien, die nicht in der von SAP empfohlenen Form angeliefert werden, im SWIFT-MT940-Format vorbearbeiten, damit sie vom Programm RFEBKA00 für das Format SWIFT MT940 verarbeitet werden können. Innerhalb des Exits stehen Ihnen alle Zeilen der eingelesenen Datei in einer internen Tabelle zur Verfügung. Sie können alle Zeilen ändern oder löschen bzw. weitere Informationen hinzufügen.

Exit »FEDI0005«

Mit diesem Exit werden der Bankdatenspeicher und auch die internen Avise (SAP-Hinweis 501966) beim EDI-Eingang KONTOAUSZUG ÜBER FINSTA01 (IDoc) geändert. Beachten Sie hierbei, dass Sie alle Komponenten, also alle Funktionsbausteine, implementieren müssen (also mindestens die Exportparameter gleich den Importparametern setzen), damit der Bankdatenspeicher nicht initialisiert wird. Diese Customer-Function wird bei der Verarbeitung von IDocs des Typs FINSTA01 aufgerufen und kann für Kundenmodifikationen verwendet werden:

1. **Sichern eines Kontoauszugs – Aufruf des Funktionsbausteins »EXIT_ SAPLIEDP_201«**
   Der Funktionsbaustein wird unmittelbar vor dem Schreiben der Daten eines Kontoauszugs aufgerufen.

2. **Zugriff der Customer-Function**
   Es ist ebenfalls möglich, beim Schreiben einzelner Segmente per Customer-Function auf den Datenbestand zuzugreifen. Dazu ist zunächst zu definieren, bei welchen Segmenten ein entsprechender Aufruf erfolgen soll. Pflegen Sie dazu zunächst die Tabelle FEDICUS; der Funktionsbaustein

`EXIT_SAPLIEDP_202` wird nun für die Verarbeitung der in der Tabelle FE-DICUS angegebenen Segmente aufgerufen.

3. **Sichern eines Avises**

   Enthält das IDoc E1IDPU1-Segmente, werden Ausgleichsinformationen in Form eines Avises auf die Datenbank geschrieben. Mit dem Baustein `EXIT_SAPLIEDP_203` können Sie dieses Avis unmittelbar vor dem Schreiben ändern oder auch löschen.

[+]

Verarbeitung

Die Erweiterung FEB00001 des elektronischen Kontoauszugs wird auch beim IDoc-Eingang durchlaufen (der Report REFEBKA30 ruft den Report RFEBBU10 auf; dort wird der User Exit aufgerufen).

Es ist also nicht notwendig, das gegebenenfalls dort hinterlegte Coding in eine der Customer-Functions der Erweiterung FEDI0005 zu übertragen.

Ab Release 4.6C kann man einem externen Vorfallcode im Customizing einen kundeneigenen Interpretationsalgorithmus zuweisen. Falls ein solcher Algorithmus eingestellt ist, wird zunächst der Standardalgorithmus 001 durchlaufen, und anschließend können Sie im Customer-Exit FEB00001 (siehe Abschnitt 4.3.6, »Funktionserweiterung FEB00001«) eine eigene Interpretation durchführen. Wie Sie hier den Standardalgorithmus unterdrücken, lesen Sie in SAP-Hinweis 414233.

Ab Release 4.70 kann man mit dem SAP-Hinweis 597428 die Algorithmen in Funktionsbausteinen implementieren.

4.3.6 Funktionserweiterung »FEB00001«

Durch diesen Funktionsexit haben Sie u. a. die Möglichkeit, jeden Einzelposten auf Ihrem elektronischen Kontoauszug zu analysieren und mit zusätzlichen Informationen anzureichern. Ihnen stehen insbesondere folgende Möglichkeiten zur Verfügung:

- jeden Umsatz nach Ausgleichsinformationen (z. B. Belegnummern, Debitorennummern etc.) zu durchsuchen
- den internen Vorgang (z. B. aufgrund von Informationen aus dem Verwendungszweck) zu verändern
- die Kontenfindung durch die Kontenmodifikation zu beeinflussen
- Buchungen auf verschiedene Batch-Input-Mappen zu verteilen

In diesem Abschnitt erläutern wir nun zunächst allgemein die Verwendung und das Vorgehen bei der Nutzung dieses Exits, bevor die Implementierung an unserem Beispiel gezeigt wird.

[+]

> **Programmiertipp**
>
> Beachten Sie, dass man im User Exit (in welchem auch immer) keinen COMMIT WORK-Befehl und insbesondere auch kein ROLLBACK WORK-Befehl programmieren darf, weil das zu Datenbank-Schiefständen führen kann!

Zusammenarbeit der Funktionserweiterung mit dem Standardprogramm

Der elektronische Kontoauszug wird zunächst vollständig in den Bankdatenspeicher eingelesen. Nach dem Einlesen erfolgt die sogenannte Interpretation der Daten. Innerhalb dieses Schrittes wird jeder Einzelposten auf dem Kontoauszug auf Ausgleichsinformationen untersucht, indem die kompletten Verwendungszweckzeilen nach Belegnummern bzw. Referenzbelegnummern durchsucht werden. Nach jeder Interpretation eines Einzelumsatzes wird die Funktionserweiterung aufgerufen. Nach jedem Aufruf des Funktionsexits werden die geänderten Daten im Bankdatenspeicher aktualisiert.

Das eigentliche Erzeugen der Buchungen erfolgt erst, wenn alle Einzelposten der zu verarbeitenden Kontoauszüge interpretiert wurden.

[+]

> **Programmierhinweis**
>
> Der Funktionsexit FEB00001 wird grundsätzlich auch beim manuellen Kontoauszug sowie beim Scheckeinreicher durchlaufen (im letzteren Fall mit I_FEBKO-EFART = M und I_FEBKO-ANWND = 0002).

Komponente »EXIT_RFEBBU10_001«

Hier sehen Sie die Übergabeschnittelle des Funktionsbausteins (siehe Listing 4.10).

```
FUNCTION EXIT_RFEBBU10_001.
*"----------------------------------------------------
*"*"Lokale Schnittstelle:
*"IMPORTING
*"     VALUE(I_FEBEP) LIKE FEBEP STRUCTURE FEBEP
*"     VALUE(I_FEBKO) LIKE FEBKO STRUCTURE FEBKO
*"     VALUE(I_TESTRUN) TYPE XFLAG
*"EXPORTING
*"     VALUE(E_FEBEP) LIKE FEBEP STRUCTURE FEBEP
```

```
*"    VALUE(E_FEBKO) LIKE FEBKO STRUCTURE FEBKO
*"    VALUE(E_MSGTXT) LIKE FEBMKA-MESSG
*"    VALUE(E_MSGTYP) LIKE FEBMKA-MSTYP
*"    VALUE(E_UPDATE) LIKE FEBMKA-MSTYP
*"TABLES
*"    T_FEBCL STRUCTURE FEBCL
*"    T_FEBRE STRUCTURE FEBRE
*"- - - - - - - - - - - - - - - - - - - - - - - - - - - - - - - -
   INCLUDE ZXF01U01:
ENDFUNCTION.
```

Listing 4.10 Schnittstelle des Funktionsbaustein »EXIT_RFEBBU10_001«

Wie Sie sicher gemerkt haben, importiert der Funktionsexit folgende Strukturen:

▸ I_FEBKO, diese Struktur enthält den Kopfsatz des elektronischen Kontoauszugs.

▸ I_FEBEP, diese Struktur enthält die Einzelposten des elektronischen Kontoauszugs.

▸ I_TESTRUN, ist dieses Flag auf »X« gesetzt, handelt es sich um einen Testlauf.

Der Funktionsexit exportiert folgende Strukturen:

▸ E_FEBKO, diese Struktur enthält den Kopfsatz des elektronischen Kontoauszugs.

▸ E_FEBEP, diese Struktur enthält die Einzelposten des elektronischen Kontoauszugs.

▸ E_UPDATE, dies ist ein Kennzeichen, ob Daten im Exit verändert wurden.

▸ E_MSGTYP, diese Struktur enthält den Messagetyp (E, S, W, I).

▸ E_MSGTEXT, diese Struktur enthält die Message, die ausgegeben werden soll.

Die Funktionsexit-Schnittstelle verwendet dabei auch folgende Tabellen:

▸ T_FEBCL, dies ist die Tabelle mit den Ausgleichsinformationen.

▸ T_FEBRE, in dieser Tabelle sind sämtliche Verwendungszwecke enthalten.

[+]

Tabellennutzung

Über die Strukturen I_FEBKO und I_FEBEP sowie die Tabellen T_FEBRE und T_FEBCL erhalten Sie alle Daten, die zu einem einzelnen Umsatz (Einzelposten) eines Kontoauszugs im SAP-System enthalten sind. Es handelt sich hierbei um Daten, die von der Bank geliefert werden (z. B. Beträge), und um Daten, die während der Verarbeitung ergänzt wurden (z. B. Buchungskreis).

Finden und Übergeben von Ausgleichsinformationen

Falls die SAP-Standardalgorithmen für das Finden von Ausgleichsinformationen für Ihre Zwecke nicht ausreichend sind, können Sie die bereits gefundenen Informationen (Tabelle T_FEBCL) ergänzen oder verwerfen. Dazu müssen Sie die Informationen aus der Tabelle T_FEBRE auswerten. In dieser Tabelle stehen die Verwendungszwecke, die zu diesem Einzelposten von der Bank geliefert wurden.

Fallbeispiel – Finden und Übergeben von Ausgleichsinformationen

Ihre Debitoren verwenden die von Ihnen vorgedruckten Überweisungsformulare. In diesem Fall wissen Sie, wo im Verwendungszweck die Ausgleichsinformationen zu finden sind. Für das automatische Ausgleichen benötigen Sie entweder die Belegnummer (BELNR) bzw. die Referenzbelegnummer (XBLNR) oder die Kontonummer und eine Zusatzinformation wie z. B. das Belegdatum.

Wenn Sie die Belegnummer gefunden haben, können Sie Tabelle T_FEBCL folgendermaßen füllen (siehe Listing 4.11):

```
T_FEBCL-KUKEY = I_FEBEP-KUKEY.
T_FEBCL-ESNUM = I_FEBEP-ESNUM.
T_FEBCL-CSNUM = 1.
T_FEBCL-KOART = 'D'.          "für Debitor
T_FEBCL-
AGKON = SPACE.      "falls Ausgleich mit BELNR, kein "Konto notwendig
T_FEBCL-SELFD = 'BELNR'.     "das Selektionsfeld ist die "Belegnummer
T_FEBCL-SELVON = "gefundene Belegnummer".
T_FEBCL-SELBIS = SPACE.      "nur bei Intervallen zu füllen
```

Listing 4.11 Wertübergabe an Tabelle T_FEBCL

In diesem Fall ist es nicht unbedingt notwendig, die Debitorennummer anzugeben. Wenn Sie es dennoch tun, können Sie die Nachbearbeitung fehlerhafter Transaktionen in der Batch-Input-Mappe eventuell erheblich erleichtern. Sie können dann aus den offenen Posten des Debitors die richtigen auswählen.

[+] **Tabelle T_FEBCL**

Durch die Tabelle T_FEBCL können Sie eine beliebige Anzahl von Ausgleichsinformationen übergeben. Dies ist z. B. dann notwendig, wenn ein Debitor mehrere Rechnungen mit einer Zahlung begleicht. Vergessen Sie in diesem Fall nicht, das Feld T_FEBCL-CSNUM hochzuzählen.

Ändern des internen Vorgangs

Der interne Vorgang (Feld FEBEP-VGINT) bestimmt die Buchungsregel und die Kontenfindung. Er wurde über die Zuordnung von externen zu internen Vorgängen festgelegt (Tabelle T028G). Es kann der Fall auftreten, dass nicht alle Einzelposten, die von der Bank den gleichen externen Vorgang erhalten haben, mit derselben Buchungsregel verbucht werden sollen. Dann können Sie bestimmten Einzelposten einen anderen internen Vorgang zuordnen und damit die Buchungsregel ändern.

Fallbeispiel – Ändern des internen Vorgangs
Sie haben Ihrer Telefongesellschaft und den Stadtwerken eine Einzugsermächtigung für die Telefonrechnung bzw. die Energieversorgung gegeben. Auf dem Kontoauszug erhalten Sie bei Ihrer Hausbank beispielsweise für beide Abbuchungen den gleichen externen Vorgang. Dies führt dazu, dass Sie ohne Funktionsexit für beide Vorgänge dieselbe Buchungsregel verwenden müssen, da diesem externen Vorgang genau ein interner Vorgang zugeordnet ist. Durch den Funktionsexit können Sie dann aufgrund des Verwendungszwecks die Telefonrechnungen aus den Abbuchungen herausfiltern und diesen einen anderen internen Vorgang zuordnen.

Dadurch können Sie beispielsweise die Telefonrechnungen mit einer anderen Belegart oder auf ein anderes Aufwandskonto buchen als die Stromrechnungen.

Beeinflussung der Kontenfindung durch die Kontenmodifikation

Die zu bebuchenden Konten werden über den internen Vorgang und durch die Ersetzung der Kontensymbole ermittelt. Durch die Kontenmodifikation (Feld FEBEP-KFMOD) kann die Kontenfindung zusätzlich beeinflusst werden.

Fallbeispiel – Beeinflussung der Kontenfindung durch die Kontenmodifikation
Eine Versicherung hat das Kontensymbol GELDEINGANG für die Geldeingänge der Versicherungsnehmer definiert. Um die Übersichtlichkeit zu verbessern, möchte die Buchhaltung die Geldeingangsbuchungen je nach Versicherungsart auf ein anderes Geldeingangskonto buchen. Die Versicherungsart ist in den ersten drei Ziffern der Versicherungsnummer verschlüsselt. Die Versicherungsnehmer bezahlen die Versicherungsbeiträge mit den vorgedruckten Überweisungsformularen der Versicherung, auf denen die Versicherungsnummer abgedruckt ist. Dann kann im Funktionsexit die Kontenmodifikation gleich den ersten drei Ziffern der Versicherungsnummer gesetzt werden.

Nehmen wir an, das Hauptbuchkonto zum Bankkonto laute 113100. In der Kontenfindung werden folgende Einträge vorgenommen (siehe Tabelle 4.1):

Kontensymbol	Kontenmodifikation	Währung	Sachkonto
GELDEINGANG	+	+	++++++++01
GELDEINGANG	200	+	++++++++20
GELDEINGANG	300	+	++++++++30

Tabelle 4.1 Kontenfindung

Wenn ein Geldeingang für die Versicherungsnummer 200.1234.2345.11 erfolgt, wird im Funktionsexit das Feld FEBEP-KFMOD = 200 gesetzt. Dadurch wird auf das Konto 113120 gebucht. Falls beim Geldeingang keine Versicherungsnummer gefunden wird, bleibt das Feld FEBEP-KFMOD = SPACE, und es wird auf das Konto 113101 gebucht.

[+] | **Funktion »Simulation«**

Bei der Definition der Kontenfindung können Sie mit der Funktion SIMULATION prüfen, ob Ihre Eingaben zum gewünschten Resultat führen.

Verteilung der Buchungen auf verschiedene Batch-Input-Mappen

Sie können die Buchungen der Nebenbuchhaltung auf verschiedene Batch-Input-Mappen verteilen, indem Sie das Feld FEBEP-GRPNR mit einem beliebigen zweistelligen Kürzel füllen. Das Kürzel ist dann Bestandteil des Mappennamens.

Beispielimplementierung – Funktionserweiterung »FEB00001«

Hier führen wir nun das Beispiel aus Abschnitt 4.2.2, »Kundeneigene Interpretationsalgorithmen« – die Implementierung des kundeneigenen Interpretationsalgorithmus `901 Z_FIEB_901_ALGORITHM` – fort.

Im Folgenden implementieren wir nun das Erweiterungsprojekt Z_BATTA.

1. Zuerst muss ein Erweiterungsprojekt im Kundennamensraum über die Transaktion CMOD angelegt werden, wie in Abbildung 4.20 gezeigt wird.

2. Markieren Sie in der Darstellung aus Abbildung 4.20 den Radiobutton ATTRIBUTE, und wählen Sie den Button ANZEIGEN. Sie gelangen auf den Screen in Abbildung 4.21.

Projektverwaltung von SAP-Erweiterungen
Projekt
Z_BATTA
Anlegen
Teilobjekte
Attribute
Zuordung Erweiterungen
Komponenten
Dokumentation
Anzeigen
Ändern

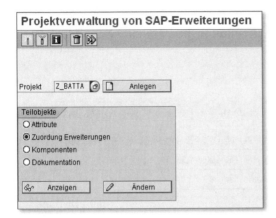

Abbildung 4.20 Projekt anlegen

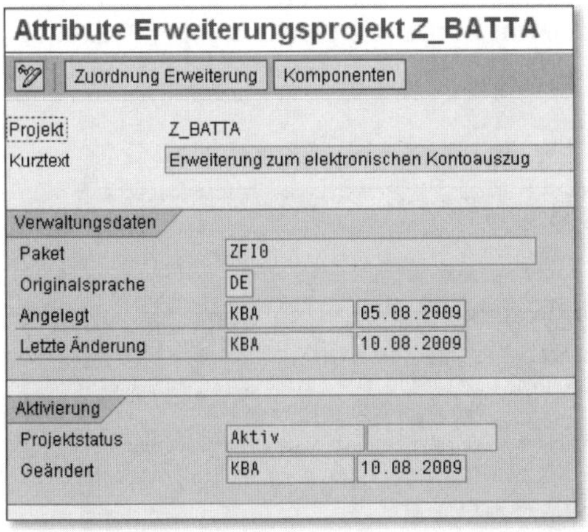

Attribute Erweiterungsprojekt Z_BATTA
Zuordnung Erweiterung
Komponenten
Projekt
Z_BATTA
Kurztext
Erweiterung zum elektronischen Kontoauszug
Verwaltungsdaten
Paket
ZFI0
Originalsprache
DE
Angelegt
KBA
05.08.2009
Letzte Änderung
KBA
10.08.2009
Aktivierung
Projektstatus
Aktiv
Geändert
KBA
10.08.2009

Abbildung 4.21 Attribute zum Erweiterungsprojekt

3. Über den Button ZUORDNUNG ERWEITERUNG ordnen Sie die SAP-Funktionserweiterung FEB00001 zu. Abbildung 4.22 zeigt diese Zuordnung.

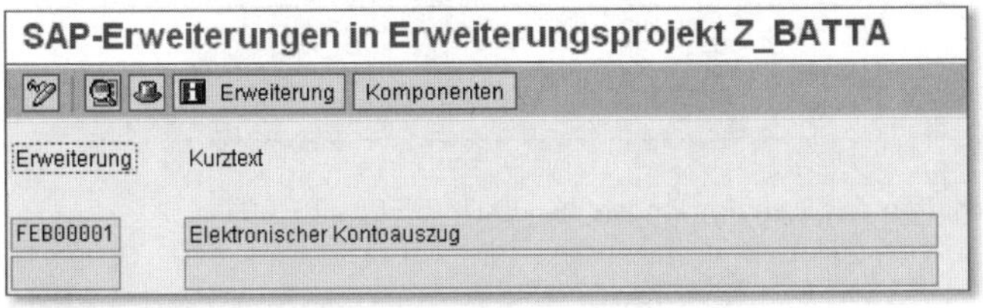

SAP-Erweiterungen in Erweiterungsprojekt Z_BATTA
Erweiterung
Komponenten
Erweiterung
Kurztext
FEB00001
Elektronischer Kontoauszug

Abbildung 4.22 Erweiterung zuordnen

4. Danach können wir uns die Komponenten, die enthaltenen Funktionsbausteine der Erweiterung, über den Button KOMPONENTEN anzeigen lassen (siehe Abbildung 4.23).

Abbildung 4.23 Komponenten der Erweiterung

5. Nach einem Doppelklick auf den Funktionsbaustein-Namen verzweigen wir in den Function Builder und damit in die Anzeige des EXIT_RFEBBU10_001-Bausteins (siehe Abbildung 4.24).

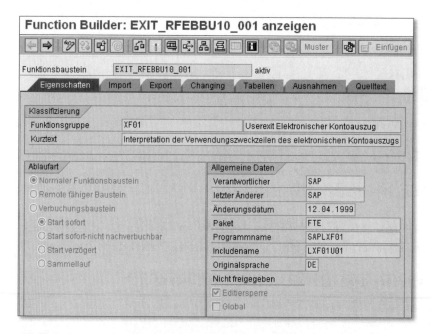

Abbildung 4.24 Eigenschaften des Funktionsbausteins »EXIT_RFEBBU10_001«

6. Hier können wir uns nun mit den Übergabeparametern der Schnittstelle vertraut machen. Die Importparameter finden Sie in Abbildung 4.25; Abbildung 4.26 enthält die Exportparameter. Ebenfalls von Bedeutung sind die Übergabetabellen, die in Abbildung 4.27 zu sehen sind.

Abbildung 4.25 Importparameter des Funktionsbausteins »EXIT_RFEBBU10_001«

Function Builder: EXIT_RFEBBU10_001 anzeigen

Funktionsbaustein EXIT_RFEBBU10_001 aktiv

Eigenschaften | Import | **Export** | Changing | Tabellen | Ausnahmen | Quelltext

Parametername	Typisierung	Bezugstyp	Wertüber	Kurztext
E_FEBEP	LIKE	FEBEP	☑	Einzelposten des Elektronischen Kontoauszugs
E_FEBKO	LIKE	FEBKO	☑	Kopfsatz des elektronischen Kontoauszugs
E_MSGTEXT	LIKE	FEBMKA-MESSG	☑	Message, die ausgegeben werden soll
E_MSGTYP	LIKE	FEBMKA-MSTYP	☑	Messagetyp (E,S,W,I)
E_UPDATE	LIKE	FEBMKA-MSTYP	☑	Kennzeichen: Daten im Programm ändern
			☐	

Abbildung 4.26 Exportparameter des Funktionsbausteins »EXIT_RFEBBU10_001«

Function Builder: EXIT_RFEBBU10_001 anzeigen

Funktionsbaustein EXIT_RFEBBU10_001 aktiv

Eigenschaften | Import | Export | Changing | **Tabellen** | Ausnahmen | Quelltext

Parametername	Typisierung	Bezugstyp	Optional	Kurztext
T_FEBCL	LIKE	FEBCL	☐	Clearing-Daten zu einem Einzelposten
T_FEBRE	LIKE	FEBRE	☐	Referenzsätze Verwendungszwecke zu einem Einzelp
			☐	

Abbildung 4.27 Übergabetabellen des Funktionsbausteins »EXIT_RFEBBU10_001«

7. Nachdem wir nun in den Quelltext des Funktionsbausteins navigiert sind (siehe Abbildung 4.28), können wir mit einem Doppelklick auf das Include ZXF01U01 in das Coding verzweigen. Dort können wir jetzt unser eigenes Coding hinterlegen (siehe Listing 4.12).

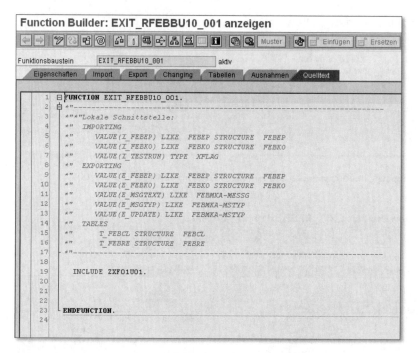

Function Builder: EXIT_RFEBBU10_001 anzeigen

Funktionsbaustein EXIT_RFEBBU10_001 aktiv

Eigenschaften | Import | Export | Changing | Tabellen | Ausnahmen | Quelltext

```
 1  ⊟FUNCTION EXIT_RFEBBU10_001.
 2  ⊟*"----------------------------------------------------
 3   *"*"Lokale Schnittstelle:
 4   *"  IMPORTING
 5   *"     VALUE(I_FEBEP) LIKE  FEBEP STRUCTURE   FEBEP
 6   *"     VALUE(I_FEBKO) LIKE  FEBKO STRUCTURE   FEBKO
 7   *"     VALUE(I_TESTRUN) TYPE  XFLAG
 8   *"  EXPORTING
 9   *"     VALUE(E_FEBEP) LIKE   FEBEP STRUCTURE   FEBEP
10   *"     VALUE(E_FEBKO) LIKE   FEBKO STRUCTURE   FEBKO
11   *"     VALUE(E_MSGTEXT) LIKE  FEBMKA-MESSG
12   *"     VALUE(E_MSGTYP) LIKE   FEBMKA-MSTYP
13   *"     VALUE(E_UPDATE) LIKE   FEBMKA-MSTYP
14   *"  TABLES
15   *"      T_FEBCL STRUCTURE   FEBCL
16   *"      T_FEBRE STRUCTURE   FEBRE
17   *"----------------------------------------------------
18
19      INCLUDE ZXF01U01.
20
21
22
23  ⎣ENDFUNCTION.
24
```

Abbildung 4.28 Schnittstelle und Include des Funktionsbausteins »EXIT_RFEBBU10_001«

```
*&---------------------------------------------------------------*
*&  Include           ZXF01U01
*&---------------------------------------------------------------*
DATA: ip_febep    LIKE febep,
      ip_febko    LIKE febko,
      ip_testrun TYPE xflag,
      lt_febcl    TYPE TABLE OF febcl,
      lt_febre    TYPE TABLE OF febre,
      wa_febcl    TYPE febcl,
      lt_delfebcl TYPE TABLE OF febcl,
      lv_betrag TYPE bsik-wrbtr.

lt_febcl[] = t_febcl[].
ip_febep = i_febep.

IF ip_febep-intag = '901'.
```

```
LOOP AT lt_febcl INTO wa_febcl
                  WHERE kukey = ip_febep-kukey
                  AND   esnum = ip_febep-esnum.

  SELECT wrbtr FROM bsik INTO lv_betrag
                  WHERE lifnr = wa_febcl-agkon
                  AND   belnr = wa_febcl-selvon.
  ENDSELECT.
  IF lv_betrag = ip_febep-kwbtr.
* alles ok
  ELSE.
    DELETE lt_febcl WHERE selvon = wa_febcl-selvon.
  ENDIF.
ENDLOOP.

IF sy-subrc = 0.
  t_febcl[] = lt_febcl[].
ENDIF.

ENDIF.
```

Listing 4.12 Coding zur Funktionserweiterung »FEB00001«

Auf die Daten, die der Interpretationsalgorithmus 901 in der Tabelle FEBCL hinterlegt hat, können wir nun zurückgreifen und unsere Suche fortsetzen. Dies tun wir, indem wir die passenden offenen Posten aus der Tabelle BSIK selektieren und das Ergebnis wieder an die Tabelle FEBCL zurückgeben. Nun sind alle unsere Anforderungen an die kundenspezifische Entwicklung erfüllt.

4.4 Fazit

In diesem Kapitel haben wir die unterschiedlichen Erweiterungsmöglichkeiten kennengelernt, die SAP für den elektronischen Kontoauszug anbietet. Wir können nun entscheiden, welche Erweiterung oder welche Kombination von Erweiterungen wir für die Erfüllung unserer kundenspezifischen Anforderungen nutzen möchten – angefangen bei der Möglichkeit, eigene Interpretationsalgorithmen zu definieren, die als Funktionsbausteine implementiert werden, über die Verwendung von Open-FI-Bausteinen bis hin zur Implementierung von BAdIs. Zuletzt haben wir am Beispiel FEB00001 gesehen, wie man ein Erweiterungsprojekt anlegt, um eine Funktionserweiterung zu programmieren.

SAP ermöglicht den Empfang des Kontoauszugs per EDI und die anschließende Verarbeitung der übermittelten Kontoauszugsdaten. Dieses Kapitel beschreibt die dazu notwendigen Systemeinstellungen wie auch den zugrunde liegenden Prozess.

5 Kontoauszug per EDI

Die Kontoauszugsinformationen gelangen beim Einsatz des *elektronischen Datenaustauschs* (EDI) automatisch in das SAP-System. Umsätze bzw. Ausgleichsbuchungen, die aus dem Kontoauszug resultieren, können direkt verbucht werden. Auch hierbei ist es möglich, beispielsweise erhaltene Zahlungen von Ihrem Geschäftspartner automatisch mit offenen Rechnungsposten auszugleichen.

Um Bankkontoauszüge per EDI von Ihren Hausbanken empfangen zu können, benötigen Sie ein EDI-Subsystem auf einem EDI-Server. Dies ist ein System, das im Wesentlichen einen EDI-Standard (z. B. EDIFACT, ANSI X12) in den SAP-Standard-IDoc umwandelt und umgekehrt. Zu dieser Aufgabe, die der Konverter des EDI-Subsystems erledigt, kommen noch Verwaltungstätigkeiten – z. B. die Archivierung der übermittelten Nachrichten – und technische Aufgaben wie die technische Anbindung an Folgesysteme, Syntaxcheck der Formate etc.

Die genannten Themen stehen im Mittelpunkt dieses Kapitels.

5.1 Grundlagen

Die Hausbanken senden die Kontoauszüge jeweils als EDI-Nachricht (z. B. FINSTA im EDIFACT-Standard) an ihre Kunden. Das EDI-Subsystem des entsprechenden Kunden erzeugt aus der EDI-Nachricht einen Zwischenbeleg (IDoc-Typ FINSTA01, logische Nachricht FINSTA), der an das SAP-System des Kunden weitergeleitet wird. Die Weiterverarbeitung des Zwischenbelegs wird durch den Vorgangscode der Partnerverarbeitung gesteuert.

Ein per EDI übermittelter Kontoauszug besteht aus zwei Ebenen:

▸ **Summenebene**
Diese Ebene enthält Daten zum Hausbankkonto sowie den aktuellen Kontostand.

▸ **Umsatzebene**
Diese Ebene enthält die Bewegungen auf dem Bankkonto. Die Umsätze können auch noch detailliert in eigenen Nachrichten (Gutschrifts- bzw. Belastungsanzeigen) beschrieben werden. In diesem Fall enthält der Kontoauszug nur eine Referenz auf diese Nachrichten.

[+]

Polling Information 1

Eine besondere Art des Kontoauszugs stellt die Abfrage des Kontostandes (Polling Information) dar. Er enthält keine Umsätze.

Beim elektronischen Datenaustausch (EDI) nutzen Sie die IDoc-Schnittstelle. Über diese Schnittstelle werden betriebswirtschaftliche Daten mit einem Fremdsystem ausgetauscht. Sie besteht aus der Definition einer Datenstruktur und einer Verarbeitungslogik für diese Datenstruktur. Die Datenstruktur ist das IDoc. Es ist das Austauschformat, auf das sich die kommunizierenden Systeme einigen.

Mit IDocs können Sie eine Ausnahmebehandlung innerhalb des SAP-Systems über SAP Business Workflow definieren. Die Geschäftsdaten werden in der IDoc-Schnittstelle im IDoc-Format gespeichert und als IDocs weitergereicht. Falls Fehler auftreten, wird die Ausnahmebehandlung über Workflow-Aufgaben angestoßen. Die zuständigen, erlaubten Bearbeiter dieser Aufgaben werden in der IDoc-Schnittstelle definiert.

Die IDoc-Schnittstelle unterstützt drei Datenflüsse mit dem externen System:

▸ **Ausgangsverarbeitung**
IDocs werden von Ihrem SAP-System an ein Folgesystem übermittelt.

▸ **Eingangsverarbeitung**
IDocs werden von einem vorgelagerten System an Ihr SAP-System übermittelt.

▸ **Statusverarbeitung**
Auf ausgehende IDocs wird der Verarbeitungsstatus im Folgesystem von diesem an Ihr SAP-System zurückgemeldet.

Bei den Datenflüssen »IDoc-Ausgangsverarbeitung« und »IDoc-Eingangsver-arbeitung« werden Kontroll- und Datensätze ausgetauscht. Bei dem Daten-fluss »Statusverarbeitung« werden Statussätze ausgetauscht.

[+]

> **Erweiterung von IDoc-Strukturen**
>
> Das Erweiterungskonzept der EDI-Schnittstelle ermöglicht es, die bestehenden IDoc-Strukturen um weitere Segmente, zum Beispiel für branchen- oder kunden-spezifische Daten, zu ergänzen. Diese müssen dann vom Konverter entsprechend geliefert werden.

Von diesen drei Datenflüssen wird innerhalb der Verarbeitung des elektroni-schen Kontoauszugs lediglich die Eingangsverarbeitung genutzt.

5.2 Eingangsverarbeitung

Die Eingangsverarbeitung umfasst die Umsetzung und Bearbeitung von Daten zu einem Geschäftsprozess vom Empfang der Daten im IDoc-Format bis zum Buchen des entsprechenden Belegs (oder der Belege) in der SAP-Anwendung (siehe Abbildung 5.1).

Bei der Verarbeitung werden die Daten aus dem Zwischenbeleg in die SAP-Datenspeicher für den Kontoauszug und die Avise übertragen. Das Customi-zing wird ausgewertet, und der Kontoauszug wird um diese Daten ergänzt (Buchungsregeln, Buchungskreis, Daten zum Hausbankkonto usw.). Anschließend werden die im Kontoauszug referenzierten Gutschrifts- bzw. Belastungsanzeigen gesucht, und im Kontoauszug wird der zugehörige Schlüssel der Avisdatenbank hinterlegt. Das System gewinnt über die Avise die Informationen für den Zahlungsausgleich. Die Avise können die Beleg-nummer, aber auch jedes andere vom Anwender gewünschte Kriterium ent-halten.

Sind in der Gutschrifts- bzw. Belastungsanzeige keine detaillierten Daten (keine Avispositionen) gespeichert, werden die Daten aus den Positionen des Kontoauszugs übertragen, und das Avis wird anschließend gelöscht. Treten keine Fehler auf, endet die Eingangsverarbeitung mit der Aktualisierung des Bankdatenspeichers. Die Buchungen, die aus dem Kontoauszug resultieren, müssen dann mit dem Report RFEBKA30 erzeugt werden.

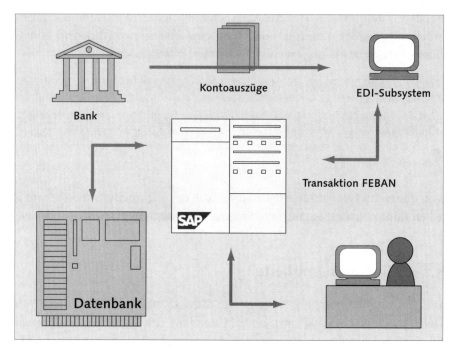

Abbildung 5.1 Empfang und Verarbeitung eines Kontoauszuges per EDI

5.2.1 Prozessdarstellung und -beschreibung

Das vorgelagerte System (das EDI-Subsystem in Abbildung 5.2) übergibt ein IDoc über den SAP-Systemport an die IDoc-Schnittstelle. Daher gibt es keinen Port, den man in den Eingangspartnervereinbarungen festlegen müsste; die IDoc-Schnittstelle muss lediglich das vorgelagerte System als Port »kennen«: Es muss also eine Portbeschreibung für einen Port existieren, dessen Name das vorgelagerte System eindeutig identifiziert. Die technischen Parameter dieser Portbeschreibung können (und werden auch in der Regel) durch das vorgelagerte System überschrieben werden.

Bei einem bekannten vorgelagerten System wird das IDoc »akzeptiert«, d.h., es wird auf der Datenbank gespeichert. Wenn Ihre Hausbank mit der entsprechenden Nachricht vom Nachrichtentyp FINSTA in Ihren Partnervereinbarungen vorgesehen ist, wird das IDoc anschließend weiterverarbeitet. Dies geschieht entkoppelt in einem zweiten Schritt. Damit ist gewährleistet, dass das externe System die Daten schnell und sicher (dialogfrei) entgegennehmen kann.

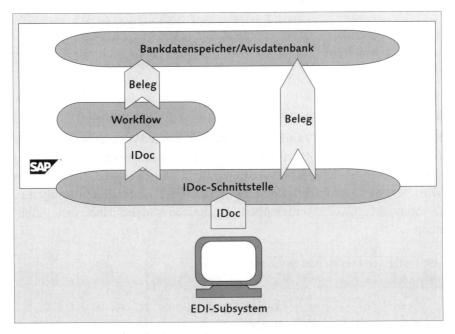

Abbildung 5.2 EDI-Eingangsverarbeitung

Die Verarbeitung eines Kontoauszugs erfolgt in drei Schritten:

1. Die Daten aus dem IDoc werden in das SAP-System eingelesen und im Bankdatenspeicher bzw. in der Avisdatenbank gespeichert. Das Customizing zum Kontoauszug wird ausgewertet, und der Kontoauszug wird um diese Daten ergänzt (Buchungsregeln, Buchungskreis, Daten zum Hausbankkonto usw.).

2. Um die Buchungen zu erzeugen, die aus dem Kontoauszug resultieren, planen Sie den Report RFEBKA30 ein. Weitere Informationen dazu finden Sie in Abschnitt 2.2.3.

3. Die nicht automatisch gebuchten Umsätze können Sie mit Hilfe der Nachbearbeitungstransaktion des elektronischen Kontoauszugs (FEBAN) ergänzen und dann buchen. Näheres zur Transaktion FEBAN erfahren Sie in Abschnitt 2.3.

Im Fehlerfall erzeugt das System ein Workitem.

[+]

Polling Information 2

Wenn es sich bei dem Kontoauszug um eine Abfrage des Kontostandes handelt (Polling Information), werden keine Umsätze übermittelt. In diesem Fall werden in

Schritt 1 die Informationen im Bankdatenspeicher in einem gesonderten Bereich abgelegt. In Schritt 2 werden keine Buchungen, sondern Avise der Finanzdisposition erzeugt. In Schritt 3 können Sie den Kontoauszug mit dem Report RFEBPI20 nachbearbeiten.

5.2.2 Ausnahmebehandlung

Bei Fehlern werden zu Standardaufgaben gehörende Workitems erzeugt (die Aufgabe FINSTA_ERROR wird gestartet), die den Bearbeiter über die Standardmethode der IDoc-Schnittstelle ermitteln. Anschließend erscheint das Workitem dann im integrierten Eingangskorb der ausgewählten Bearbeiter. Die Standardaufgaben werden über Vorgangscodes identifiziert (siehe Abbildung 5.3).

Abbildung 5.3 Vorgangscodes für Fehlerbehandlung

Bearbeitung über Workflow-Aufgaben

Die Standardaufgaben für die IDoc-Schnittstelle sind nach Ausgangs- und Eingangsverarbeitung getrennt. Formale Fehler können z. B. im Eingang auftreten, wenn die zum Kontrollsatz passende Partnervereinbarung nicht gefunden wurde. Der Bearbeiter eines Workitems (d. h. einer konkreten Ausprägung der allgemein definierten Workflow-Aufgabe) kann den Fehler beheben und die Umsetzung des empfangenen IDocs erneut anstoßen bzw. das IDoc zum Löschen vormerken.

Erlaubte Bearbeiter

In allen Ausnahmesituationen, bei denen der Absender in den Partnervereinbarungen vorgesehen ist, werden die erlaubten Bearbeiter von dort gelesen. Sind Bearbeiter für die spezielle logische Nachricht eingetragen, werden diese übernommen, ansonsten die in den allgemeinen Partnervereinbarungen für diesen Partner vorgesehenen Bearbeiter.

[+]

Bearbeiterermittlung in Ausnahmesituationen

In allen Ausnahmesituationen, bei denen keine passende Partnervereinbarung gelesen werden konnte, wird der Bearbeiter aus der Tabelle der Systemparameter ermittelt (IDoc-Administrator). Es wird dringend empfohlen, hier einen Bearbeiter einzutragen.

Als Bearbeiter können Sie neben einem SAP-Benutzernamen auch andere Organisationseinheiten (z. B. Abteilung, Stelle) für die Benachrichtigung eintragen. Damit die erlaubten Bearbeiter auch per Workitem benachrichtigt werden, müssen sie der entsprechenden Standardaufgabe zugeordnet sein (siehe auch den folgenden Abschnitt 5.2.3).

5.2.3 Rollenauflösung

Alle im Standard für die Ausnahmebehandlung definierten Aufgaben sind mit einer Defaultrolle versehen, um die Menge der möglichen Bearbeiter auf die für die konkrete Ausnahmesituation zuständigen Bearbeiter einzuschränken. Ein Funktionsbaustein in der Rollenauflösung leitet den Bearbeiter aus den Partnervereinbarungen bei fehlerhaften IDocs ab. Schlägt dies fehl oder existiert noch gar kein IDoc, wird der IDoc-Administrator ermittelt. Damit können die Bearbeiter ermittelt werden, die für folgende Belange zuständig sind:

▶ für den aktuellen Partner und die aktuelle Nachricht (Aus- oder Eingangspartnervereinbarung)

▶ für den aktuellen Partner (allgemeine Partnervereinbarung)

▶ mindestens aber für die IDoc-Schnittstelle (IDoc-Administration)

Die tatsächlichen Bearbeiter (die Empfänger) des Workitems sind die in der Rollenauflösung ermittelten Bearbeiter, die gleichzeitig mögliche Bearbeiter der Standardaufgabe zum Workitem sind. Die Empfänger bilden also die Schnittmenge aus den möglichen Bearbeitern der entsprechenden Standardaufgabe und den »erlaubten Bearbeitern« der entsprechenden Partnervereinbarung bzw. der IDoc-Administration – siehe Abbildung 5.4.

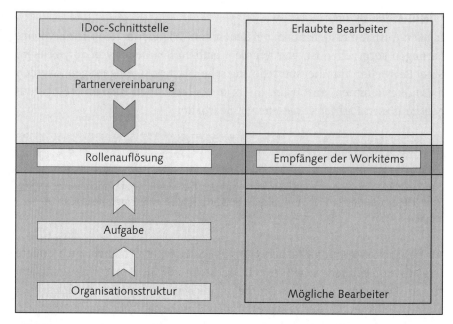

Abbildung 5.4 Rollenauflösung

5.3 Konfiguration

Die folgenden Funktionen erreichen Sie alle im IMG über LOGISTIK ALLGE-MEIN • SCPI • AUTO-ID BACKEND-INTEGRATION • KOMMUNIKATION (siehe Abbildung 5.5):

▸ Verarbeitung von IDocs

▸ Ports einrichten

▸ Partner vereinbaren

▸ Anwendungsparameter der Administration

Die Eingangsverarbeitung richten Sie immer dann ein, wenn Sie einen neuen Geschäftsprozess realisieren wollen, bei dem Daten per IDoc empfangen werden. Ein Beispiel ist die EDI-Eingangsverarbeitung von Kontoauszügen (siehe Abbildung 5.5).

Alternativ dazu erreichen Sie die einzelnen Funktionen auch mit Hilfe der Transaktion WEDI. Danach wird Ihnen das Untermenü aus Abbildung 5.6, IDOC UND EDI BASIS, angeboten.

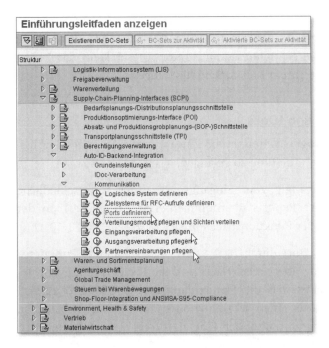

Abbildung 5.5 IMG – EDI-Eingangsverarbeitung

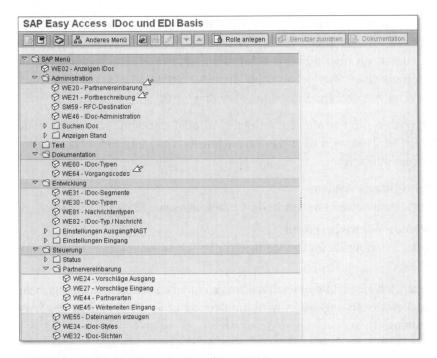

Abbildung 5.6 Menüpunkte in der Transaktion WEDI

Sollten die in Abbildung 5.6 gezeigten Transaktionen in Ihrem EASY-ACCESS-Menü nicht enthalten sein, obwohl Sie diese benötigen, wenden Sie sich bitte an Ihren zuständigen Berechtigungsadministrator. Dieser kann das Untermenü aus Abbildung 5.6 Ihrem Rollenmenü hinzufügen.

5.3.1 Verarbeitung von IDocs

Es gibt verschiedene Möglichkeiten, in die Eingangs- wie Ausgangsverarbeitung und in die Statusverarbeitung zu gelangen.

Die IDocs werden, abhängig vom Eingangsport, durch unterschiedliche Funktionsbausteine oder Reports übernommen. Das Abspeichern in der Datenbank übernimmt der Funktionsbaustein IDOC_INBOUND_WRITE_TO_DB.

Schließlich werden die IDocs durch IDOC_START_INBOUND an den Funktionsbaustein der Anwendung übergeben. Dazu wird ein Ereignis (ein Event) im Workflow-Sinne ausgelöst, das die Standardaufgabe TS30200090 auslöst. IDOC_START_INBOUND startet einen Workflow oder einen Funktionsbaustein. Auch diese Entscheidung wird über den Eingangs-Vorgangscode gesteuert.

5.3.2 Ports einrichten

Das Einrichten von Ports ist eine Grundvoraussetzung für den Datenaustausch mit dem externen System; Ports sind die Grundvoraussetzung für die Kommunikation über die IDoc-Schnittstelle. Pro externem System muss es mindestens einen Port geben. Abbildung 5.7 zeigt den Eingang von IDocs ausgehend von drei Quellsystemen über drei Ports.

Sie erreichen die Portpflege über den IMG oder mit dem Transaktionscode WE21. Die Datei wird über das Verzeichnis (»Pfad«) und ihren Namen eindeutig identifiziert:

▶ **UNIX-Betriebssystem**
Unter dem Betriebssystem UNIX ist dies */usr/sap/313/SYS/global/idoc/*.

▶ **Windows-Betriebssystem**
Unter Windows-Betriebssystemen ist dies *\\sapdevdb\sapmnt\313\SYS\global\idoc*.

Vergessen Sie nicht den letzten Schrägstrich, da der Dateiname einfach an das Verzeichnis angehängt wird. Im Beispiel ist »313« der Name des SAP-Systems.

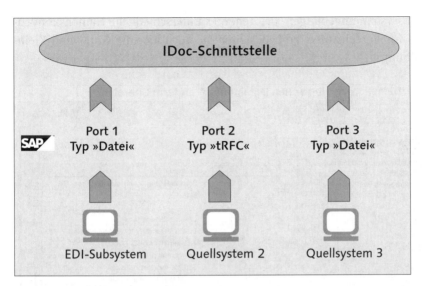

Abbildung 5.7 EDI-Eingang über Ports

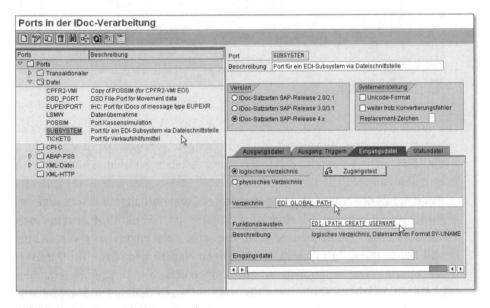

Abbildung 5.8 Ports in der IDoc-Verarbeitung

Für IDoc-Dateien können Sie auch ein »logisches Verzeichnis« verwenden, dem Sie in der Transaktion FILE abhängig vom Betriebssystem »physische« Verzeichnisse zuordnen. Die beiden physischen Verzeichnisse können Sie z. B. im logischen Verzeichnis *EDI_GLOBAL_PATH* hinterlegen (siehe Abbildung 5.8 und Abbildung 5.9). Dieses Vorgehen empfiehlt sich in heterogenen

Betriebssystemumgebungen, bei denen es unterschiedliche Namenskonventionen für Verzeichnisse gibt. Beachten Sie auch hier die Groß- und Kleinschreibung.

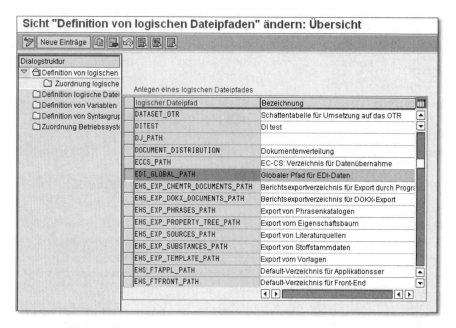

Abbildung 5.9 Transaktion »FILE«

Hinterlegen Sie den Namen eines Funktionsbausteins, der die Datei- oder Verzeichnisnamen dynamisch, d.h. zur Laufzeit, erzeugt. Damit verhindern Sie, dass nicht verarbeitete Dateien überschrieben werden. SAP empfiehlt hier den Baustein EDI_PATH_CREATE_CLIENT_DOCNUM, der jede Datei anders – nämlich mit der Nummer des ersten in der Datei enthaltenen IDocs und des Mandanten – benennt. Als Ausgabewert muss jeder Funktionsbaustein einen »vollständigen Dateinamen« liefern, d.h. eine Zeichenkette aus Verzeichnis und Dateinamen. Mit diesem vollständigen Namen wird dann im Dateisystem operiert. Die Funktionsbausteine können den vollständigen Dateinamen aus Ihren Angaben zum Verzeichnis und zur Datei ableiten. Die von SAP ausgelieferten Funktionsbausteine ignorieren allerdings die Angabe zur Eingabedatei, d.h., dieses Feld können Sie in der Portbeschreibung leer lassen (siehe Feld EINGANGSDATEI in Abbildung 5.8).

Wenn Ihr SAP-System auf mehreren Betriebssystemen läuft, sollte man anstelle eines expliziten (»physischen«) Verzeichnisses ein logisches Verzeichnis verwenden. In diesem Fall empfiehlt SAP den Funktionsbaustein

EDI_LPATH_CREATE_CLIENT_DOCNUM, der aus dem logischen Verzeichnis und dem jeweiligen Betriebssystem ein physisches Verzeichnis ableitet. Der Dateiname wird wie beim EDI_PATH_CREATE_CLIENT_DOCNUM gebildet.

Dateinamen in UNIX bzw. WINDOWS **[zB]**

Betrachten wir folgendes Beispiel: Das IDoc Nr. 107238 wurde im Mandanten 747 verschickt.

▸ **UNIX-Betriebssystem**
Im ersten Fall sind in der Portbeschreibung für die Ausgangsdatei das physische UNIX-Verzeichnis */usr/sap/313/SYS/global/idoc/* und der Funktionsbaustein EDI_ PATH_CREATE_CLIENT_DOCNUM eingetragen.
Dann heißt der vollständige Dateiname */usr/sap/313/SYS/global/idoc/O_747_ 0000000000107238*, d.h., die Datei *O_747_0000000000107238* wird im Verzeichnis */usr/sap/313/SYS/global/idoc/* erzeugt. Das »O« am Anfang des Dateinamens steht dabei für »Ausgang« (»Outbound«).

▸ **Windows-Betriebssystem**
Im zweiten Fall ist in der Transaktion FILE zu dem logischen Verzeichnis (»Pfad«) *EDI_GLOBAL_PATH* das physische Verzeichnis *\\sapdevdb\sapmnt\313\SYS\ global\idoc\<FILENAME>* für Windows NT-Betriebssysteme hinterlegt. Wenn der Applikationsserver auf einem Windows NT-Betriebssystem läuft und der Pfad *EDI_ GLOBAL_PATH* sowie der Funktionsbaustein EDI_LPATH_CREATE_CLIENT_DOCNUM in der Portbeschreibung hinterlegt sind, dann lautet der vollständige Dateiname *\\sapdevdb\sapmnt\313\SYS\global\idoc\O_747_0000000000107238*.

Im Standard liefert SAP das logische Verzeichnis *EDI_GLOBAL_PATH* aus. Bei logischen Verzeichnissen benötigen Sie einen Funktionsbaustein, der mit Hilfe der FILE-Einträge (siehe Abbildung 5.9) daraus physische Verzeichnisse ableitet.

Im Feld EINGANGSDATEI in Abbildung 5.8 können Sie einen festen Namen für die Datei angeben, in der die IDocs vom externen System (z. B. EDI-Subsystem) übernommen werden. SAP empfiehlt aber, dass das externe System die Eingangsverarbeitung im SAP-System startet und diesem mitteilt, wie die übergebene Datei heißt (Parameter von startrfc). Dann wird das Feld ignoriert. Generell empfiehlt SAP, dynamische, d.h. zur Laufzeit erzeugte variable Dateinamen, zu verwenden, um ein Überschreiben nicht verarbeiteter Dateien zu verhindern.

Wenn Sie in der IDoc-Administration im Register TEST den vorliegenden Dateiport eingetragen haben, werden die Einstellungen zu Eingangs-, Ausgangs- und Statusdatei als Vorschlagswerte in den Testprogrammen übernommen. Beim Testen kann es sinnvoll sein, feste Dateinamen zu verwenden.

5.3.3   Vorgangscode

Die Ankopplung des Eingangs-IDocs an die gewünschte Verarbeitungsart geschieht in den Partnervereinbarungen über den Vorgangscode. Dabei entscheiden Sie, ob Sie beim Eingang einen Workflow oder einen Funktionsbaustein anstoßen wollen. Für den EDI-Eingang eines elektronischen Kontoauszuges stellt SAP den Vorgangscode FINS zur Verfügung.

Die IDoc-Schnittstelle findet über den Vorgangscode den Geschäftsprozess, der die Umsetzung des IDoc in den SAP-Beleg kontrolliert. In unserem Beispiel wird beim Eingang eines Kontoauszugs per EDI ein Funktionsbaustein angestoßen (siehe Abbildung 5.10).

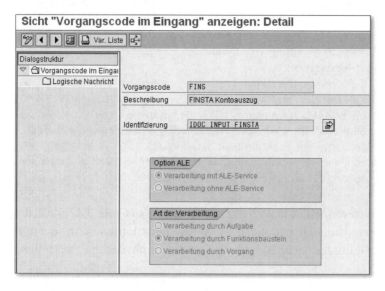

Abbildung 5.10 Vorgangscode »FINS«

Die im Standard ausgelieferten Vorgangscodes sind bereits Workflows oder Funktionsbausteinen zugeordnet (siehe Abbildung 5.11). Diese Zuordnung können Sie anzeigen: Wählen Sie dazu aus dem Einstiegsbild der IDoc- und EDI-Basis (Transaktion WEDI) DOKUMENTATION • VORGANGSCODE (Transaktion WE64, siehe Abbildung 5.6).

Außerdem sind den Vorgangscodes sogenannte *logische Nachrichten* zugeordnet. Die Zuordnung in unserem Beispiel sehen Sie in Abbildung 5.12.

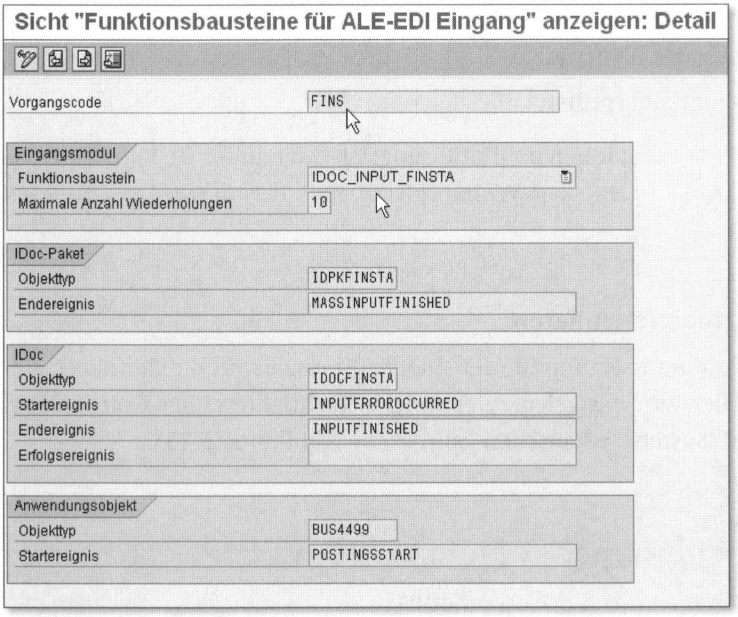

```
Sicht "Funktionsbausteine für ALE-EDI Eingang" anzeigen: Detail

  🔧 📄 📄 📑

  Vorgangscode                        FINS

  Eingangsmodul
  Funktionsbaustein                   IDOC_INPUT_FINSTA
  Maximale Anzahl Wiederholungen      10

  IDoc-Paket
  Objekttyp                           IDPKFINSTA
  Endereignis                         MASSINPUTFINISHED

  IDoc
  Objekttyp                           IDOCFINSTA
  Startereignis                       INPUTERROROCCURRED
  Endereignis                         INPUTFINISHED
  Erfolgsereignis

  Anwendungsobjekt
  Objekttyp                           BUS4499
  Startereignis                       POSTINGSSTART
```

Abbildung 5.11 Funktionsbaustein zu FINS

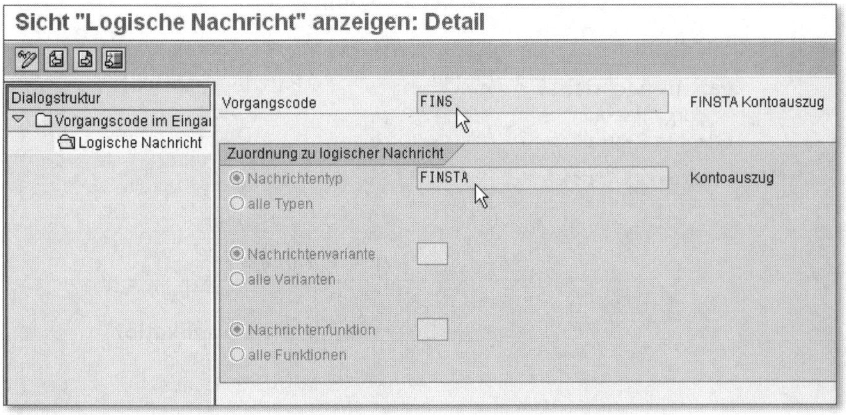

```
Sicht "Logische Nachricht" anzeigen: Detail

  🔧 📄 📄 📑

  Dialogstruktur              Vorgangscode          FINS              FINSTA Kontoauszug
  ▽ 🗀 Vorgangscode im Eingal
     🗂 Logische Nachricht     Zuordnung zu logischer Nachricht
                              ⦿ Nachrichtentyp     FINSTA            Kontoauszug
                              ○ alle Typen

                              ⦿ Nachrichtenvariante  ☐
                              ○ alle Varianten

                              ⦿ Nachrichtenfunktion   ☐
                              ○ alle Funktionen
```

Abbildung 5.12 Logische Nachricht zu FINS

5.3.4 ISO-Codes hinterlegen

Da per EDI ISO-Codes übermittelt werden, müssen Sie im Customizing die
Umsetzung der SAP-Codes in ISO-Codes für die Währung, die Mengeneinheit
und die Länder korrekt und vollständig hinterlegt haben. Sie müssen also folgende Aufgaben erledigen:

▶ Länder definieren

▶ Währungscodes überprüfen

▶ Maßeinheiten überprüfen

Sie finden diese Funktionen im Einführungsleitfaden unter GLOBALE EINSTEL-LUNGEN • LÄNDER DEFINIEREN/WÄHRUNGSCODES ÜBERPRÜFEN/MASSEINHEITEN ÜBERPRÜFEN.

5.3.5 Partner vereinbaren

Eine weitere Voraussetzung für den Datenaustausch sind die Partnervereinbarungen: Hier wird festgelegt, wer welche Nachrichten über welchen Port mit dem SAP-System austauschen kann (siehe Abbildung 5.13).

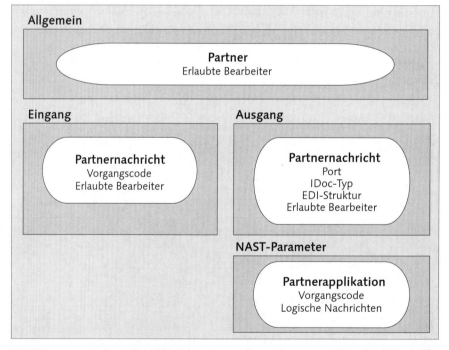

Abbildung 5.13 Partnervereinbarungen

Partner, mit denen Sie über IDocs kommunizieren, müssen in den Partnervereinbarungen gepflegt sein. In den Partnervereinbarungen wird die Verarbeitung nie direkt, sondern immer nur über einen Vorgangscode angesprochen. Dadurch können Sie auf einen Schlag bei beliebig vielen Partnern eine alte durch eine neue Verarbeitung ersetzen, indem Sie dieser den bestehenden Vorgangscode zuordnen. Im Falle des elektronischen Kontoauszugs sind dies die Hausbanken, die diesen per EDI versenden wollen.

Innerhalb der Partnervereinbarungen definieren Sie die Nachrichtentypen als Eingangs- oder Ausgangsparameter. Je nach dessen Art müssen für den Partner bereits Daten im System vorhanden sein, wie in unserem Fall der Hausbankenstamm. Außerdem muss die Bank als EDI-fähig gekennzeichnet sein. Diesen Schritt müssen Sie vor der Pflege der Partnervereinbarungen ausführen, da nur dort die EDI-fähigen Banken ausgewählt werden können.

Dazu gehen Sie folgendermaßen vor:

Wählen Sie im Einführungsleitfaden den Menüpfad BANKBUCHHALTUNG • BANKKONTEN • HAUSBANKEN DEFINIEREN. Führen Sie die Transaktion aus, und hinterlegen Sie im SAP-System die entsprechenden Daten zu Ihren Hausbanken. Geben Sie zunächst einen Buchungskreis ein, und wählen Sie anschließend SPRINGEN • HAUSBANKEN. Sie sehen den Bildschirm aus Abbildung 5.14.

Abbildung 5.14 Hausbankpflege – Einstieg

Wählen Sie die gewünschte Bank per Doppelklick, und Sie erhalten die Darstellung aus Abbildung 5.15.

Wählen Sie den Button EDI-PARTNERVEREINBARUNGEN (siehe Mauszeiger in Abbildung 5.15). Anschließend ist der Bildschirm aus Abbildung 5.16 zu sehen.

Geben Sie eine Partnernummer ein (z. B. den BANKSCHLÜSSEL). Von hier aus können Sie die Partnervereinbarungen mit Hilfe des gleichnamigen Buttons EDI-PARTNERVEREINBARUNGEN erreichen (Transaktion WE20).

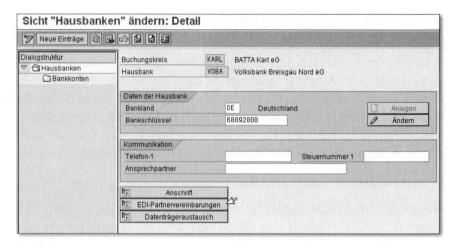

Abbildung 5.15 Hausbankpflege – Volksbank

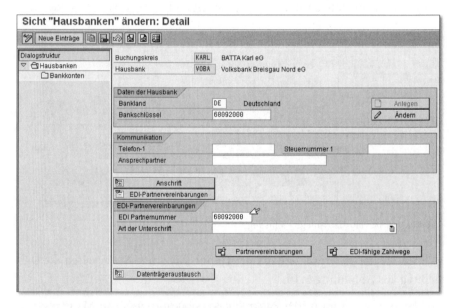

Abbildung 5.16 Hausbankpflege – EDI-Partnervereinbarung

Sie legen die Partnervereinbarungen zu Banken ohne Vorschlagswerte an,
damit ist die Pflege am individuellsten, dafür jedoch deutlich aufwendiger.
Dabei pflegen Sie die Partnervereinbarungen getrennt nach Ein- und Ausgangsverarbeitung.

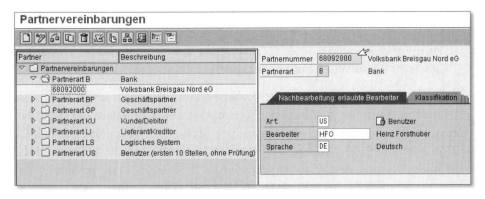

Abbildung 5.17 Partnervereinbarungen – Einstieg

Ihre Partner sind nach ihrer Art (z. B. Lieferant oder Bank) untergliedert – siehe Abbildung 5.17. PARTNERART und PARTNERNUMMER identifizieren den Partner in den Stammdaten eindeutig. Bei der PARTNERART BANK ist die PARTNERNUMMER die Bankleitzahl. Positionieren Sie den Cursor auf der gewünschten Partnerart (z. B. B für BANK), und führen Sie einen Doppelklick aus. Ihre weiteren Einträge nehmen Sie im rechten Bildbereich vor, wie in 5.18 zu sehen ist. Geben Sie dort die Partnernummer ein (z. B. die Bankleitzahl der betroffenen Bank).

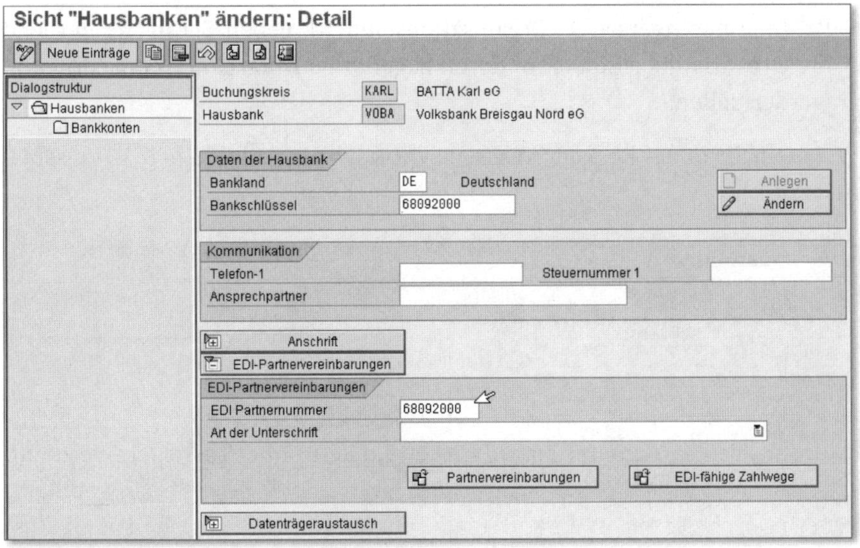

Abbildung 5.18 Partnervereinbarungen – Bank

Nun legen Sie fest, welche Nachrichten Sie von welchem Partner akzeptieren wollen. Hier geben Sie die Daten manuell ein. Alternativ dazu können Sie auch Vorschlagswerte aus dem Customizing übernehmen, die Sie vorher mit der Transaktion WE27 hinterlegt haben.

Für den Ausnahmefall – etwa fehlerhafte Übertragung von IDocs – legen Sie erlaubte Bearbeiter fest (Register NACHBEARBEITUNG: ERLAUBTE BEARBEITER in Abbildung 5.17). Weitere Informationen zur Bearbeiterermittlung finden Sie in Abschnitt 5.2.3, »Rollenauflösung«. Im Feld BEARBEITER hinterlegen Sie die Stelle (Person oder Personengruppe), die bei Verarbeitungsfehlern in der IDoc-Schnittstelle benachrichtigt werden soll. Dabei können bis zu drei verschiedene Stellen in unterschiedlichen Ebenen definiert werden:

- in den Ausgangs- bzw. Eingangspartnervereinbarungen für spezielle Partner
- in den allgemeinen Partnervereinbarungen für spezielle Partner
- in der IDoc-Administration allgemein

Bei Fehlern wird immer nur eine Stelle benachrichtigt, und zwar die speziellste.

- Ist die Empfängerart US (User oder Anwender), geben Sie im Feld BEARBEITER den Namen des SAP-Anwenders ein, der benachrichtigt werden soll.
- Ist die Empfängerart O (Organisationseinheit), geben Sie in diesem Feld die Organisationseinheit an, deren zugehörige Mitarbeiter benachrichtigt werden sollen.

Wechseln Sie in das Register KLASSIFIKATION, wie in Abbildung 5.19 zu sehen ist.

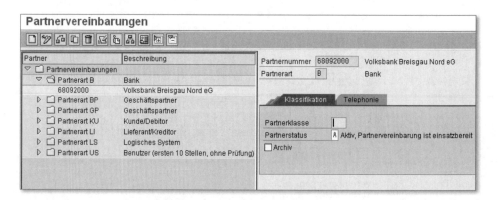

Abbildung 5.19 Partnervereinbarungen – Klassifikation

Setzen Sie den Partnerstatus auf AKTIV, um mit Ihrem Partner zu kommunizieren. Mit dem Status INAKTIV können Sie die Kommunikation mit dem Partner »abschalten«. Im Status MUSTERPROFIL dient er lediglich als (inaktive) Vorlage für das API der Partnervereinbarungen. In der Klassifikation der Partnervereinbarung können Sie die Parameter aus Abbildung 5.20 hinterlegen.

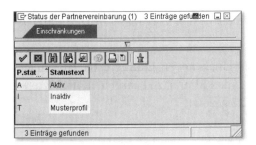

Abbildung 5.20 Klassifikation – Auswahlmöglichkeiten

Partnerstatus

Nur für Partner mit dem Status AKTIV können auch Daten elektronisch versandt bzw. empfangen werden.

Markieren Sie innerhalb des Ordners der gewünschten Partnerart Ihren Partner (siehe Abbildung 5.19). Richten Sie Ihr Augenmerk auf die Tabelle EINGANGSPARAMETER (siehe Abbildung 5.21).

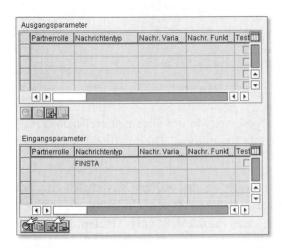

Abbildung 5.21 Partnervereinbarungen – Ein- und Ausgangsparameter

Hinterlegen Sie dort folgende Parameter in den Eingangspartnervereinbarungen:

▶ Legen Sie die Hausbanken mit dem Vorgangscode FINS (Eingangsparameter) für den Eingang an. Der zugehörige Nachrichtenname lautet FINSTA.

▶ Für die Gutschriftsanzeige verwenden Sie den Vorgangscode CREA mit der Nachricht CREADV.

▶ Für die Belastungsanzeige verwenden Sie den Vorgangscode DEBA und die Nachricht DEBADV.

Wählen Sie das Icon ![icon], wenn Sie einen neuen Eintrag erzeugen wollen, oder das Icon ![icon], um einen bestehenden Eintrag zu bearbeiten. Im letzteren Fall wird das Bild aus Abbildung 5.22 gezeigt.

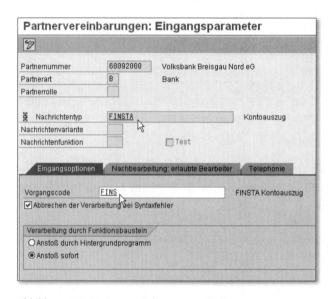

Abbildung 5.22 Partnervereinbarungen – Eingangsparameter

Partnernummer und -art haben Sie bereits in der allgemeinen Partnerverarbeitung festgelegt. Die Partnerrolle ist optional. Die Nachricht wird durch drei Parameter beschrieben:

▶ Der NACHRICHTENTYP orientiert sich an den EDIFACT-Nachrichtentypen und ist bei EDI normalerweise SAP-Belegtypen eindeutig zugeordnet. Durch die Nachrichtenvariante und -funktion können Sie den Typ weiter untergliedern.

▶ Die NACHRICHTENVARIANTE ist ein optionaler Parameter. Wenn etwa mehrere IDoc-Typen zum gleichen Nachrichtentyp gehören, kann über die Nachrichtenvariante die Zuordnung eindeutig gehalten werden.

▶ Die NACHRICHTENFUNKTION ist ebenfalls ein optionaler Parameter. Wenn etwa mehrere IDoc-Typen zum gleichen Nachrichtentyp gehören, kann in diesem Fall über Nachrichtenvariante und -funktion die Zuordnung eindeutig gehalten werden.

Man kann auch im Eingang die Verarbeitungsart eines IDoc für einen bestimmten Partner über die drei Felder NACHRICHTENTYP, -VARIANTE und -FUNKTION jeweils unterschiedlich bestimmen.

Zusammen mit dem Testkennzeichen (und dem Mandanten) bilden Nachricht und Partner die Schlüsselfelder der Eingangspartnervereinbarungen. Das ist genau wie beim (allgemeinen) Ausgang. Beachten Sie dazu auch Abbildung 5.23.

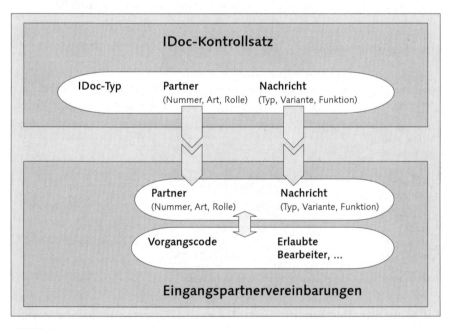

Abbildung 5.23 Eingangspartnervereinbarungen

Wenn Sie die Checkbox ABBRECHEN DER VERARBEITUNG BEI SYNTAXFEHLER markieren (siehe Abbildung 5.22), bricht die IDoc-Schnittstelle die Verarbeitung ab, wenn sie einen Syntaxfehler findet. Markieren Sie die Checkbox SYNTAXPRÜFUNG nicht, setzt die IDoc-Schnittstelle die Verarbeitung fort. Sie erhalten dann im Fehlerfall eine Meldung, dass ein Syntaxfehler gefunden wurde.

Die Verarbeitung durch den Funktionsbaustein kann auf zwei Arten erfolgen:

▶ **Sofortiger Anstoß**
In diesem Fall wird das eingehende IDoc sofort verarbeitet.

▶ **Anstoß durch Hintergrundprogramm**
Damit wird das eingehende IDoc im Hintergrund verarbeitet.

Die Checkbox ABBRECHEN DER VERARBEITUNG BEI SYNTAXFEHLER wird nur bei der Eingangsverarbeitung durch einen Funktionsbaustein ausgewertet. Andere Arten der Eingangsverarbeitung (Aufgabe, Vorgang) werden grundsätzlich sofort gestartet.

Auch auf dieser Ebene können Sie Bearbeiter hinterlegen, die im Fehlerfall benachrichtigt werden. Dafür ist ein eigenes Register NACHBEARBEITUNG: ERLAUBTE BEARBEITER vorhanden, das in Abbildung 5.24 zu sehen ist.

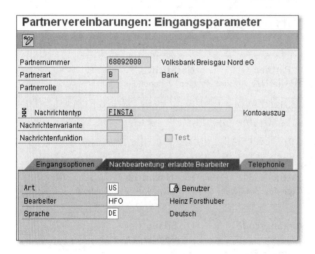

Abbildung 5.24 Eingangsparameter – Nachbearbeitung

Sie können anschließend Ihre Einträge in den Partnervereinbarungen automatisch prüfen lassen. Geprüft wird beispielsweise, ob die erlaubten Bearbeiter existieren oder ob es die angegebenen Vorgangscodes gibt. Wählen Sie im Einstiegsknoten der IDoc-Schnittstelle (Transaktion WEDI) den Ordner *Test*. Sie erhalten eine Liste der Prüfaktivitäten und deren Ergebnis. Bei fehlerhaften Partnervereinbarungen wird Ihnen mitgeteilt, was den Fehler verursacht hat.

5.3.6 Anwendungsparameter der Administration

Für die IDoc-Schnittstelle müssen Sie einmalig die Ereignis-Verbraucher-kopplung aktivieren, da beim Eingang eines IDoc immer ein Ereignis oder Event ausgelöst wird (Ausnahme: Porttyp »tRFC«). Dies geschieht im Customizing.

5.3.7 Customizing des elektronischen Kontoauszugs

Der Eingang von Kontoauszügen über EDI ist eine Form des elektronischen Kontoauszugs. Es sind also die Customizing-Tabellen des elektronischen Kontoauszugs zu pflegen. Bei der Verwendung des Kontoauszugs zur Kontostandsabfrage (Polling Information) muss bei der Zuordnung der Banken zu den Vorgangstypen eine Dispositionsart eingegeben werden. Dann werden in diesem Fall automatisch Avise der Finanzdisposition erzeugt.

Sie finden die einzelnen Aktivitäten im IMG unter GESCHÄFTSVORFÄLLE • ZAHLUNGSVERKEHR • ELEKTRONISCHER KONTOAUSZUG. Weitere Informationen zum elektronischen Kontoauszug finden Sie in Kapitel 3, »Customizing«, dieses Buches.

5.3.8 Ausnahmebehandlung

Im Fehlerfall wird die Standard-Workflow-Aufgabe FINSTA_ERROR gestartet. Es ist sicherzustellen, dass in den Grunddaten zur Aufgabe ein Administrator hinterlegt ist, der im Fehlerfall automatisch benachrichtigt werden kann. Um eine Aufgabe zu pflegen, führen Sie die Transaktion PFTC aus.

Informationen zu den Erweiterungsmöglichkeiten	[+]
Die Erweiterungsmöglichkeiten, die SAP zum EDI-Eingang eines elektronischen Kontoauszugs bietet, werden in Kapitel 4, »Erweiterungsmöglichkeiten«, ausführlich besprochen.	

5.4 Fazit

Nach der Lektüre dieses Kapitels wissen Sie, wie der Empfang der elektronischen Kontoauszüge per elektronischem Datenaustausch (EDI) funktioniert. Sie haben erfahren, dass Sie beim Einsatz dieser Technik ein externes EDI-Subsystem benötigen. Wir haben Ihnen die relevanten Begriffe vorgestellt und Ihnen gezeigt, welche Systemeinstellungen in SAP auszuführen sind.

Neben einer allgemeinen Einführung in die IDoc-Verarbeitung haben wir uns in erster Linie mit der Eingangsverarbeitung beschäftigt. Sie können nun Ports einrichten und wissen, wie Sie bei der Partnervereinbarung vorgehen müssen.

Der SAP Business Workflow ist ein Werkzeug zur Automatisierung von Geschäftsprozessen. Er steigert die Effizienz und Performance dieser Prozesse. In diesem Kapitel lernen Sie, welche Schritte im SAP-System notwendig sind, um den SAP Business Workflow für den elektronischen Kontoauszug einsetzen zu können.

6 SAP Business Workflow

Der SAP Business Workflow stellt jeweils sicher, dass die richtige Person zur richtigen Zeit die richtige Arbeit erhält. Gemäß der Workflow-Terminologie erhält diese Person (der Bearbeiter) ein *Workitem*. Der SAP Business Workflow hat den großen Vorteil, dass er in die SAP-Anwendungen eingebettet ist und von SAP als Teil der Anwendungsplattform bereitgestellt wird. Mit seiner Hilfe können Sie eine Vielzahl von SAP-Prozessen ohne jeglichen Entwicklungsaufwand automatisieren.

In diesem Kapitel erläutern wir nun zunächst die Grundlagen zum Workflow und stellen dabei auch unser Fallbeispiel und das Customizing vor. Anschließend gehen wir detailliert auf den Workflow Builder und die Business-Logik ein. Wobei der Workflow Builder das Definitionswerkzeug ist, um die einzelnen Workflowschritte und deren Verknüpfungen abzubilden. Während die Business-Logik, für die logische Abfolge des Vorgehens steht, um unternehmerische Prozesse abzubilden.

6.1 Grundlagen

Der SAP Business Workflow wird meist verwendet, um Prozesse mit Benutzerinteraktion zu automatisieren. Dazu müssen die Workflows mit der Organisationsstruktur eines Unternehmens verknüpft werden, um die Prozessschritte den richtigen Bearbeitern zuzuordnen. Die Prozesse werden mit Hilfe eines grafischen Modellierungswerkzeugs, des *Workflow Builders*, definiert.

SAP stellt Hunderte vorkonfigurierter Workflows bereit, die Sie entweder direkt unverändert einsetzen oder an die Anforderungen Ihrer Organisation anpassen können. Leider steht jedoch kein vorkonfigurierter Workflow für den elektronischen Kontoauszug bereit.

Folgende Schritte sind zur erfolgreichen Ausführung eines Workflows erforderlich:

1. Konfiguration des Workflow-Systems (hauptsächlich automatisches Customizing)

2. Einrichten des workflowspezifischen Customizings (bei Workflows, die von SAP ausgeliefert wurden)

3. Erstellen neuer Workflows (bei Bedarf) oder Kopieren und Ändern von ausgelieferten Workflows

4. Einrichten der Organisationsmanagement-Strukturen oder anderer Methoden, mit denen den Benutzern die Aufgaben zugeordnet werden

5. Test des Workflows

Im folgenden erläutern wir zunächst die wichtigsten Begriffe innerhalb des SAP Business Workflow.

6.1.1 Objektdaten

Zunächst muss ermittelt werden, welche Daten im Workflow benötigt werden.

▸ **Daten zur Durchführung von Aufgaben**
  Beim Start eines Workflows werden üblicherweise Schlüsselinformationen an den Workflow übergeben, wie etwa der Kurzkey des Kontoauszugs.

▸ **Daten zur Ermittlung des zuständigen Bearbeiters**
  Wenn z. B. die Person, die die Kontoauszugsposition nachbearbeiten soll, anhand der Belegart ausgewählt werden soll, benötigt der Workflow die Daten Kontoauszugsposition und Belegart.

▸ **Wo befinden sich die Daten?**
  Workflows stellen standardmäßig folgende Daten bereit:

  ▹ Systeminformationen des Workflows

  ▹ Detailinformationen zu ausgeführten Aufgaben

In den SAP-Komponenten wurden bereits eine ganze Reihe von Business-Objekten erstellt, die sowohl tabellenbasierte als auch berechnete Daten enthalten. Vorhandene Business-Objekte können problemlos wiederverwendet und erweitert werden und zeichnen sich durch ihre Upgrade-Fähigkeiten aus.

Sie können auch als Vorlage für eigene, vollständig neue Business-Objekte verwendet werden.

6.1.2 Ermittlung der Bearbeiter

Der SAP Business Workflow soll gewährleisten, dass die jeweiligen Aufgaben rechtzeitig für eine Person bereitgestellt werden. Dies geschieht in Form eines Workitems. Oberflächlich betrachtet sieht das Workitem für den Bearbeiter wie eine E-Mail aus: Es verfügt über einen Titel und eine Beschreibung, kann weitere Dokumente als Anlage enthalten und wird über eine Workflow-Inbox empfangen. Im Gegensatz zu einer E-Mail, die nur mitteilen kann, dass eine Aufgabe ansteht, bringt das Workitem die Arbeit jedoch direkt mit.

Wird ein Workitem an mehrere Bearbeiter gesendet, erhalten zunächst alle Bearbeiter die gleichen Workitems. Nach der Ausführung des Workitems und der Verarbeitung der Daten durch *einen* Bearbeiter wird dieses Workitem aus den Workflow-Inboxen *aller* Bearbeiter gelöscht. Die Personen, die Aufgaben ausführen, müssen Texte bzw. Anweisungen anzeigen lassen und die Workitems ausführen.

Auf welche Weise werden die Bearbeiter in einem Workflow ermittelt?

Sie benötigen eine Möglichkeit, den aktuell für eine Aufgabe zuständigen Bearbeiter (oder auch mehrere Bearbeiter) zuverlässig zu bestimmen. Dies erfolgt meist mit Hilfe von Kriterien, die auf einen Bearbeiter verweisen. Sowohl die Kriterien als auch die Beziehungen zwischen Kriterien und Bearbeiter müssen im System vorhanden sein. Folgende Aspekte erleichtern die Bearbeiterermittlung:

▶ Auswertungswege der Aufbauorganisation

▶ Verteilerlisten

▶ Tabellen mit Werten für Kriterien, die Bearbeitern zugeordnet sind

▶ Zuständigkeitsregeln, nach denen Kriterienwerte Bearbeitern zugeordnet werden

Empfohlenes E-Mail-System   [+]

Wir verwenden als E-Mail-System *SAP Office Business Workplace* (SBWP). Der Business Workplace stellt die Inbox innerhalb des SAP GUI bereit. Er verfügt über die umfassendsten Funktionen. Diese Inbox wird empfohlen, wenn Sie lediglich über Workitems innerhalb eines SAP-Systems verfügen und üblicherweise das SAP GUI nutzen.

Bearbeiterzuordnung

Bei jedem Workitem müssen die konkurrierenden Ansprüche mehrerer Bearbeitergruppen berücksichtigt werden. Nur durch die Auswertung aller drei Gruppen können die Empfänger bestimmt werden. Dabei handelt es sich um folgende Gruppen:

- *mögliche Bearbeiter* – wer darf die Arbeit ausführen?
- *zuständige Bearbeiter* – wer ist für diesen Schritt zuständig?
- *ausgeschlossene Bearbeiter* – wer sollte diesen Schritt nicht ausführen?

Abbildung 6.1 stellt die Bearbeiterzuordnung grafisch dar. Sie sehen dort die drei Gruppen.

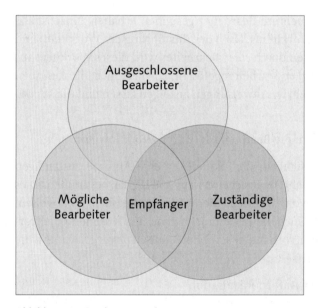

Abbildung 6.1 Bearbeiterzuordnung

- **Ausgewählte Bearbeiter**

  Ausgewählte Bearbeiter (auch als *Empfänger* bezeichnet) sind die Bearbeiter, die die Arbeit tatsächlich in ihren Inboxen empfangen, d.h. die Erstempfänger des Workitems. Falls erlaubt, haben Empfänger die Möglichkeit, die Arbeit an andere mögliche Bearbeiter weiterzuleiten. Aus diesem Grund muss das System sowohl die *möglichen* als auch die *ausgeschlossenen* *Bearbeiter* eines Workitems prüfen, bevor es festlegt, ob ein bestimmter Bearbeiter die Arbeit ausführen kann. Der Mitarbeiter, der die Arbeit tatsächlich ausgeführt und erledigt hat, wird *tatsächlicher Bearbeiter* genannt.

▶ **Mögliche Bearbeiter**

Mögliche Bearbeiter werden stets einer Aufgabe, auf der viele Workitems basieren können, und nicht dem Workitem selbst zugeordnet. Die tatsächlich beste Variante der Zuordnung möglicher Bearbeiter ist üblicherweise die direkte Zuordnung von Rollen zu Aufgaben.

Bei einer Aufgabe kann die Liste der dieser Aufgabe zugeordneten möglichen Bearbeiter recht lang sein, denn Sie müssen jeden Mitarbeiter zuordnen, der ein auf dieser Aufgabe basierendes Workitem gegebenenfalls ausführen können soll. Mit Hilfe zuständiger und ausgeschlossener Bearbeiter können Sie die Liste der Empfänger auf die Bearbeiter beschränken, die ein bestimmtes Workitem empfangen sollen.

▶ **Zuständige Bearbeiter**

Zuständige Bearbeiter sind Mitarbeiter, die ein bestimmtes Workitem ausführen sollen. Der Unterschied zwischen möglichen und zuständigen Bearbeitern kann anhand eines einfachen Beispiels erläutert werden:

Mögliche Bearbeiter und zuständige Bearbeiter   **[zB]**

Alle Vorgesetzten genehmigen Anfragen von Mitarbeitern zum Besuch von Schulungen. Ihr Vorgesetzter ist verantwortlich für das Genehmigen von Anfragen zum Besuch von Schulungen, die von Ihnen eingereicht werden.

Beachten Sie, dass die zuständigen Bearbeiter auch mögliche Bearbeiter sein müssen. Wenn Sie zuständige Bearbeiter angeben, die keine möglichen Bearbeiter sind, sendet der Workflow diesen das Workitem nicht.

▶ **Ausgeschlossene Bearbeiter**

Ausgeschlossene Bearbeiter sind Mitarbeiter, die ein bestimmtes Workitem nicht ausführen sollen, wenngleich sie mögliche oder zuständige Bearbeiter sind.

Ausgeschlossene Bearbeiter werden dem Workflow-Schritt stets durch einen Ausdruck zugeordnet. Sie müssen also alle auszuschließenden Bearbeiter in einer Liste (d.h. einem mehrzeiligen Containerelement) ablegen und anschließend einen Ausdruck verwenden, um die Liste dem Workflow-Schritt zuzuordnen.

Organisationsmanagement

Das Problem bei der direkten Zuordnung von Benutzerkennungen zu Workitems ist der hohe Verwaltungsaufwand. Die Lösung hierfür nennt sich *Auf-*

bauorganisation. Jeder SAP NetWeaver Application Server (AS) verfügt über eine Basisaufbauorganisation mit allen erforderlichen Elementen für den Workflow.

Durch die Zuordnung einer Aufgabe zu einer Planstelle werden die Benutzer, die mit dieser Planstelle verbunden sind, mögliche Bearbeiter der Aufgabe. Durch die Zuordnung einer Aufgabe zu einer Stelle werden sämtliche Benutzer, die mit allen mit dieser Stelle verknüpften Planstellen verbunden sind, mögliche Bearbeiter dieser Aufgabe.

Aufgabengruppen bieten eine Möglichkeit zur gemeinsamen Gruppierung von Workflow-Aufgaben. Der Zugriff erfolgt in der Workflow-Sicht der Aufbauorganisation und im Workflow Builder über das Symbol AUFGABENGRUPPE.

6.1.3 Auslösendes Ereignis

Workflows und Aufgaben können über Ereignisse gestartet werden. Für einen Workflow oder eine Aufgabe kann es mehrere auslösende Ereignisse geben. In letzterem Fall gibt es eine logische OR-Verknüpfung zwischen den verschiedenen Startereignissen. Die auslösenden Ereignisse eines Workflows oder Workitems werden in die jeweilige Definition des Workflows bzw. des Workitems eingetragen.

6.1.4 Container

In *Containern* werden die während der Lebensdauer des Workflows benötigten Daten gespeichert. Dabei werden folgende Container eingesetzt:

▶ Workflow-Container für jeden Workflow
▶ Aufgabencontainer für jede Aufgabe
▶ Methodencontainer für jede Methode
▶ Ereigniscontainer für jedes Ereignis
▶ Regelcontainer für jede Regel

Der *Workflow-Container* enthält alle Datenwerte, die in entsprechenden Schritten verwendet und von diesen an die nachfolgenden Schritte weitergegeben werden. Der *Aufgabencontainer* enthält alle Daten, die in Workitem-Texten und -Beschreibungen sowie bei der Übermittlung an die Methode und aus der Methode verwendet werden. Der *Methodencontainer* speichert die Parameter der auszuführenden Funktion sowie die Ergebnisse der Funktion.

Der *Ereigniscontainer* enthält Daten, die aus Geschäftsanwendungen übergeben wurden und an den Workflow weitergeleitet werden. Im *Regelcontainer* befinden sich die Kriterien, die beispielsweise zur Bearbeiterermittlung verwendet werden.

6.1.5 Datenfluss

Über den *Datenfluss* wird festgelegt, wie Daten zwischen den verschiedenen Containern übergeben werden. Neben der reinen Zuordnung sind verschiedene interessante Datenflussoperationen verfügbar, wie das Aufrufen von Anzeigemethoden, funktionale Methoden, das Initialisieren von Werten oder das Anhängen an Tabellen.

Die im Datenfluss eingesetzten Ausdrücke können auch Indexzugriff für mehrzeilige Elemente bieten. Sie können auf eine vollständige Tabellenzeile, eine bestimmte Spalte in einer Zeile, eine vollständige Spalte oder andere spezifische Informationen zugreifen. Ausdrücke können Aufrufe funktionaler Methoden für BOR-Objekte oder ABAP-Klassen enthalten. Durch die Auswertung des Ausdrucks wird der Ergebniswert der Methode ermittelt. Es sind jedoch keine Datenbankänderungen möglich.

6.1.6 Business-Objekte

Business-Objekte sind eine wichtige Schnittstelle zwischen dem Workflow und den Geschäftsanwendungen in SAP-Komponenten.

Der SAP Business Workflow wurde mit einer Annäherung an die objektorientierte Programmierung bereitgestellt, dem *Business Object Repository* (BOR). Ziel des BOR ist die Bereitstellung von Techniken und Services im objektorientierten Stil. Insbesondere enthält BOR ein objektorientiertes Konzept – wie Vererbung, Delegation, Assoziation und Polymorphismus.

Business-Objekte verbinden den SAP Business Workflow mit den Daten und Funktionen in Geschäftsanwendungen. Geschäftsdaten können in folgenden Elementen eingesetzt werden:

► in Schritten zur Workflow-Steuerung

► in Datenflüssen

► in Texten

► in Startbedingungen, die bestimmen, ob ein Workflow gestartet wird

Geschäftsfunktionen können in folgenden Elementen eingesetzt werden:

► in Methoden, innerhalb von Aufgaben und innerhalb von Workflows
► in Regeln zur Bearbeiterermittlung
► in Ereigniskopplungen innerhalb von Startbedingungen
► in Neben-, Vor- und Folgemethoden innerhalb der Workflow-Schrittdefinition

6.1.7 Methoden

Eine *Methode* ist eine Aktivität, die für ein Objekt ausgeführt werden kann, d.h., eine Methode bietet Zugriff auf die für eine Objektinstanz relevanten Geschäftsfunktionen. Wenn Sie eine Funktion in einem Workflow einsetzen möchten, muss die Funktion zunächst als Methode eines Objekttyps definiert werden. Bei einer Methode handelt es sich üblicherweise um eine Einzelaktivität, die für eine Objektinstanz ausgeführt werden kann. Die Methode kann folgende Dinge umfassen:

► Parameter zur Übermittlung zusätzlicher Werte von einem Workflow
► Parameter zur Rückgabe von Ergebnissen an den Workflow
► Ausnahmen zur Benachrichtigung über Fehler

Eine Methode kann auf einer beliebigen Geschäftsfunktion oder auf Quelltext basieren, einschließlich Transaktionen, BAPIs, Funktionsbausteinen und RFCs für externe Systemroutinen. Eine Methode kann verschiedene Geschäftsfunktionen oder sogar andere Methoden aufrufen. Methodennamen sollten aus Verben gebildet werden, z.B. `Display`, `Change`, `Create`, `Delete` oder `Post`.

6.1.8 Ereignisse

Ereignisse kündigen eine Änderung des Business-Objektstatus an. *Anwendungen* ändern den Status von Business-Objektdaten. Daher muss die geeignete Anwendung die Ereignisimplementierung enthalten. Der *Objekttyp* hingegen definiert lediglich die Ereignisbezeichnung. Ereignisbezeichnungen werden aus Verben gebildet, üblicherweise in der Vergangenheitsform, etwa `Created` und `Changed`. Das Ereignis `Created` zeigt an, dass eine Objektinstanz erstellt wurde, das Ereignis `Changed` weist auf die Änderung einer Objektinstanz hin.

Ereignisse können über zusätzliche Parameter verfügen, diese werden ähnlich wie die Parameter einer Methode definiert. Wenn Sie zusätzliche Parameter für ein Ereignis definieren, müssen Sie sicherstellen, dass die Ereignisimplementierung diese Parameter füllen kann. Dies bedeutet in der Regel, dass Sie eine eigene Ereignisimplementierung programmieren, anstatt standardmäßige SAP-Ereignisimplementierungen zu verwenden. Da die Implementierung nicht Bestandteil des Objekttyps ist, müssen Sie sicherstellen, dass in der Ereignisdokumentation erläutert wird, wie das Ereignis ausgelöst wird.

6.1.9 Business-Objekttypen

Häufig müssen die bereitgestellten *Business-Objekttypen* angepasst oder durch eigenen Quelltext ergänzt werden.

Es ist wichtig, dass Sie das Implementierungsprogramm ausschließlich über den Objekttyp im Business Object Builder bearbeiten, da die Beziehungen zwischen Objekttyp und zugehörigem Programm sehr eng sind.

Keine Bearbeitung mit Standardtransaktionen   [!]

Nehmen Sie keine Bearbeitung in den Standardtransaktionen SE38 und SE80 vor, um das Risiko von Synchronisationsproblemen zwischen Objekttyp und zugehörigem Programm zu minimieren.

In den Implementierungsprogrammen wird intensiver Gebrauch von *Makros* gemacht. Makros sind Quelltextfragmente, die in Pseudo-ABAP-Befehlen gekapselt sind. Sie dienen einer beschleunigten Programmierung. Sie sollten die für Workflows bereitgestellten Makros in jedem Fall verwenden, insbesondere innerhalb des Implementierungsprogramms. Auf diese Weise können Sie die Konsistenz sicherstellen und Aktualisierungsprobleme minimieren.

6.1.10 Vorstellung des Fallbeispiels

Nach der Verbuchung des elektronischen Kontoauszugs durch den Report RFEBKA00 startet – falls nicht alle Positionen erfolgreich verbucht werden konnten – ein Workflow, der die Aufgabe der Nachbearbeitung der Einzelposten an die zuständigen Mitarbeiter weiterleitet.

Wir werden im Rahmen unseres Beispiels mit dem BOR-Konzept arbeiten, das sowohl das Auslösen von Ereignissen als auch einen objektorientierten

Zugriff auf Daten unterstützt. Hier werden von SAP zum Thema Kontoauszug entsprechende Objekte geliefert, das Objekt BUS4499 für den Kontoauszug und das Objekt BUS4498 für die Einzelposten des Kontoauszugs.

6.2 Customizing

Damit der Workflow genutzt werden kann, muss die Grundkonfiguration dieser Komponente durchgeführt werden. Da es sich aber um eine sehr hohe Anzahl von pflegbaren Parametern handelt, haben Sie die Möglichkeit, mit Hilfe der Transaktion SWU3 das AUTOMATISCHE WORKFLOW-CUSTOMIZING durchzuführen. Die automatisch vorgenommenen Einstellungen sind im Allgemeinen hinreichend. Starten Sie die Transaktion SWU3, und führen Sie das Customizing über das Menü AUTO-CUSTOMIZING AUSFÜHREN (Funktionstaste F9) aus, wie Sie in Abbildung 6.2. sehen können. Folgen Sie dann den vom System vorgeschlagenen Aktionen, und benutzen Sie die angezeigten Standardwerte.

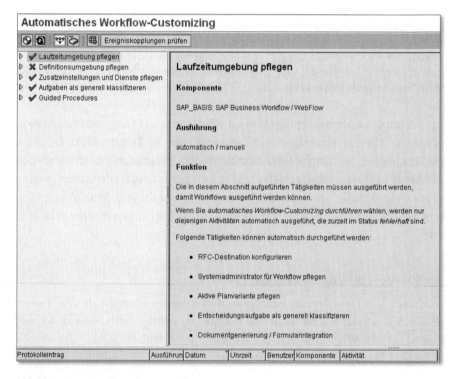

Abbildung 6.2 Automatisches Workflow-Customizing

Weitere Informationen   [+]

Weitere Details zu diesem Vorgehen erhalten Sie in der SAP-Hilfe oder im Kapitel »Konfiguration des Systems« aus dem Buch »Workflow-Management mit SAP«, das ebenfalls bei SAP PRESS erschienen ist.

Nach dem Ausführen des Customizings können wir nun die Workflow-Definition in Angriff nehmen.

6.3 Workflow Builder

Der *Workflow Builder* ermöglicht die Erstellung oder Erweiterung eines Prozesses, indem Sie einzelne Aufgaben (basierend auf Transaktionen, Funktionsbausteinen usw.) per Drag & Drop in die Prozessdefinition aufnehmen. Der Workflow Builder verknüpft den Prozess mit der eigentlichen Funktionalität. Das heißt, dass der Prozess grafisch modelliert, aktiviert und dann ausgeführt wird.

6.3.1 Anlegen eines Workflows

Das zentrale Werkzeug für das Anlegen, Anzeigen und Verarbeiten ist der Workflow Builder. Sie rufen ihn über die Transaktion SWDD auf. Die meisten Workflows werden durch ein *Ereignis*, das in einer SAP-Anwendung auftritt, gestartet. Die erforderlichen Daten, die von diesem Ereignis an den Workflow übergeben werden, werden in einem sogenannten *Datenfluss* definiert. Es gibt *Workflow-Container*, in denen die für den Workflow erforderlichen Daten gespeichert werden.

Der Workflow besteht aus mehreren *Workflow-Schritten*, die zur Ausführung von Aktivitäten oder zur Steuerung des Workflows genutzt werden. Daten können von einem Schritt an den nächsten übergeben werden. Die Aktivitäten werden innerhalb von *Aufgaben* ausgeführt. Der *Aufgabencontainer* einer Aktivität enthält alle für diese Aufgabe erforderlichen Daten. Im *Datenfluss* wird die Übergabe von Daten vom Workflow-Container in den Aufgabencontainer bzw. vom Aufgabencontainer zurück in den Workflow-Container beschrieben. Variablen, mit denen der Workflow gesteuert wird oder Ergebnisse bereitgestellt werden, nennt man *Ausdrücke*. Bei diesen kann es sich um einfache Containerelemente oder um die Attribute von Business-Objekten handeln. Zuletzt verfügt ein Workflow über einen *Endpunkt*, und es gibt keine verborgenen Ausgangspunkte.

6.3.2 Workflow-Definition

Wir starten den Workflow Builder über die Transaktion SWDD oder über das SAP-Menü WERKZEUGE • BUSINESS WORKFLOW • ENTWICKLUNG • DEFINITIONS-WERKZEUGE • WORKFLOW BUILDER. Zuerst sehen wir einen initialen leeren Workflow, wie in Abbildung 6.3 gezeigt wird.

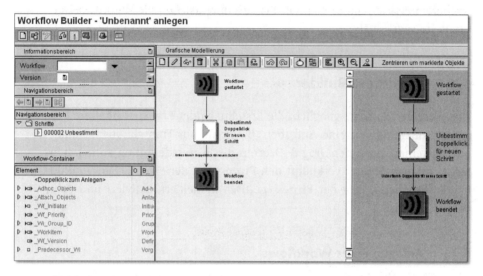

Abbildung 6.3 Workflow – Einstiegsbild

6.3.3 Container

Als Nächstes schalten wir im Kontextbereich von EINFÜGBARE SCHRITTTYPEN auf WORKFLOW-CONTAINER um. Dies ist in Abbildung 6.4 zu sehen.

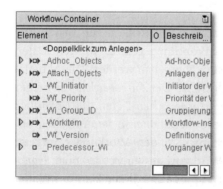

Abbildung 6.4 Kontextbereich

Da wir uns in diesem Workflow auf einen elektronischen Kontoauszug beziehen, muss dieses Element im sogenannten Hauptworkflow-Container bekannt gemacht werden. Dazu führen wir einen Doppelklick auf dem Text DOPPELKLICK ZUM ANLEGEN – wie in Abbildung 6.4 zu sehen – aus. Es öffnet sich ein Dialogfenster.

Die notwendigen Felder füllen wir hier wie folgt (siehe Abbildung 6.5):

▶ Feld ELEMENT: »AccountStatement«

▶ Felder BEZEICHNUNG und KURZBESCHREIBUNG: »Kontoauszug«

▶ Feld OBJEKTTYP: »BOR-Objekttyp«

▶ Feld darunter: »BUS4499«

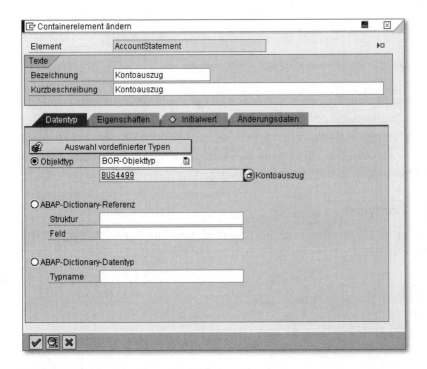

Abbildung 6.5 Containerelement mit Werten anlegen

Im Register EIGENSCHAFTEN markieren Sie nun die Checkbox IMPORT, wie in Abbildung 6.6 zu sehen ist. Durch diese Eigenschaft wird es möglich, einen konkreten Bezug (eine Referenz) auf einen Kontoauszug beim Start des Workflows an diesen zu übergeben.

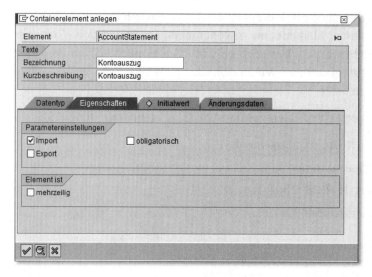

Abbildung 6.6 Containerelement – Register »Eigenschaften«

Bestätigen Sie Ihre Eingaben mit dem Icon ✔. Nun wird das neu angelegte Element in unserem Container erscheinen und als Referenz auf ein konkretes Objekt vom Typ BUS4499 dienen. Wie Sie in Abbildung 6.7 sehen, kann man sich die Attribute des Objekttyps BUS4499 ansehen, indem man über das Dreieck am Element die Struktur aufklappt.

Abbildung 6.7 Containerelement – »AccountStatement«

6.3.4 Grunddaten des Workflows

Als Nächstes werden wir die Grunddaten des Workflows pflegen. Dazu können Sie entweder über das Menü SPRINGEN • GRUNDDATEN gehen, auf das Hutsymbol klicken oder die Tastenkombination [Strg] + [F8] drücken.

Anstelle der grafischen Modellierungssicht wird das Bild aus Abbildung 6.8 angezeigt. Füllen Sie auch hier die erforderlichen Felder aus:

▶ Feld KÜRZEL: »KAEKorrektur«

▶ Feld BEZEICHNUNG: »Kontoauszug Einzelposten Korrektur«

▶ Feld FREIGABESTATUS: »Modelliert«

▶ Feld SAPPHONE: »nicht für SAPphone geeignet«

▶ Feld WORKITEM-TEXT: »Einzelpostenkorrektur für Kontoauszug &Account-Statement.AccountStatementId&«

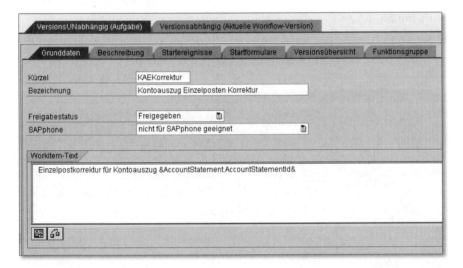

Abbildung 6.8 Grunddaten des Workflows mit Werten

Jeder Workflow, der später basierend auf diesem Muster gestartet wird, wird diesen Workitem-Text als Bezeichnung erhalten. Der Platzhalter &ACCOUNT-STATEMENT.ACCOUNTSTATEMENTID& wird durch die tatsächliche Kontoauszugsnummer ersetzt werden, d.h., zum Startzeitpunkt wird das System über das Containerelement `AccountStatement` auf den Kurzschlüssel (`AccountStatementId`) des Kontoauszugs zugreifen. Dies funktioniert natürlich nur, wenn im Container eine valide Referenz auf den Kontoauszug hinterlegt ist.

Ereigniskopplung pflegen

Wie schon erwähnt, werden Arbeitsabläufe gestartet, wenn bestimmte Ereignisse und Bedingungen eingetreten sind. In unserem Beispiel werden wir immer dann einen Workflow starten, wenn für einen Kontoauszug das Ereignis POSTINGSDONE über seine BUS4499-Repräsentation ausgelöst wird.

Wir sind noch immer in den Grunddaten des Workflows und springen nun in das Register STARTEREIGNISSE. Wie wir in Abbildung 6.9 sehen, können hier mehrere auslösende Startbedingungen für den gleichen Ablauf hinterlegt werden. Für unser Beispiel brauchen wir aber nur ein auslösendes Ereignis. Dazu pflegen wir auch hier wieder einige Parameter:

▶ Kategorie (Spalte KATE...): BO

▶ Spalte OBJEKTTYP: BUS4499, hier kann auch die Suchhilfe genutzt werden, da immer die zuletzt ausgewählten Objekte angeboten werden.

▶ Spalte EREIGNIS DES OBJEKTS: Da der Workflow erst starten soll, wenn die Verbuchung beendet ist, wählen wir hier das Ereignis POSTINGSDONE aus.

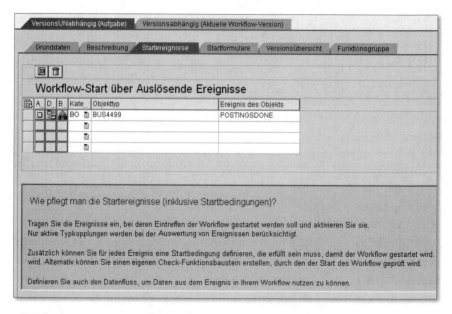

Abbildung 6.9 Grunddaten des Workflows – Register »Startereignisse«

Bei der Definition des Datencontainers haben wir angegeben, dass das Containerelement AccountStatement eine Referenz auf einen Kontoauszug (BUS4499) ist und beim Start des Workflows importiert werden soll. Dies erreichen Sie, indem Sie den Datenfluss zwischen dem Ereigniscontainer und dem Workflow-Container beschreiben.

Um den Datenfluss zu definieren, klicken Sie auf das Datenfluss-Symbol (das Icon unter dem großen D). Es öffnet sich dann der Dialog aus Abbildung 6.10.

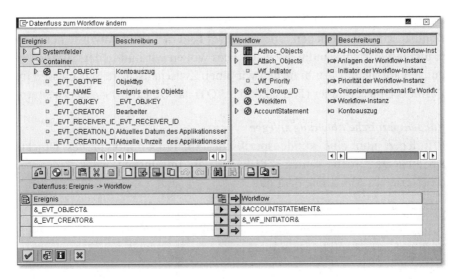

Abbildung 6.10 Datenfluss definieren

In unserem Beispiel ist die Abbildung zwischen Ereigniscontainer und Workflow-Container so einfach, dass das System die richtige Abbildung automatisch erkannt hat und den Datenfluss schon vorbelegt hat. Sollte das System einmal nicht die korrekten Vorgaben machen, können wir diese natürlich jederzeit ändern.

Die vorgeschlagene Abbildung der Containerinhalte wird zum Zeitpunkt des Workflow-Starts wie folgt interpretiert: Die Referenz auf das auslösende Objekt (_EVT_OBJECT) wird aus dem Ereigniscontainer in den Workflow-Container übertragen und dort im Element _EVT_CREATOR auf das Workflow-Containerelement _WF_INITIATOR übertragen.

Startbedingungen festlegen

Bislang haben wir nur vorgefertigte Elemente für unsere Umsetzung genommen. Im nächsten Schritt werden wir das System erweitern, da wir eine zusätzliche Funktionalität benötigen. Das Ereignis POSTINGSDONE am Objekt BUS4499 wird jedes Mal ausgelöst, wenn die Verbuchung eines Kontoauszugs abgeschlossen ist. Dabei wird nicht unterschieden, ob alle Einzelposten verbucht werden konnten oder ob einzelne Positionen nachbearbeitet werden müssen. Mit den bisherigen Einstellungen würde daher auch jedes Mal ein Workflow starten. Daher benötigen wir am Objekt BUS4499 ein Attribut, das darüber Auskunft geben kann, ob ein Kontoauszug noch nicht verbuchte Positionen aufweist. Am einfachsten ist es, sich in diesem Fall auf das Feld

ASTAT in der Tabelle FEBKO (Tabelle des Bankdatenspeichers, Kopfdaten des Kontoauszugs) zu beziehen. Enthält dieses Feld den Wert 7, wurde der Kontoauszug nicht vollständig verbucht. Dies wollen wir nun in den Startbedingungen abfragen. Dazu brauchen wir einen Zwischenschritt: Wir müssen im Business Object Builder (Transaktion SWO1) das Objekt BUS4499 erweitern.

Kundenspezifische Ableitung anlegen

Wir legen nun eine kundenspezifische Ableitung (Subtyp) des Objekts BUS4499 unter dem Namen »ZBUS4499« an. Im Einstiegsdialog tragen wir die Werte aus Abbildung 6.11 ein.

Abbildung 6.11 Transaktion SWO1 – »Objekttyp anlegen«

Damit wir diese Realisierung später nutzen können, sollte man direkt den Freigabestatus ändern. Dazu wählen wir im Menü den Pfad BEARBEITEN • FREIGABESTATUS ÄNDERN • OBJEKTTYP • IN IMPLEMENTIERT.

[+]

> **Hinweis zur Anwendung**
>
> Wann immer Sie signifikante Änderungen an einem BOR-Objekt vorgenommen haben, sollten Sie das Objekt prüfen und generieren lassen (Icon ☀).
>
> Sollten Sie die Generierung nicht durchführen, wird das System versuchen, Sie zu unterstützen, und die Generierung im Bedarfsfall automatisch auslösen. Um Fehler und Probleme bei der automatischen Generierung zu vermeiden, wird jedoch empfohlen, diesen Schritt immer a priori durchzuführen, um eventuelle Probleme rechtzeitig beseitigen zu können.

Virtuelles Attribut anlegen

Nun kommen wir zum Anlegen eines virtuellen Attributs. Gehen Sie hierzu folgendermaßen vor:

1. Stellen Sie den Cursor auf ATTRIBUT, und wählen Sie das Icon ⬜. Geben Sie die Parameter ein, wie sie in Abbildung 6.12 zu sehen sind.

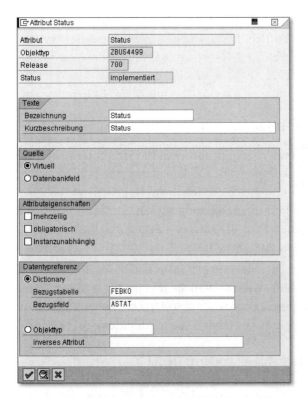

Abbildung 6.12 Attribut »Status« anlegen

2. Nun stellen wir den Cursor auf das Attribut und wählen den Button Programm, der in Abbildung 6.13 zu sehen ist. Hier hinterlegen wir das
Coding aus Listing 6.1, um den Status aus der Tabelle FEBKO auszulesen.
Das System hat den Rahmen zur Hinterlegung des Codings bereits vorgegeben.

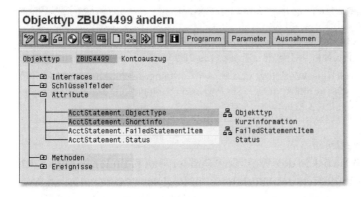

Abbildung 6.13 Objekttyp «ZBUS4499"

```
GET_PROPERTY STATUS CHANGING CONTAINER.
SELECT astat INTO OBJECT-STATUS FROM FEBKO
where KUKEY = OBJECT-KEY-ACCOUNTSTATEMENTID.
ENDSELECT.
SWC_SET_ELEMENT CONTAINER 'Status' OBJECT-STATUS.
END_PROPERTY.
```

Listing 6.1 Coding zum Attribut »Status«

3. Jetzt wechseln wir aus dem Programm zurück in die Strukturansicht. Hier müssen Sie die Objekttypkomponente aus dem Status »modelliert« in den Zustand »implementiert« und gleich danach in »freigegeben« weiterschalten. Dazu stellen Sie die Eingabemarkierung auf das Attribut STATUS und wählen aus dem Menü den Pfad BEARBEITEN • FREIGABESTATUS ÄNDERN • OBJEKTTYPKOMPONENTE • IN IMPLEMENTIERT.

4. Jetzt müssen Sie nur noch eine Delegation von Objekt BUS4499 auf Objekt ZBUS4499 einrichten. Hierzu rufen Sie im Einstiegsbild der Transaktion SWO1 den Menüpunkt EINSTELLUNGEN • DELEGATION auf. Hier können wir nun einen neuen Eintrag erfassen (siehe Abbildung 6.14).

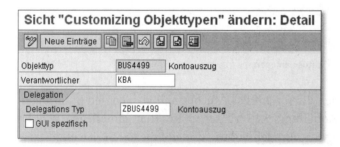

Abbildung 6.14 Delegation einrichten

[!] | **Die Delegation ist unbedingt notwendig!**

Wenn Sie den Schritt der Delegation nicht durchführen, werden Ihnen im Workflow nur die Attribute und Methoden des Objekttyps BUS4499 zur Verfügung stehen!

Bitte beziehen Sie sich im Workflow und in der Containerdefinition nie direkt auf den Subtyp ZBUS4499, sondern nutzen Sie immer die Delegation, und beziehen Sie sich nur auf den Objekttyp BUS4499.

Startbedingungen pflegen

Nun kommen wir zurück in den Workflow Builder, hier befinden wir uns noch immer in den Grunddaten des Workflows im Register STARTEREIGNISSE. Wir müssen nun noch die Startbedingungen pflegen, dazu klicken wir auf das Icon unter dem großen B. Wir gelangen in den Bedingungseditor. In Abbildung 6.15 sehen Sie bereits das Ergebnis Ihrer Bemühungen, die Ereigniskopplung.

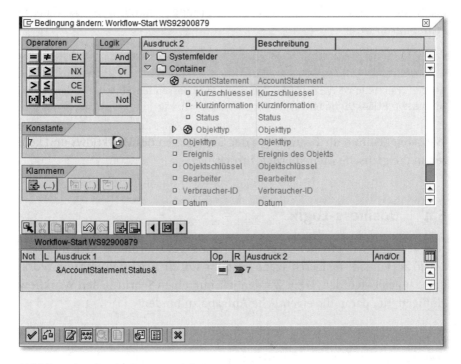

Abbildung 6.15 Startbedingungen definieren

Jetzt werden wir aber erst einmal Schritt für Schritt die Startbedingungen definieren:

1. Öffnen Sie die Struktur AccountStatement im Container durch Klicken auf das Dreieck vor dem Eintrag.

2. Wählen Sie durch Doppelklick das Attribut STATUS aus. Dies wird in der ersten Zeile der Ausdruckstabelle (im unteren Bereich des Dialogs) eingetragen.

3. Als Nächstes wählen Sie mit Hilfe eines Klicks aus der OPERATOREN-Liste den Gleichheitsoperator aus. Dieser wird ebenfalls in der ersten Zeile eingetragen.

4. Im Feld KONSTANTE geben Sie den Wert »7« ein und übernehmen diesen mit Hilfe der ⏎-Taste.

5. Nun sind die Bedingungen für die Ereigniskopplung formuliert, übernehmen Sie die Eintragungen mit dem Icon ✔.

Ereigniskopplung aktivieren

Die Ereigniskopplung muss nun noch aktiviert werden, dazu klicken Sie auf das Rautensymbol in der Spalte A. Die Kopplung ist aktiv, wenn das Rautensymbol grün ist.

[+]

> **Transaktion SWE2**
>
> In der Transaktion SWE2 werden Sie nun einen passenden Eintrag für den BOR-Objekttyp BUS4499 finden.

Wir schließen nun die Bearbeitung der Grunddaten des Workflows und kehren in die grafische Modellierung zurück.

6.4 Business-Logik

Nun wenden wir uns der eigentlichen Aufgabenzuordnung (der Business-Logik) zu. Für jede fehlgeschlagene Buchung soll ein Arbeitsauftrag (ein Workitem) angelegt werden. Dazu werden wir nun einen Schritt in den Workflow einfügen, um daran die eigentliche Aufgabe zu binden.

Abbildung 6.16 Einfügbare Schritttypen

Hierbei kann man auf unterschiedliche Weise vorgehen:

▶ Sie können per Drag & Drop den Schritt aus der Liste der einfügbaren Schritttypen (siehe Abbildung 6.16) dem Workflow hinzufügen.

▶ Sie können einen Doppelklick auf dem unbestimmten Schritt im grafischen Modell ausführen.

Wir wenden hier die letztere Methode an. Nach dem Doppelklick wählen wir aus der Liste der einfügbaren Schritttypen den Typ AKTIVITÄT aus. Anschließend gelangen wir in die Grundpflege dieses Schritts, wie in Abbildung 6.17 zu sehen ist.

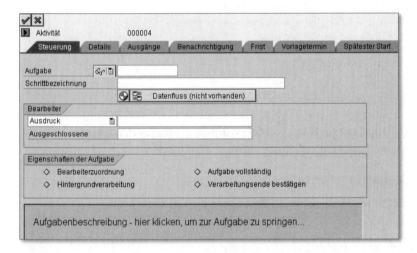

Abbildung 6.17 Grundpflege – Schritt »Aktivität«

Unterschied zwischen Aktivität und Aufgabe   [+]

Es ist wichtig, zwischen Aktivität und Aufgabe zu unterscheiden.

▶ **Aufgabe**
Eine Aufgabe ist als grundsätzlich wiederverwendbare Arbeitsdefinition zu verstehen.

▶ **Aktivität**
Der Workflow-Schritt »Aktivität« hingegen ist die Beschreibung einer Interaktion mit dem Benutzer im Kontext eines Workflows, der jedoch eine (allgemeinere) Aufgabendefinition wiederverwendet.

Grundsätzlich lässt sich die Aufgabendefinition auch außerhalb eines Workflows nutzen. So lassen sich Aufgaben z. B. auch direkt aus ABAP-Prozeduren und -Methoden heraus programmtechnisch anlegen.

6.4.1 Aufgabe »Einzelpostenkorrektur«

Da wir bislang noch keine Aufgabe definiert haben, müssen wir diese zunächst anlegen. Am einfachsten geht dies, wenn Sie das Kontextmenü am Eintrag für die Aufgabe verwenden. Alternativ können Sie die Aufgabe auch über die Transaktion PFTC anlegen. Wir bleiben im Workflow Builder und wählen AUFGABE ANLEGEN aus, wie in Abbildung 6.18 dargestellt ist.

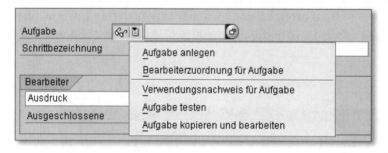

Abbildung 6.18 Kontextmenüeintrag »Aufgabe anlegen«

Nach dieser Auswahl öffnet sich der Dialog aus Abbildung 6.19. Hier sind die folgenden Parameter auszufüllen:

▶ Feld KÜRZEL: »KAEKorrektur«

▶ Feld BEZEICHNUNG: »Kontoauszug Einzelposten Korrektur«

▶ Feld FREIGABESTATUS: »Nicht definiert«

▶ Feld OBJEKTKATEGORIE: »BOR-Objekttyp«

▶ Feld OBJEKTTYP: »BUS4498«

▶ Feld METHODE: »PROCESS«

Nun legen Sie den WORKITEM-TEXT fest. Dieser Text wird dem Mitarbeiter in seiner Aufgabenliste (Inbox) im SAP Business Workplace angezeigt, wenn er einen entsprechenden Korrekturauftrag erhält. Den konkreten Workitem-Text werden wir durch das System dynamisch (mit Bezug auf den Kurzschlüssel des Kontoauszugs und der Einzelsatznummer) erzeugen lassen.

Abbildung 6.19 Dialog zu »Aufgabe anlegen«

Gehen Sie dazu folgendermaßen vor:

1. Geben Sie zunächst den folgenden Grundtext ein: Korrektur Kontoauszug »Einzelsatznummer«.

Hinweis: Schreibweise

Bitte achten Sie darauf, dass Sie jeweils zwei einzelne Hochkommas setzen.

2. Stellen Sie anschließend den Cursor zwischen die ersten beiden Hochkommas, und klicken Sie auf das Icon VARIABLEN EINFÜGEN ☒ direkt oberhalb der Eingabezeile. Sie werden nun in einen Dialog geführt, der die Struktur des Aufgabencontainers anzeigt, wie Sie in Abbildung 6.20 sehen können.

3. Navigieren Sie in der Struktur auf das Objekt BUS4498, und wählen Sie zunächst den Kurzschlüssel aus und übernehmen ihn. Das System wird nun folgenden Platzhalter in den Workitem-Text einsetzen: ›&_WI_OBJECT_ID.ACCOUNTSTATEMENTID&‹.

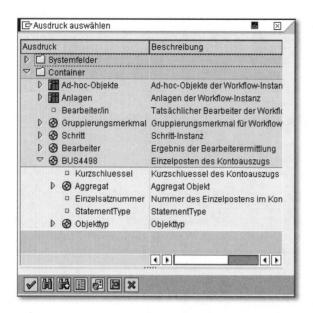

Abbildung 6.20 Variablen anlegen – »Ausdruck auswählen«

4. Wiederholen Sie diesen Vorgang nun für die Einzelsatznummer, die Sie zwischen die beiden nächsten Hochkommas positionieren. Im Ergebnis sollten Sie den folgenden Text erhalten: Korrektur Kontoauszug ›&_WI_OBJECT_ID.ACCOUNTSTATEMENTID&‹ Einzelsatznummer ›&_WI_OBJECT_ID.LINEITEMNUMBER&‹.

5. Prüfen und sichern Sie die Aufgabe.

Ein wichtiger Schritt zum Abschluss der Definition einer Aufgabe ist die Bestimmung der Bearbeiterzuordnung. Wir werden die konkrete Bearbeiterzuordnung nicht über die Aufgabendefinition, sondern im Workflow-Schritt vornehmen. Dazu wechseln wir über den Menüpfad ZUSATZDATEN • BEARBEITERZUORDNUNG • PFLEGEN in den entsprechenden Pflegebildschirm. Dort angekommen, wählen wir über das Menü BEARBEITEN den Eintrag EIGENSCHAFTEN (siehe Abbildung 6.21). Hier wählen Sie die Eigenschaft GENERELLES WEITERLEITEN ERLAUBT aus und übernehmen diese.

Damit ist die eigentliche Definition der Aufgabe beendet. Nach dem Verlassen dieses Pflegebildschirms gelangen Sie zum Bild aus Abbildung 6.22. Sie sehen dort, dass zwei Einträge ergänzt wurden. Ähnlich wie schon beim Datenfluss aus dem auslösenden Ereignis hin zum Workflow gibt es nun auch zwischen Workflow und Aufgabe einen Datenaustausch.

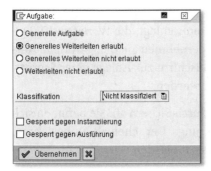

Abbildung 6.21 Aufgabe »Bearbeiterzuordnung«

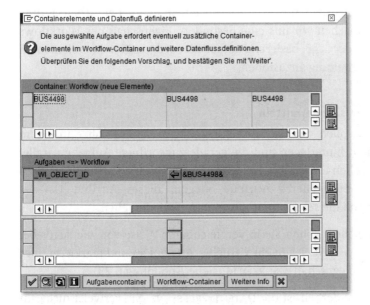

Abbildung 6.22 Containerelement »BUS4498«

Jede der beiden beteiligten Komponenten verfügt über ihren eigenen Container, zwischen denen Sie den Datenfluss zur Laufzeit beschreiben können. Durch die Anlage der Aufgabe hat das System zunächst erkannt, dass ein neuer Container entstanden und dort ein *neues Containerelement* mit dem Namen BUS4498 hinzugekommen ist. Diese Datentypreferenz können Sie nun auch automatisch in den Container des Workflows eintragen lassen. Dies ist in unserem Fall aber nicht notwendig. Markieren Sie daher den Eintrag und löschen ihn, um unnötige, nicht verwendete Referenzen im Container des Workflows zu vermeiden.

Der zweite Eintrag ist eine Referenz auf ein technisches Element, das der Workflow bei der Erzeugung eines Workitems anlegt, die *Workitem-ID*. Lassen Sie diese Markierung bestehen, und übernehmen Sie die getroffene Auswahl. Sie befinden sich nun wieder im Bildschirm zur Anlage eines Schritts. Die neu angelegte Aufgabe ist eingetragen worden.

Schließen Sie Ihre Arbeiten hier zunächst durch Sichern ab. Sie befinden sich nun wieder in der grafischen Modellierung. Der ehemals unbestimmte Schritt ist nun durch die neue Aktivität ersetzt worden.

6.4.2 Tabellengesteuerte dynamische Parallelverarbeitung

Für jeden fehlgeschlagenen Einzelsatz soll ein individueller Arbeitsauftrag erfolgen. Dazu machen wir uns eine besondere Eigenschaft des Workflows zunutze: Er ist in der Lage, basierend auf tabellenartigen Containerelementen eine Parallelverarbeitung anzustoßen.

Fehlerhafte Einzelsätze ermitteln

In unserem Fall sollen wir also die fehlgeschlagenen Einzelsätze in einem Containerelement hinterlegen und die gerade zugeordnete Aufgabe parallel für alle individuellen Einzelsätze ausführen lassen. Dazu werden wir am Subtyp ZBUS4499 ein weiteres Attribut pflegen, dieses Attribut `Failed-StatementItem` soll die selektierten Einzelposten wiedergeben.

Um dies zu erreichen, gehen Sie in vergleichbarer Weise vor wie zuvor bei dem Attribut `Status`: Sie legen ein virtuelles Attribut an und markieren hier aber die Attributeigenschaft MEHRZEILIG (siehe Abbildung 6.23).

Eine weitere Besonderheit ist die DATENTYPREFERENZ. Sie verweist nicht auf ein Dictionary-Objekt, sondern auf den Objekttyp BUS4498, die BOR-Objekttyprepräsentation der Kontoauszugseinzelposten.

Hinterlegen Sie nun das Coding aus Listing 6.2 im Programm für das virtuelle Attribut.

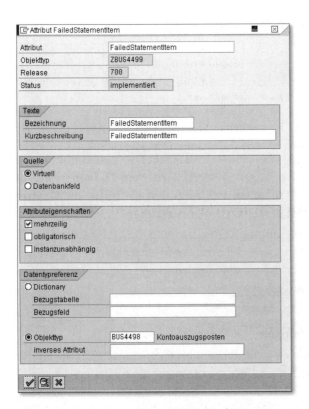

Abbildung 6.23 Attribut »FailedStatementItem« anlegen

```
get_property failedstatementitem changing container.

*mehrzeilige Objektreferenz
DATA failedstatementitem TYPE swc_object OCCURS 0.
*Hilfsobjekt
DATA: faileditem TYPE swc_object.
*Schlüsselfelder
DATA: BEGIN OF faileditemkey,
kukey LIKE febep-kukey,
esnum LIKE febep-esnum,
END OF faileditemkey.

SELECT kukey esnum FROM febep INTO
          (faileditemkey-kukey, faileditemkey-esnum)
where     kukey = object-key-accountstatementid AND
          eperl <> 'X'.

  swc_create_object faileditem 'FEBEP' faileditemkey.
  APPEND faileditem TO failedstatementitem.
ENDSELECT.
```

```
swc_set_table container 'FailedStatementItem'
    failedstatementitem.
```

```
end_property.
```

Listing 6.2 Coding zum Attribut »FailedStatementItem«

Containeroperation

Das Attribut am `AccountStatement.FailedStatementItems` muss nun in den Container übertragen werden. Legen Sie dazu wieder ein Containerelement an, wie in Abbildung 6.24 zu sehen ist. Vergessen Sie nicht, im Register EIGENSCHAFTEN die Eigenschaft MEHRZEILIG zu markieren.

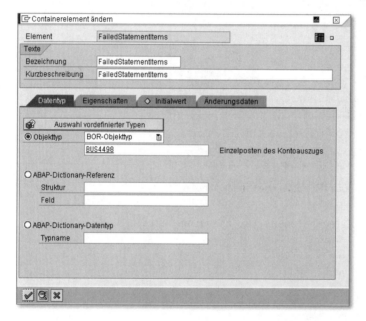

Abbildung 6.24 Containerelement »FailedStatementItems« anlegen

Anschließend fügen wir aus der Liste der verfügbaren Schritttypen eine Containeroperation in den Workflow ein. Dies können Sie wieder ganz einfach über die Drag & Drop-Funktion bewerkstelligen.

Im Pflegebild der CONTAINEROPERATION (siehe Abbildung 6.25) tragen Sie folgende Werte ein:

▶ Feld SCHRITTBEZEICHNUNG: »Ermittle fehlgeschlagene Einzelsätze«

▶ Feld ERGEBNISELEMENT: »FailedStatementItems«

- ▶ Feld ZUWEISUNG: »=«
- ▶ Feld AUSDRUCK: Wählen Sie über die Eingabehilfe das Attribut `FailedStatementItems` am Containerelement `AccountStatement` aus.

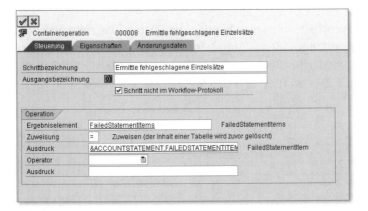

Abbildung 6.25 Containeroperation »FailedStatementItems«

Übernehmen Sie die Eintragungen mit dem Icon .

Parallelisieren

Wir öffnen nun wieder die Detailsicht zum Schritt KONTOAUSZUG EINZELPOS-TEN KORREKTUR und gehen in das Register SONSTIGES. Sie sehen dies in Abbildung 6.26.

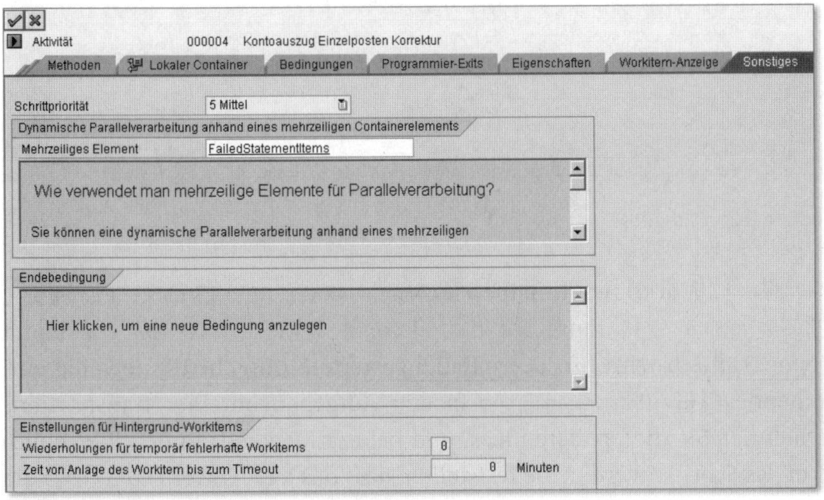

Abbildung 6.26 Register »Sonstiges«

Tragen Sie das Containerelement `FailedStatementItems` in das Feld MEHR-ZEILIGES ELEMENT ein. Auch hier ist es möglich, mit der Suchhilfe zu arbeiten.

6.4.3 Datenfluss zwischen Workflow und Aufgabe

Wie schon angesprochen, müssen wir noch den Datenfluss zwischen dem Workflow-Container und dem Aufgabencontainer beschreiben. Diese Beschreibung ist wieder im Register STEUERUNG zu hinterlegen. Klicken Sie dort auf den Button DATENFLUSS, und beschreiben Sie den Datenfluss, wie er in Abbildung 6.27 zu sehen ist.

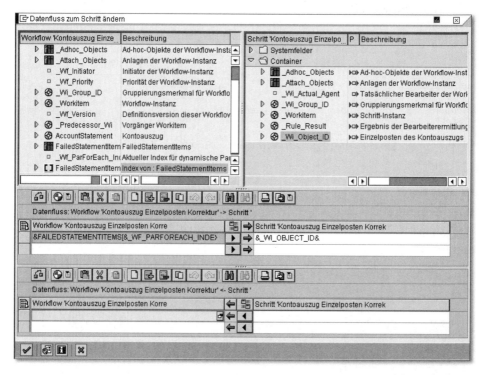

Abbildung 6.27 Datenfluss

Aus dem Workflow-Containerelement `&FAILEDSTATEMENTITEMS(&_WF_PARFOREACH_INDEX&)&` muss auf das Element `&_WI_OBJECT_ID&` abgebildet werden. Dadurch wird für jede parallel gestartete Aufgabe das jeweilig entsprechende `FailedStatementItem` in den Aufgabencontainer transportiert. Übernehmen Sie diesen Datenfluss, und bei der Rückkehr in den Pflegebildschirm des Schritts werden Sie feststellen, dass das Icon DATENFLUSS die Farbe gewechselt hat. Es ist jetzt nicht mehr weiß, sondern grün.

6.4.4 Bearbeiterzuordnung

Bei der Aufgabendefinition haben wir kurz angesprochen, dass wir die konkrete Bearbeiterzuordnung an der Einbettung der Aufgabe über den Schritt im Workflow vornehmen werden. Der Bearbeiter soll über die Belegart des Einzelpostens ermittelt werden. Die Belegart ist aber aktuell im Workflow noch nicht vorhanden. Dies können Sie jedoch ändern, indem Sie wie auch schon zuvor das entsprechende Attribut an einem BOR-Objekttyp verfügbar machen.

Legen Sie also einen Subtyp ZBUS4498 zum BOR-Objekttyp BUS4498 an, und erweitern Sie den Typ um das virtuelle Attribut StatementType (Belegart, siehe Abbildung 6.28).

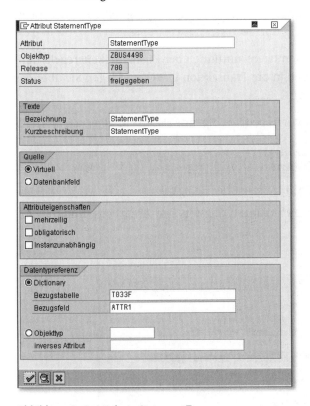

Abbildung 6.28 Attribut »StatementType«

Auch hier benötigen Sie wieder Programmcode, den Sie Listing 6.3 entnehmen können.

```
get_property statementtype changing container.
DATA: vgint LIKE febep-vgint.
```

```
SELECT vgint INTO vgint FROM febep
WHERE kukey = object-key-accountstatementid
AND    esnum = object-key-lineitemnumber.

SELECT attr1 INTO object-statementtype FROM t033f
  WHERE eigr1 = vgint.
  ENDSELECT.
ENDSELECT.
swc_set_element container 'StatementType' object-statementtype.
end_property.
```

Listing 6.3 Coding zum Attribut »StatementType«

Nachdem nun das Attribut StatementType zur Verfügung steht, können Sie es für die Bearbeiterzuordnung nutzen.

Wir wollen hier nun die Benutzerermittlung über Zuständigkeitsregeln definieren. Wechseln Sie hierzu in die Transaktion PFAC, und legen Sie über das Icon □ eine neue Regel an.

Im Register REGELDEFINITION tragen Sie folgende Daten ein, die auch in Abbildung 6.29 zu sehen sind:

▶ Feld KÜRZEL: »KAEBelegArt«

▶ Feld BEZEICHNUNG: »KAEinzelsatz über Belegart«

▶ Im Feld REGELDEFINITION ergänzen Sie den Typ »Bearbeiterfindung: Zuständigkeiten«.

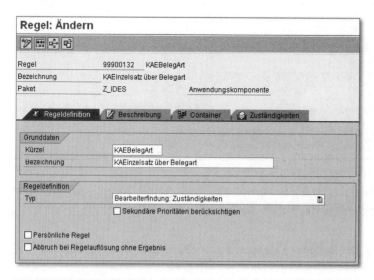

Abbildung 6.29 Regel anlegen

Im Register CONTAINER legen Sie ein neues Containerelement mit folgenden Merkmalen an (siehe Abbildung 6.30):

▶ Feld ELEMENT: »StatementType«

▶ Feld BEZEICHNUNG: »StatementType«

▶ Feld KURZBESCHREIBUNG: »StatementType«

▶ Bereich DATENTYP , Radiobutton ABAP-DICTIONARY-REFERENZ

▶ Feld STRUKTUR: »T033F«

▶ Feld FELD: »ATTR1«

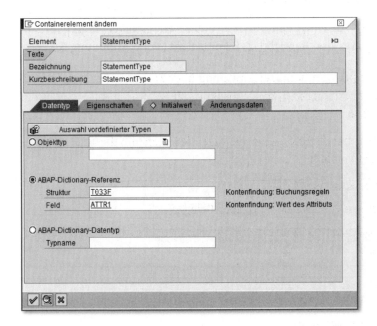

Abbildung 6.30 Containerelement »StatementType«

Im Register EIGENSCHAFTEN wählen Sie die Möglichkeit IMPORT. Bestätigen Sie Ihre Eingabe mit der ⏎-Taste.

Nach der Anlage des Containerelements wechseln Sie ins Register ZUSTÄN-DIGKEITEN. Hier müssen Sie die verschiedenen Zuständigkeiten hinterlegen; wählen Sie dazu das Icon ZUSTÄNDIGKEIT ANLEGEN ▯. Sie erhalten die Sicht aus Abbildung 6.31 und können die Parameter ausfüllen.

Abbildung 6.31 Dialogfenster »Zuständigkeit anlegen«

Sie können die einzelnen Zuständigkeiten auch zeitlich einschränken (siehe Abbildung 6.31). Anschließend öffnet sich ein Dialogfenster, in dem Sie für den STATEMENTTYPE den Bereich DZ–KZ eingeben (siehe Abbildung 6.32).

Abbildung 6.32 Zuständigkeit zuordnen

Speichern Sie diese Zuständigkeit, und kehren Sie ins Register ZUSTÄNDIGKEITEN zurück.

Nach der Anlage der Zuständigkeiten müssen nun noch konkrete Bearbeiter zugeordnet werden. Hierzu positionieren Sie den Cursor auf der Bezeichnung der eingefügten Zuständigkeit und wählen das Symbol BENUTZERZUORDNUNG EINFÜGEN aus. Sie erhalten die Auswahl aus Abbildung 6.33.

Abbildung 6.33 Auswahl der Bearbeiter

Wiederholen Sie dies noch für die Belegart SB: Legen Sie eine weitere Zuständigkeit an, und ordnen Sie einen Benutzer zu. Anschließend sehen Sie die Darstellung aus Abbildung 6.34.

Abbildung 6.34 Benutzer zuordnen

Nun kehren wir in die Transaktion SWDD zur Pflege des Schritts zurück. Im Pflegebildschirm dieses Schritts – Register STEUERUNG – finden Sie den Eingabebereich BEARBEITER (siehe Abbildung 6.35).

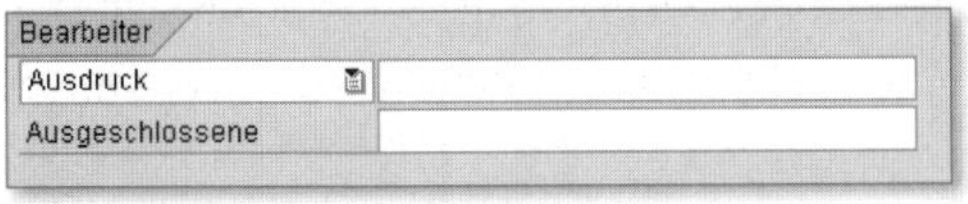

Bearbeiter		
Ausdruck		
Ausgeschlossene		

Abbildung 6.35 Eingabebereich »Bearbeiter«

Hier schalten Sie die Ermittlung von AUSDRUCK auf REGELN (Auswahlmenü), im Eingabefeld rechts daneben geben Sie über die Suchhilfe unsere neu angelegte Regel ein. Nach dem erfolgreichen Eintrag der Zuständigkeitsregel wird unterhalb des Eingabefeldes der Kopf zur Definition des Datenflusses angezeigt. Diesen müssen Sie nun noch in schon bekannter Weise pflegen.

Wir bilden hier das Workflow-Containerelement `&FAILEDSTATEMENTITEMS(_ WF_PARFOREACH_INDEX&).STATEMENTTYPE&` auf das Containerelement `STATEMENTTYPE` der Regel ab. Übernehmen Sie die Datenflussdefinition und auch die Definition des Schritts. Damit ist die eigentliche Aufgabenzuordnung für diesen Workflow abgeschlossen. Prüfen und speichern Sie das Muster.

Zum Abschluss aktivieren Sie den Workflow jetzt noch über das Icon .

6.5 Fazit

Nachdem wir uns in diesem Kapitel zuerst einen theoretischen Überblick über die Bestandteile des SAP Business Workflows verschafft haben, sind wir direkt in die Praxis gegangen und haben unser Fallbeispiel definiert. Zu diesem Beispiel ist noch Folgendes anzumerken:

Der hier vorgestellte Workflow soll nur die grundsätzlichen Möglichkeiten einer solchen Aufgabenstellung zeigen. Zum Einsatz in einem produktiven Umfeld müssten noch weitere Maßnahmen getroffen werden, um diese Umsetzungen z. B. mit nebenläufigen Aktivitäten zu synchronisieren. Dies könnte dann greifen, wenn ein Bearbeiter für die Korrektur eines Einzelsatzes nicht über das zugehörige Workitem aus der Inbox, sondern über andere Pflegetransaktionen operiert. Die zugehörigen Workitems müssten in solch einem Fall automatisch zurückgenommen werden. Oder die Workitems würden einer Terminüberwachung unterzogen, um automatisch eine andere Bearbeiterzuordnung wählen zu können, wenn ein Sachbearbeiter nicht in der vorgegebenen Zeit reagieren kann. Diese Mittel bedürfen aber einer weiteren Einarbeitung in die Funktionalität des SAP Business Workflows und sprengen den Rahmen dieses Buches bei weitem.

Wie sicher sind die Kommunikationsverbindungen, die genutzt werden, um den elektronischen Kontoauszug zu übermitteln? Was können Sie tun, um die Sicherheit zu erhöhen? Wie funktionieren die eingesetzten Verfahren? Diese Fragen werden im Folgenden beantwortet.

7 Kryptografische Verfahren

Für jede betriebswirtschaftliche Anwendungssoftware ist es heutzutage zunehmend wichtig, elektronische Authentisierungsmechanismen zu unterstützen und elektronische Geschäftsvorgänge zu sichern. Während solcher elektronischer Geschäftsvorgänge verlassen betriebswirtschaftliche Daten – wie elektronische Zahlungen oder Informationen über Bestellungen und Konten – die sichere Umgebung eines SAP-Systems, um über unsichere Netzwerke übertragen oder auf Datenträgern bzw. in Archiven gespeichert zu werden.

Kryptografische Verfahren können auch im Rahmen des elektronischen Kontoauszugs eingesetzt werden. Idealerweise wird der elektronische Kontoauszug über eine gesicherte Verbindung übermittelt. Dabei ist er verschlüsselt und digital signiert oder wird in einem digitalen Umschlag gesendet. Somit muss nach Erhalt des elektronischen Kontoauszugs zunächst die digitale Signatur verifiziert und anschließend die gesendete Nachricht entschlüsselt werden, ehe der Kontoauszug in das SAP-System eingelesen und nach der Verarbeitung archiviert wird. Auch die Archivierung erfolgt idealerweise verschlüsselt oder in einem digitalen Umschlag.

7.1 Kryptografische Verfahren und SAP-Software

SAP hat zwar von Anfang an Passwörter unterstützt, ursprünglich aber keine Kryptografie. Mittlerweile hat SAP jedoch Gegenmaßnahmen entwickelt und sich dabei nicht für die zusätzliche Implementierung von Kryptografie entschieden, sondern ein Protokoll sowie zwei Schnittstellen zur Verfügung gestellt, über die Kryptografie nachgerüstet werden kann:

▶ Schnittstelle SNC

▶ Schnittstelle SSL

▶ Protokoll SSF

Abbildung 7.1 verdeutlicht die Funktionsweisen dieser kryptografischen Maßnahmen von SAP.

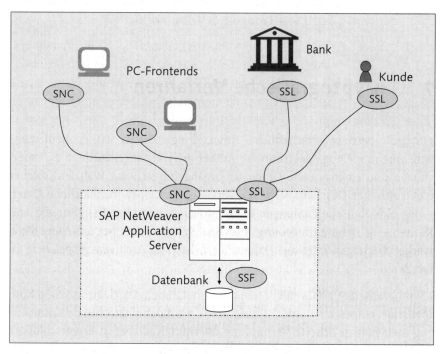

Abbildung 7.1 Kryptografische Schnittstellen in SAP

Die erste Kryptoschnittstelle von SAP trägt den Namen *Secure Network Communication* (SNC). Die Schnittstelle SNC hat die Aufgabe, Daten vor dem Transport über das Netz zu verschlüsseln bzw. nach dem Empfang zu entschlüsseln. Das SAP-System kann so konfiguriert werden, dass zu versendende Daten zunächst an die SNC-Schnittstelle übergeben werden. Auf der anderen Seite dieser Schnittstelle muss sich dann ein Modul befinden, das die eingereichten Daten verschlüsselt (oder in anderer Form kryptografisch verarbeitet). Die verschlüsselten Daten werden anschließend vom Modul über die SNC-Schnittstelle an das SAP-System zurückgegeben.

SNC unterstützt die modernsten Authentifizierungs-, Datenintegritäts- und Vertraulichkeitsdienste für das SAP-System, indem ein externes Sicherheitsprodukt über definierte Anwendungsprogrammier-Schnittstellen (sogenannte APIs, *Application Programming Interfaces*) integriert wird – siehe Abschnitt 7.3.1, »Secure Network Communication (SNC)«.

Beim Einsatz von Protokollen wie HTTP kann das *SSL-Protokoll* verwendet werden, um einen solchen Schutz zu erreichen. Diese Verbindungen sind leicht daran zu erkennen, dass sie mit *https://www* beginnen – siehe Abschnitt 7.3.2, »Secure-Sockets-Layer-Protokoll (SSL-Protokoll)«.

Secure Store & Forward (SSF) ist der Name der zweiten Kryptoschnittstelle von SAP. Über diese werden die Daten für das Speichern auf dem Datenbankserver kryptografisch bearbeitet. SSF bietet die erforderliche Unterstützung zum Schutz von SAP-Daten und von Dokumenten als unabhängige Dateneinheiten – siehe Abschnitt 7.3.3, »Secure Store & Forward (SSF)«. Dieser Schutz erfolgt durch zwei Elemente:

▸ digitale Signaturen
▸ digitale Umschläge

Zur Erstellung einer *digitalen Signatur* für ein gegebenes Dokument oder eine Nachricht wird eine *Hashfunktion* verwendet, die einen Hashwert (Message Digest) liefert. Der *Hashwert* ist ein eindeutiger Fingerabdruck der Nachricht, üblicherweise jedoch viel kürzer als die Nachricht selbst. Der Hashwert wird dann bei der digitalen Signatur in einen *signierten* Hashwert umgewandelt, wobei der private Schlüssel des Unterzeichners verwendet wird. Um die Echtheit der Signatur und die Datenintegrität zu prüfen, wird dieselbe Hashfunktion auf die Daten angewendet und das Ergebnis mit dem Hashwert verglichen.

Um ein zu schützendes Dokument oder eine Nachricht in einen *digitalen Umschlag* zu verpacken, wird die Nachricht zunächst verschlüsselt, so dass ausschließlich der gedachte Empfänger die Nachricht entschlüsseln kann. Üblicherweise werden die Daten mit einem neu generierten AES-Schlüssel (AES = *Advanced Encryption Standard*) verschlüsselt. Anschließend wird der AES-Schlüssel mit dem öffentlichen Schlüssel des Empfängers verschlüsselt. Nur der Besitzer des entsprechenden privaten Schlüssels, d.h. der gedachte Empfänger, kann den Nachrichtenschlüssel und dann die Daten im digitalen Umschlag entschlüsseln.

Beim zusätzlichen Einsatz eines externen Sicherheitsprodukts verschlüsselt oder signiert ein hinter der SNC-Schnittstelle befindliches Modul die Daten und reicht sie im PKCS#7-Format zurück. In dieser Form können sie dann gespeichert werden. Beim Lesen der Daten wird dieser Vorgang in umgekehrter Form abgearbeitet.

[+]
> **PKCS#7 oder Cryptographic Message Syntax (CMS)**
>
> PKCS#7 ist ein Standard, der ein Format für verschlüsselte oder signierte Nachrichten beschreibt. Dieses Format wird auch als *Cryptographic Message Syntax* (CMS) bezeichnet. Wenn diese sicheren Formate verwendet werden, werden die authentisierten Daten in einen Umschlag (sogenannte Security Wrapper) verpackt.

7.2 Grundlagen der Kryptografie

Die Wissenschaft zur Entwicklung von Ver- und Entschlüsselungsverfahren wird als *Kryptologie* bezeichnet und umfasst Kryptografie und Kryptoanalyse.

Das Wort *Kryptografie* kommt aus dem Griechischen: »kryptein« bedeutet »verstehen«, und »gráphein« bedeutet »schreiben«. Die Kryptografie beschäftigt sich mit Methoden, die durch Verschlüsselung und verwandte Verfahren Daten vor unbefugtem Zugriff schützen sollen. Kurz gesagt ist Kryptografie somit die Lehre der Verschlüsselung von Daten. Die Kryptoanalyse wiederum beschäftigt sich nicht mit der Verschlüsselung, sondern mit der unbefugten Entschlüsselung von bereits verschlüsselten Daten.

[+]
> **Exkurs – kryptografische Verfahren**
>
> Seit der Mensch in der Lage ist zu kommunizieren, hat er auch das Bedürfnis, geheime Nachrichten zu übermitteln. Eines der ersten Verfahren zur Verschlüsselung von Nachrichten wurde vor über zweieinhalbtausend Jahren von der Armee Spartas entwickelt. Sender und Empfänger der Nachricht besaßen jeweils einen Zylinder, eine sogenannte *Skytale*, mit exakt denselben Abmessungen. Mit den gleichen Skyten konnte der Sender die Nachricht verschlüsseln und der Empfänger wiederum entschlüsseln, indem eine Papierrolle schräg um den Zylinder gewickelt und gerade beschriftet wurde. Da der Empfänger einen identischen Zylinder hatte, konnte er die Rolle im gleichen Winkel auf den Zylinder wickeln und die Schrift wieder ineinanderfügen und lesbar machen. Die aufwendigste mechanische Chiffriermaschine war die deutsche *Enigma*, die im Zweiten Weltkrieg eingesetzt wurde.

Die moderne Kryptologie begann im Jahre 1976 mit der Veröffentlichung des Prinzips der Public-Key-Kryptografie durch W. Diffie und M. Hellman. Zwei Jahre später publizierten R. Rivest, A. Shamir und L. Adleman den RSA-Algorithmus – die Abkürzung setzt sich aus den Anfangsbuchstaben der Nachnamen zusammen. Der RSA-Algorithmus kann sowohl zum Verschlüsseln als auch für digitale Signaturen genutzt werden. Das Besondere an diesem Verfahren ist, dass jeder Sender, auch einer, der mit dem Empfänger noch nie Kontakt hatte, diesem eine verschlüsselte Nachricht senden kann, die nur der Empfänger entschlüsseln kann. Interessanterweise wurde der RSA-Algorithmus erfunden, als die drei Mathematiker zu zeigen versuchten, dass Public-Key-Kryptografie unmöglich sei. Diese und weiterführende Informationen zur Geschichte der Kryptografie können Sie dem Buch »Moderne Verfahren der Kryptographie« (siehe Literaturverzeichnis im Anhang) entnehmen.

Der Durchbruch kam eines Abends, als alle drei bei einem Assistenten zur Feier des ersten Passah-Abends eingeladen waren. Dabei hatte insbesondere Rivest dem speziellen Passah-Wein gut zugesprochen. Gegen Mitternacht kam Adleman nach Hause. Kurz darauf klingelte das Telefon. Es war Rivest: »Ich habe eine neue Idee … .«. Als Adleman am späten Vormittag des nächsten Tages ins Institut kam, begrüßte ihn Rivest mit einem handgeschriebenen Manuskript, das die Grundlagen der Public-Key-Kryptografie enthielt.

7.2.1 Ziele der Kryptografie

Die wichtigsten Ziele des Einsatzes von Kryptografie sind im Folgenden aufgeführt:

▸ Vertraulichkeit bzw. Geheimhaltung von Daten (Schutz vor unberechtigtem Lesen)

▸ Integrität von Daten (Schutz vor Verfälschung)

▸ Authentizität des Absenders (Schutz vor Maskeraden)

▸ Unleugbarkeit bzw. Verbindlichkeit (Beweis für die Auftragsvergabe bzw. Nichtabstreitbarkeit)

Die ersten drei Anforderungen sind bei jeder Kommunikation von Bedeutung, die letzte etwa bei der Erteilung von Aufträgen über das Internet oder in unserem Beispiel bei der Versendung der Kontoauszugsdateien.

Ein sehr wichtiger Aspekt im Umgang mit elektronischen Medien ist die Sicherstellung, dass das Gegenüber derjenige ist, für den er sich ausgibt. Das Gleiche gilt für die Sicherstellung, dass das vorliegende Dokument dem Dokument entspricht, das der Sender auf den Weg gebracht hat. Die Methoden zur Lösung dieser Probleme fallen unter den Begriff *Authentifizierung*.

Authentifizierung

Unter *Authentifizierung* bzw. *Authentifikation* versteht man das Vorgehen bei der Überprüfung der Echtheit einer Person oder Instanz. Mit *Authentisierung* bzw. *Authentikation* wird derselbe Vorgang bezeichnet, nur aus der Sicht des Überprüften.

Dabei wird unterschieden zwischen

▶ der Feststellung der Identität einer Person bzw. Instanz (Teilnehmerauthentifikation) und

▶ der Feststellung des Ursprungs bzw. der Veränderung einer Nachricht (Nachrichtenauthentifikation).

Innerhalb der durch kryptografische Verfahren abgesicherten Kommunikationsverbindungen sind Protokolle, die wir im Folgenden erläutern, von zentraler Bedeutung.

Protokolle

Damit ein Ablauf, an dem mehrere Personen beteiligt sind, funktioniert, wird ein Ablaufplan benötigt, an den sich alle beteiligten Personen halten. Ein solcher Ablaufplan wird *Kommunikationsprotokoll* oder *Protokoll* genannt. Ein Protokoll ist kurz gesagt eine Unterhaltung gemäß genau festgelegten Regeln.

Protokolle haben zunächst einmal nichts mit Kryptografie zu tun. Ein Protokoll wird immer dann benötigt, wenn mehrere Partner miteinander kommunizieren. Dieses Protokoll, der Ablaufplan, regelt, wer wann eine bestimmte Nachricht abschickt und welche Bedeutung diese im jeweiligen Zusammenhang hat. Ein Protokoll regelt somit, wer zu welchem Zeitpunkt etwas sagen oder tun darf bzw. muss.

Von einem *kryptografischen Protokoll* spricht man, wenn in einem Protokoll kryptografische Techniken (Verschlüsselung, digitale Signatur oder kryptografische Hashfunktionen) verwendet werden, um die »Unterhaltung« vor Angriffen zu schützen. Dabei werden die PKCS-Standards häufig als Grundlage für kryptografische Netzwerkprotokolle verwendet.

Folgende Bedingungen muss ein kryptografisches Protokoll erfüllen:

▶ **Durchführbarkeit**
Das Protokoll muss immer das gewünschte Ergebnis bringen.

▶ **Korrektheit**
Ein Betrugsversuch wird mit beliebig hoher Wahrscheinlichkeit erkannt.

Beispiele für kryptografische Protokolle sind: Passwortverfahren (Festcode), Wechselcodeverfahren oder Challenge-and-Response.

7.2.2 Symmetrische Verschlüsselung

Von konventionellen, symmetrischen Verschlüsselungsverfahren oder Secret-Key-Verfahren spricht man, wenn vom Sender zum Chiffrieren und vom Empfänger zum Dechiffrieren der gleiche Schlüssel benutzt wird (siehe Abbildung 7.2).

Abbildung 7.2 Symmetrische Verschlüsselung

Die zwei am häufigsten verwendeten symmetrischen Verschlüsselungsverfahren sind:

▶ Advanced Encryption Standard (AES)

▶ Data Encryption Standard (DES) – inzwischen veraltet!

AES ist frei verfügbar und in den USA für staatliche Dokumente von höchster Geheimhaltungsstufe zugelassen.

Hinweis zu AES	[+]

Das Verfahren AES können Sie sich folgendermaßen verdeutlichen: Sie können den Inhalt einer CD derzeit in ca. 11 Sekunden unknackbar sicher verschlüsseln und diese auch selbst nicht mehr entschlüsseln, wenn Sie Ihr Passwort vergessen.

Rein symmetrische Verfahren werden in der Praxis hauptsächlich genutzt, um lokale Festplatten zu verschlüsseln oder Datenträger, bei denen alle Datenzugriffe über ein zentrales System laufen, zu schützen, da dieses System den Schlüssel selbst generiert und mit keinem anderen System austauscht.

Zur Datenübertragung benutzt man asymmetrische Verfahren oder eine Kombination aus symmetrischen und asymmetrischen Verfahren, die sogenannte *Hybridverschlüsselung* (digitale Umschläge).

Formale Grundlagen

Um den weiteren Ausführungen gut folgen zu können, sollten Sie sich diese Kürzel und Formeln einprägen:

m = Klartext

k = Schlüssel

c = Geheimtext

f = Verschlüsselungsfunktion

f* = Umkehrfunktion

c = f(k,m) = verschlüsseln

m = f*(k,c) = entschlüsseln

Abbildung 7.3 zeigt das Schema einer symmetrischen Verschlüsselung

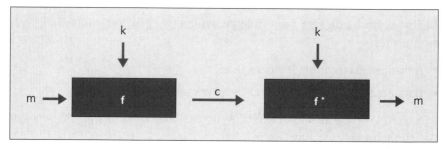

Abbildung 7.3 Schema der symmetrischen Verschlüsselung

Ausgangspunkt der Verschlüsselung ist der Klartext m. Dieser wird mit Hilfe der Verschlüsselungsfunktion f und dem Schlüssel k in den Geheimtext c umgewandelt, den man dann z. B. an einen Empfänger senden kann. Dieser nutzt die Umkehrfunktion f* sowie ebenfalls den Schlüssel k, um den Geheimtext c wieder in den Klartext m zu transformieren.

7.2.3 Asymmetrische Verschlüsselung

In einem asymmetrischen Verfahren (Public-Key-Kryptologie) hat jeder Benutzer zwei Schlüssel, das sogenannte *Schlüsselpaar*. Der erste Schlüssel wird als Verschlüsselungsschlüssel veröffentlicht (der öffentliche, allen bekannte Schlüssel $e = e_T$). Mit dem privaten, geheimen Schlüssel $d = d_T$ (Entschlüsselungsschlüssel) kann nur der Empfänger die Nachrichten entschlüsseln. Bei ausreichender Schlüssellänge kann ein Dritter einen Schlüssel nicht aus dem anderen herleiten.

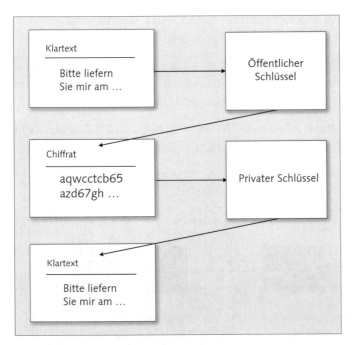

Abbildung 7.4 Asymmetrische Verschlüsselung

Vergleich von symmetrischer und asymmetrischer Verschlüsselung

Der Vorteil der asymmetrischen Verschlüsselung im Vergleich zur symmetrischen besteht in der Vereinfachung der Schlüsselverteilung. Bei einer großen Anzahl von Partnern kann jeder mit jedem sicher kommunizieren. Dies liegt an der viel kleineren Anzahl benötigter Schlüssel.

Nehmen wir der Einfachheit an, es gäbe genau 10.000 Teilnehmer, die miteinander kommunizieren und dazu ein Verschlüsselungsverfahren einsetzen wollen. Bei einem symmetrischen Verfahren würden ca. 50 Millionen Schlüssel benötigt (Anzahl Schlüssel = ½ n (n – 1)). Im Vergleich dazu wären bei der Wahl eines asymmetrischen Verfahrens lediglich 20.000 Schlüssel erforderlich (Anzahl Schlüssel = 2n).

Formale Grundlagen

Betrachten wir auch hier die formalen Grundlagen. Aus dem Klartext m wird mit Hilfe des Algorithmus f und dem öffentlichen Schlüssel e der Geheimtext c ermittelt: $c = f_e\,(m)$

Umgekehrt wird aus dem Geheimtext c mit Hilfe des Algorithmus f und dem geheimen Schlüssel d wieder der Klartext m bestimmt: $m = f_d(c)$

Durch Parametrisierung der Funktion f mit den eigenen Schlüsseln e und d erhält man die Verschlüsselungsfunktion f_e und die Entschlüsselungsfunktion f_d, und es muss für alle Klartexte m gelten: $m' = f_d(c) = f_d(f_e(m)) = m$

Statt $f_e(m)$ liest man oft $E(m)$, statt $f_d(c)$ oft $D(c)$. Abbildung 7.5 verdeutlicht noch einmal die Vorgänge des Ver- und Entschlüsselns.

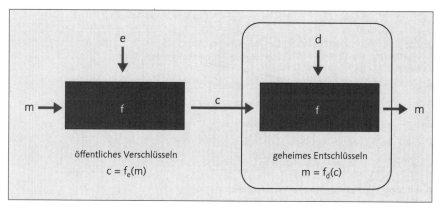

Abbildung 7.5 Verschlüsseln und Entschlüsseln

Bedeutung der Kürzel »d« und »e«

Die Bezeichnungen »e« und »d« für den öffentlichen bzw. den geheimen Schlüssel ergeben sich aus Encryption (Verschlüsselung) und Decryption (Entschlüsselung).

Einwegfunktionen

Eine Einwegfunktion ist eine Funktion, die einfach auszuführen, aber schwer (praktisch unmöglich) zu invertieren bzw. umzuwandeln ist. Formal bedeutet das Folgendes: eine Abbildung f einer Menge X in eine Menge Y, so dass f(x) für jedes Element aus X leicht zu berechnen ist, während es für (fast) jedes y aus Y extrem schwer ist, ein Urbild aus X zu finden, d.h. ein x mit $f(x) = y$.

Eine Einwegfunktion nennt man dann *kollisionsfrei*, wenn es praktisch unmöglich ist, zwei verschiedene Werte x und z in X mit $f(x) = f(z)$ zu finden.

Trapdoor-Einwegfunktion

Unter einer Trapdoor-Einwegfunktion (*trapdoor*: englisch für Geheimtür) versteht man eine Einwegfunktion, zu der es eine Geheiminformation gibt, mit deren Kenntnis die Funktion leicht zu invertieren ist.

Betrachten wir ein Beispiel: $x \rightarrow x^2 \bmod n$ ist für $n = pq$ eine Trapdoor-Einwegfunktion. Ohne Kenntnis von p und q ist es praktisch unmöglich, diese Funktion zu invertieren; mit Kenntnis von p und q ist dies jedoch einfach. Die Trapdoor-Information ist also in diesem Fall die Kenntnis der Faktoren p und q.

7.2.4 Hybridverfahren (»Digitale Umschläge«)

Hybridverfahren verbinden die Vorteile der symmetrischen und asymmetrischen Verfahren: schnelle symmetrische Verschlüsselung und sichere asymmetrische Schlüsselverteilung. Dabei wird ein symmetrischer Schlüssel (Session-Key) zufällig erzeugt. Die Nachricht wird dann damit verschlüsselt, und beides wird übertragen. Diese »digitalen Umschläge« sind in der Praxis weit verbreitet. Lassen Sie uns das Vorgehen beim Hybridverfahren genauer betrachten:

1. **Session-Key wird erzeugt**
   Zuerst wird ein sogenannter symmetrischer *Session-Key* erzeugt. Dieser Schlüssel wird also nur einmal, für eine »Sitzung« verwendet.

2. **Dokument und Session-Key werden verschlüsselt**
   Nachdem der Session-Key erzeugt wurde, verschlüsselt der Absender damit das Dokument. Den Schlüssel selbst, der nur wenige Zeichen lang ist (ähnlich dem Hashwert), verschlüsselt der Absender nun wiederum mit dem öffentlichen Schlüssel des Empfängers. Abbildung 7.6 verdeutlicht das Vorgehen beim Einsatz eines Hybridverfahrens.

3. **Empfänger entschlüsselt Session-Key**
   Beide, das verschlüsselte Dokument und der verschlüsselte Session-Key, werden nun an den Empfänger geschickt. Da dieser den Session-Key nicht kennt, muss er zuerst den privaten Schlüssel anwenden, um ihn zu erhalten.

4. **Empfänger entschlüsselt das Dokument**
   Anschließend kann der Empfänger den so ermittelten Session-Key auf das verschlüsselte Dokument anwenden, um es wieder zu dechiffrieren (siehe Abbildung 7.7).

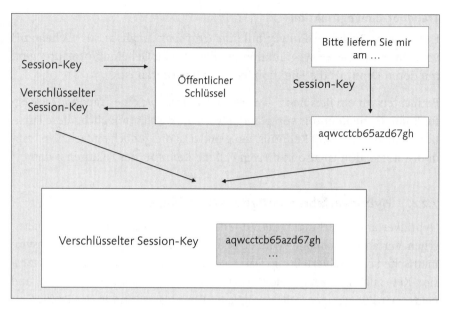

Abbildung 7.6 Verschlüsselung bei einem Hybridverfahren

In Abbildung 7.8 wird derselbe Ablauf formal beschrieben. In dieser Abbildung befindet sich ein Rahmen um die Entschlüsselung aus Abbildung 7.7.

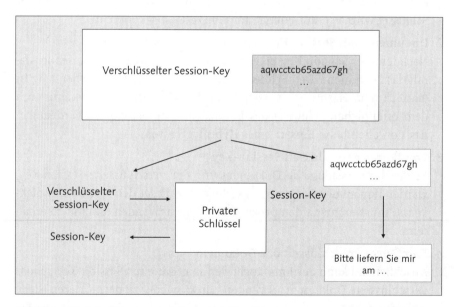

Abbildung 7.7 Entschlüsselung bei einem Hybridverfahren

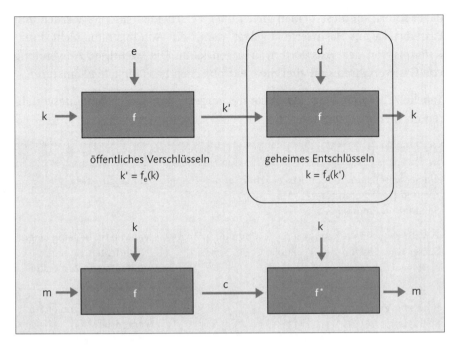

Abbildung 7.8 Hybridverfahren

7.2.5 Kryptografische Hashfunktionen

Kryptografische Hashfunktionen oder Einweg-Hashfunktionen sind kollisionsfreie Einwegfunktionen, die Nachrichten beliebiger Länge auf einen Hashwert einer festen Länge komprimieren (der typische Wert ist 160 Bit). Die kryptografische Hashfunktion arbeitet nach dem Prinzip eines Fingerabdrucks: Aus einem Fingerabdruck kann man – ohne Hilfsmittel – nicht auf den zugehörigen Menschen schließen, und keine zwei Menschen haben denselben Fingerabdruck.

Bei einer Länge von 160 Bit gibt es 2^{160} verschiedene Hashwerte, dem gegenüber steht jedoch eine praktisch unbegrenzte Anzahl von Nachrichten. Falls Sie die Sicherheit des Wertes 2^{160} anzweifeln, geben wir Ihnen hier ein paar Vergleichszahlen aus der realen Welt – wie etwa das Alter der Erde, das 2^{30} Jahre ist, oder die Anzahl der Atome der Erde, die 2^{170} beträgt.

Hashverfahren sind ebenso wie Zufallszahlen notwendige Komponenten kryptografischer Verfahren. Eine Hashfunktion ist eine (mathematische) Funktion, die eine Eingabe beliebiger Länge erhält und einen Funktionswert (Hashwert) einer festen Länge zurückliefert. Anstatt alle Zeichen zweier Nachrichten zu vergleichen, vergleicht man die beiden Hashwerte. Man sieht dabei sofort, ob diese beiden gleich oder verschieden sind. So werden von Passwörtern nur Hashwerte abgelegt, damit ein Administrator nicht direkt Kenntnis von den Passwörtern erlangen kann. Die wichtigste Anwendung von Hashverfahren sind aber die elektronischen bzw. digitalen Signaturen.

Tabelle 7.1 fasst in einer Übersicht die vorgestellten Verschlüsselungsverfahren noch einmal zusammen.

Symmetrische Verfahren	Asymmetrische Verfahren	Hashverfahren
ein Schlüssel zum Codieren und Decodieren für Sender und Empfänger	zwei Schlüssel pro Teilnehmer	Einwegfunktion
Private-Key, Single-Key, Secret-Key, Session-Key	Private Code (Empfänger), Public Code (Sender)	verarbeitet beliebig lange Nachrichten zu einem eindeutigen Wert fester Länge
Problem: Verteilung des Schlüssels	sicher	Hashwert = digitaler Fingerabdruck
schnell	Schlüssel ca. zehnmal so lang wie bei vergleichbaren symmetrischen Schlüsseln	
Beispiele: ▸ DES (Data Encryption Standard) ▸ AES (Advanced Encryption Standard)	Beispiele: ▸ RSA (Rivest, Shamir, Adleman) ▸ DSA (Digital Signature Algorithm)	Beispiele: ▸ MD5 (Message Digest) ▸ SHA-1 (Secure-Hash-Algorithm)

Tabelle 7.1 Übersicht über Verschlüsselungsverfahren

7.2.6 Digitale Signatur

Die folgende Aufzählung enthält die wesentlichen Anforderungen, die eine digitale Signatur erfüllen muss:

▸ Nur der rechtmäßige Absender eines Dokuments kann die Unterschrift erzeugen.

▸ Der Empfänger kann die Unterschrift zweifelsfrei prüfen.

▸ Die Unterschrift gilt nur im Zusammenhang mit dem vorliegenden Dokument.

Zudem sollen einige wesentliche Eigenschaften der handschriftlichen Unterschrift mit der digitalen Signatur in elektronischer Form realisiert werden (siehe Abbildung 7.9).

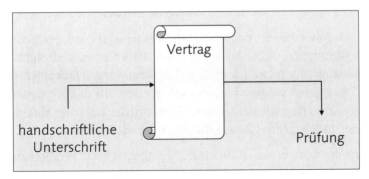

Abbildung 7.9 Handschriftliche Unterschrift

Bei der handschriftlichen Unterschrift lassen sich grundsätzlich folgende Eigenschaften unterscheiden:

- **Echtheitseigenschaft**
  Es besteht ein enger Zusammenhang zwischen Dokument und Unterschrift (beide stehen auf demselben Papier).

- **Identitätseigenschaft**
  Eine handschriftliche Unterschrift ist persönlich. Es ist schwierig, diese persönliche und individuelle Unterschrift zu fälschen.

- **Abschlusseigenschaft**
  Die Unterschrift ist dadurch, dass sie am Ende des Dokuments steht, die Vollendung der Erklärung.

- **Warneigenschaft**
  Durch hinreichende Komplexität soll der Unterzeichnende vor einer Übereilung bewahrt werden.

- **Verifikationseigenschaft**
  Jeder Empfänger kann die Unterschrift verifizieren.

Bis auf die Warneigenschaft lassen sich alle Eigenschaften mit Hilfe kryptografischer Maßnahmen auf die digitale Signatur übertragen:

Jeder Teilnehmer besitzt eine persönliche, geheime *Signaturfunktion* s_T und eine öffentliche *Verifikationsfunktion* v_T. Dabei ist es praktisch unmöglich, s_T aus v_T zu berechnen. Die digitale Signatur zu einem gegebenen Text m erhält man aus der Funktion $sig = s_T(m)$.

Anschließend wird sowohl der Text m als auch die Signatur sig an den Empfänger gesendet. Dieser verifiziert die Signatur mit Hilfe der Funktion $v_T(sig) = m$.

Mit anderen Worten: Bei einer Verifikation überprüft der Empfänger, ob die Anwendung von v_T auf die Signatur die Ausgangsnachricht rekonstruiert.

Bei der praktischen Anwendung von Signaturen übernehmen *kryptografische Hashfunktionen* eine wichtige Rolle. Dies liegt daran, dass die heutigen Signaturverfahren sehr langsam sind und deshalb bislang keine langen Dokumente in vernünftiger Zeit signiert werden können. Außerdem ist die digitale Signatur in der Regel genauso lang wie der signierte Text. Um das Ziel einer kurzen Signatur mit fester Länge zu erreichen, geht man folgendermaßen vor:

1. Zunächst wird der Text m mit Hilfe einer öffentlichen kryptografischen Hashfunktion auf einen Wert h(m) fester Länge komprimiert.
2. Anschließend wird die Signatur zum Hashwert bestimmt und quasi an das Ende des Dokuments gesetzt. Formal gilt also: $sig = s_T(h(m))$.

Der mit dem privaten Schlüssel »verschlüsselte« Hashwert der Originalnachricht ist also die Signatur.

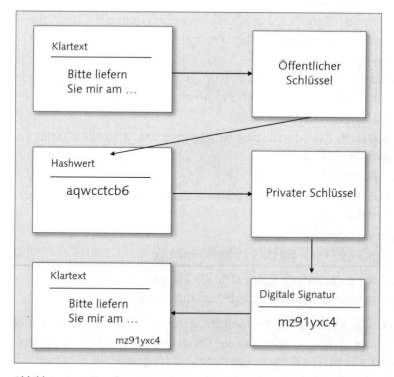

Abbildung 7.10 Digitale Signatur

Im Beispiel in Abbildung 7.10 berechnet die Software des Absenders einen Hashwert des Dokuments, hier »aqwcctcb6«. Dieser wird nun mit Hilfe des privaten Schlüssels verschlüsselt, in diesem Beispiel »mz91yxc4«. Nun kann jeder mit Hilfe des öffentlichen Schlüssels die Integrität und die Urheberschaft des empfangenden Dokuments überprüfen.

3. Bei der Verifikation bestimmt man zunächst ebenfalls den Hashwert zum übermittelten Text und verifiziert anschließend, ob sig die Signatur zum Hashwert h(m) ist, wie in Abbildung 7.11 zu sehen ist.

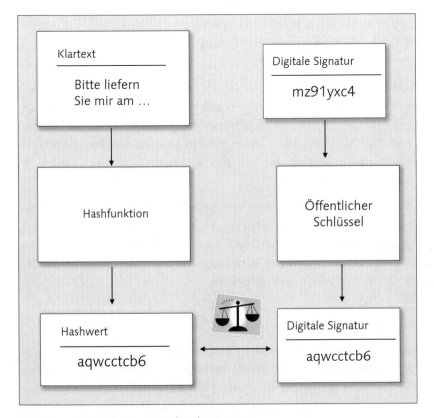

Abbildung 7.11 Verifikation einer digitalen Signatur

Innerhalb der EU wird rechtlich zwischen folgenden Arten der digitalen Signatur unterschieden (festgelegt im SigG, §2, »Begriffsbestimmungen«):

▸ **Einfache Signaturen**
Unter einfachen Signaturen versteht man Daten in elektronischer Form, die anderen elektronischen Daten beigefügt oder logisch mit ihnen verknüpft sind und die zur Authentifizierung dienen.

- ▶ **Fortgeschrittene Signaturen**

  Fortgeschrittene Signaturen sind einfache Signaturen, die ausschließlich dem Schlüsselinhaber zugeordnet sind, die Identifizierung des Schlüsselinhabers ermöglichen und mit den Daten, auf die sie sich beziehen, so verknüpft sind, dass eine nachträgliche Veränderung der Daten erkannt werden kann.

- ▶ **Qualifizierte Signaturen**

  Von qualifizierten Signaturen spricht man, wenn fortgeschrittene Signaturen auf einem zum Zeitpunkt der Erzeugung gültigen qualifizierten Zertifikat beruhen und mit einer sicheren Signaturerstellungseinheit (Software- und Hardwareeinheiten zur Speicherung und Anwendung des jeweiligen Signaturschlüssels) erzeugt werden.

Die qualifizierte Signatur ist dabei einer händischen Unterschrift rechtlich gleichgestellt. Kryptografisch, d.h. von den eingesetzten Verfahren her gesehen, sind fortgeschrittene und qualifizierte Signaturen gleichwertig. Aufgrund des für viele Zwecke überdimensionierten formalen Aufwands für qualifizierte Signaturen sind die fortgeschrittenen Signaturen (selbst in Behörden) heute verbreiteter.

Beim Einsatz der Signatur benötigt man sogenannte Zertifikate, die in einer *Public-Key-Infrastruktur* (PKI) erstellt werden – siehe Abschnitte 7.4.3, »Public-Key-Technologie in SAP«, und 7.4.4, »Public-Key-Infrastruktur«. Sie dienen dem Nachweis, dass ein öffentlicher Schlüssel zu einer angegebenen Person, Institution oder Maschine gehört.

7.2.7 RSA-Algorithmus

Dieser Abschnitt wendet sich in erster Linie an den mathematisch interessierten Leser, der wissen will, welche mathematischen Prinzipien sicherstellen, dass die genutzten Verfahren auch tatsächlich die versprochenen Ergebnisse liefern. Alle anderen Leser können diesen Abschnitt getrost ohne Verlust überspringen.

Der RSA-Algorithmus (Rivest, Shamir, Adleman) ist ein asymmetrisches Kryptoverfahren, das sowohl zur Verschlüsselung als auch zur digitalen Signatur verwendet werden kann. Es verwendet ein Schlüsselpaar bestehend aus einem privaten Schlüssel, der zum Entschlüsseln oder Signieren von Daten verwendet wird, und einem öffentlichen Schlüssel, mit dem man verschlüsselt oder Signaturen prüft.

Betrachten wir im Folgenden die mathematischen Grundlagen des RSA-Algorithmus.

Eine ganze Zahl a teilt eine ganze Zahl b, wenn es eine ganze Zahl c gibt, so dass *a c = b* gilt. Man schreibt dafür a | b *(a teilt b)*.

Eine natürliche Zahl g heißt *größter gemeinsamer Teiler* (ggT) von a und b, wenn gilt:

1. g | a und g | b
2. g ist die größte natürliche Zahl mit Eigenschaft (1)

Man schreibt dafür *g =: ggT(a, b)*. Wenn gilt *ggT(a, b) = 1*, dann heißen a und b *teilerfremd*.

▸ **Euklidischer Algorithmus**

Seien a und b ganze Zahlen mit b > 0. Dann gibt es eindeutig bestimmte ganze Zahlen q und r mit folgenden Eigenschaften:

▸ *a = b q + r (a geteilt b ergibt q mit Rest r)*

▸ *b > r ≥ 0*.

Es gilt dann *ggT(a, b) = ggT(b, r)*.

▸ **Operator mod (Modulo)**

a = b q + r (a geteilt b ergibt q mit Rest r) → *a mod b := r*. Somit ist die kleinste natürliche Zahl mit b | a-r.

Andere Schreibweise: *a ≡ r (mod b)* (a ist kongruent r modulo b).

Dann gilt: *a ≡ r (mod b) <=> a mod b = r mod b <=> (a − r) mod b = 0*.

Es gilt *a ≡ r_1 (mod b)* und *c ≡ r_2 (mod b)* => *a + c ≡ (r_1 + r_2) (mod b)* und a c ≡ r_1 r_2 *(mod b)*.

▸ **Prinzip des RSA-Algorithmus**

Sei *n = pq* das Produkt zweier unterschiedlicher Primzahlen. Dann gilt für jede natürliche Zahl *m ≤ n* und jede natürliche Zahl k die Gleichung:

mk(p-1)(q-1)+1 mod n = m.

Dazu wählt man zwei natürliche Zahlen e und d, so dass gilt:

ed = k(p-1)(q-1)+1 (mit k ∈ N).

Dann gilt: $(m^e)^d$ mod n = m *und* $(m^d)^e$ mod n = m

▸ **Schlüsselerzeugung**

Jeder Teilnehmer erhält zwei verschiedene große Primzahlen p und q. Anschließend wird das Produkt *n = pq* sowie die Zahl *φ(n) = (p-1)(q-1)* berechnet. Dann wählt man die Zahl e, die teilerfremd zu φ(n) ist, und berechnet (etwa mit dem erweiterten euklidischen Algorithmus) eine Zahl d mit der Eigenschaft: *ed mod φ(n) = 1.*

Dies ist gleichbedeutend mit: *ed = 1+k(p-1)(q-1)* für eine natürliche Zahl k.

Dann bildet e zusammen mit n den öffentlichen Schlüssel, und d ist der geheime Schlüssel. Die Zahlen p, q und φ(n) sind ebenfalls geheim zu halten, können jedoch auch vernichtet werden, da sie nicht mehr benötigt werden.

▶ **Asymmetrische Verschlüsselung**

Wenn man Potenzieren mit e als Verschlüsseln und das Potenzieren mit d als Entschlüsseln bezeichnet, garantiert der Satz von Euler, dass korrekt entschlüsselt wird.

▷ Verschlüsselung: $f_e(m) := m^e\ mod\ n$

▷ Entschlüsselung: $f_d(c) := c^d\ mod\ n$

[+] | **Public-Key-Eigenschaft:**

Wenn man nur die Zahl n kennt, so kann man aus e nicht d berechnen.

▶ **Trapdoor-Einwegfunktion**

Das Potenzieren mit e modulo n ist eine Einwegfunktion; ihre Umkehrfunktion ist das Potenzieren mit d. Mögliche Trapdoor-Informationen sind:

▷ die Kenntnis der Zahl d

▷ die Kenntnis der Zahl φ(n)

▷ die Faktorisierung von n

▶ **Digitale Signatur**

Ausgangspunkt ist die Nachricht m – eventuell gehasht – sowie der geheime Schlüssel d und der öffentliche Schlüssel e, beide vom Teilnehmer T.

▷ Signaturfunktion: $sig = s_T(m) := m^d\ mod\ n$

▷ Verifikationsfunktion: $m = v_T(sig) := sig^e\ mod\ n$?

[+] | **Bemerkung zur Länge des Schlüssels**

Derzeit werden für n Zahlen zwischen 512 und 2.048 Bit Länge benutzt. Zu empfehlen ist eine Schlüssellänge von mindestens 768 Bit. Zur Verdeutlichung der Größe der Länge des eingesetzten Schlüssels sei beispielhaft die Länge auf 1.024 Bit festgelegt. Dies wäre eine Dezimalzahl mit ca. 300 Stellen.

7.3 Kryptografie für SAP

In SAP NetWeaver wird Kryptografie im Wesentlichen für folgende Sicherheitsfunktionen genutzt:

- Secure Network Communication (SNC)
- Secure Sockets Layer (SSL)
- digitale Signaturen und Datenverschlüsselung mit Secure Store & Forward (SSF)
- sichere Speicher

SAP stellt außerdem zur Verwaltung der kryptografischen Dienste den *Trust-Manager* zur Verfügung. Ebenso bietet SAP die jeweils notwendige kryptografische Software, die vom SAP Service Marketplace geladen und installiert werden kann.

Zur Absicherung von Verbindungen wird je nach verwendeter Kommunikationsart ein anderer Standard eingesetzt:

- Bei Verbindungen, die Internetprotokolle wie HTTP verwenden, können SSL-Protokolle eingesetzt werden.
- Bei SAP-Protokollen wie *Remote Function Call* (RFC) oder *Dialog* können Sie SNC einsetzen.

Die Verwendung bietet dabei folgenden Schutz:

- **Authentifizierung**
  Bei SSL können die Verbindungen so eingerichtet werden, dass nur die Serverkomponente authentifiziert wird oder dass beide Partner authentifiziert werden. Bei SNC werden immer beide Partner authentifiziert.
- **Datenintegrität**
  Die Daten sind so geschützt, dass jede Manipulation aufgedeckt wird.
- **Vertraulichkeit der Daten**
  Die Daten können verschlüsselt werden.

7.3.1 Secure Network Communication (SNC)

Die Schnittstelle Secure Network Communication (SNC) integriert externe Sicherheitsprodukte in SAP-Systeme. Dadurch können Sicherheitsfunktionen genutzt werden, die in SAP-Systemen nicht direkt verfügbar sind (z. B. die Verwendung von Smartcards). Diese werden dann von den externen Produkten bereitgestellt.

SNC schützt die Datenkommunikationspfade zwischen verschiedenen Client- und Serverkomponenten des SAP-Systems, die das SAP-Protokoll RFC oder *Dynamic Information and Action Gateway* (DIAG) verwenden. Dabei wird die gesamte Kommunikation zwischen zwei mit SNC geschützten Komponenten gesichert (z. B. zwischen dem SAP GUI und dem Anwendungsserver).

Beim Einsatz von SNC stehen drei Sicherheitsgrade zur Auswahl:

▶ **nur Authentifizierung**
Der Mindestschutzgrad, den SNC anbietet. Dabei wird lediglich die Identität der Kommunikationspartner verifiziert.

▶ **Schutz der Integrität**
Das System ermittelt alle Änderungen oder Manipulationen der Daten, die zwischen den beiden Endpunkten einer Kommunikation aufgetreten sind.

▶ **Schutz der Vertraulichkeit**
Das System verschlüsselt die übertragenen Nachrichten. Dies umfasst auch den Schutz der Daten-Integrität und ist der höchste angebotene SNC-Sicherheitsgrad.

Externe Sicherheitsprodukte

Das verwendete externe Sicherheitsprodukt muss u. a. folgende Anforderungen erfüllen:

▶ Es muss den vollen Funktionsumfang der Standardschnittstelle GSS-API V2 bereitstellen. Über diese Schnittstelle kommuniziert SNC mit dem externen Sicherheitsprodukt.

▶ Das Produkt muss durch SAP zertifiziert sein.

[+]

GSS-API V2

GSS-API V2 bedeutet Generic Security Services Application Programming Interface Version 2 und ist eine von der *Internet Engineering Task Force* (IETF) entwickelte Standardschnittstelle für Sicherheitsfunktionen. SNC verwendet GSS-API V2 als Schnittstelle für Funktionsaufrufe zu externen Sicherheitsprodukten.

GSS-API V2 dient nicht dazu, bestimmte Daten zu verschlüsseln oder zu signieren, sondern dazu, Protokollnachrichten (erlaubte Nachrichtentypen) für kryptografische Protokolle zu generieren.

Da die Sicherheitsprodukte ihre eigenen Namenskonventionen für die Vergabe von Benutzernamen verwenden und diese in der Regel unabhängig von den Benutzernamen im SAP-System erstellt werden, müssen die beiden Namen einander zugeordnet werden.

Daneben benötigen auch Anwendungsserver und andere SAP-Systemservices, die im Allgemeinen keine Benutzernamen im SAP-System haben, zusätzliche Benutzernamen beim Sicherheitsprodukt. Für eine erfolgreiche Authentifizierung muss das SAP-System in der Lage sein, diese externen Benutzernamen zu erkennen.

Benutzerpflege

Bei der mit SNC geschützten Kommunikation werden die Namen der Partner in der Form, die dem externen Sicherheitsprodukt bekannt ist, in den entsprechenden SNC-Schichten der SAP-Systemkomponenten ausgetauscht. Da es sich hierbei um einen sicheren Authentifizierungsvorgang handelt, kann das SAP-System den SNC-Namen, eine spezielle Form des externen Benutzernamens (ein eigenes Register in der Transaktion SU01), verwenden, um den Benutzer im SAP-System zu authentifizieren und die Anmeldung zu akzeptieren (oder abzulehnen). Jeder Benutzer, sowohl Dialogbenutzer als auch Nichtdialogbenutzer, benötigt daher einen Benutzernamen im SAP-System, der dem vom externen Sicherheitsprodukt verwendeten Benutzernamen entspricht.

Für jeden Dialogbenutzer, der sich mit SNC am SAP-System anmeldet, muss eine Beziehung zwischen dem SAP-Benutzernamen und dem externen Benutzernamen (SNC-Namen) hergestellt werden. Die Zuordnung erfolgt in der Transaktion SU01 im Register SNC, wie in Abbildung 7.12 zu sehen ist.

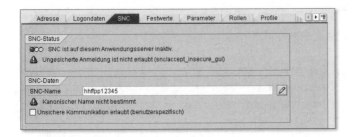

Abbildung 7.12 Benutzerpflege – Register »SNC«

Im Rahmen der Benutzerzuordnung gelten folgende Einschränkungen:

▸ Jedem SAP-Benutzerkonto kann nur ein SNC-Namen zugeordnet werden.

▸ Vor Release 4.5 kann derselbe SNC-Name nicht mehreren Benutzerkonten zugeordnet werden. Andernfalls garantiert SAP nicht, dass der Benutzer korrekt zugeordnet wird.

▸ Ab Release 4.5 kann ein SNC-Name mehreren Benutzerkonten zugeordnet werden.

Alternativ dazu kann im Rahmen der Systemkonfiguration unter dem Menü-punkt SECURE NETWORK COMMUNICATIONS die Zugangskontrollliste für Benutzer gepflegt werden (siehe Abbildung 7.13).

Abbildung 7.13 Zugangskontrollliste

Mit der Transaktion SU01 kann einem Benutzer nur ein SNC-Name zugeord-net werden. In manchen Fällen kann es jedoch sinnvoll sein, RFC- oder CPIC-Benutzern (CPIC = *Common Programming Interface-Communication*) zusätzli-che SNC-Namen zuzuordnen. In diesen Fällen können Sie in der erweiterten Benutzer-Zugriffskontrollliste (Tabelle USRACLEXT) über die Transaktion SM30 weitere SNC-Namen eintragen – siehe Abbildung 7.14.

Sicht "Erweiterte SNC-Zugangskontrollliste (ACL) für Benutzer" ändern:
🖉 🖫 Neue Einträge 🗐 🖫 🕭 📑 🖫 📑

Benutzername	Lf	SNC-Name
IDES_RFC	001	ides_rfc_0001
IDES_RFC	002	ides_rfc_0002
IDES_RFC	003	ides_rfc_0003

Abbildung 7.14 Erweiterte Zugangskontrollliste

[+] | **Zusätzliche SNC-Namen für Dialogbenutzer**

Wenngleich es möglich ist, rät SAP davon ab, in die Tabelle USRACLEXT zusätzliche SNC-Namen für Dialogbenutzer einzutragen.

Allgemeine Anmerkungen zu SNC

SNC schützt die logische Verbindung zwischen zwei Endpunkten einer Kom-munikation. Die Verbindung wird von einer Seite initiiert (Initiator) und von der anderen Seite akzeptiert (Akzeptant). Beide Seiten müssen dabei SNC-Optionen angeben:

▶ **Initiator**

  ▶ Soll die Kommunikation mit SNC geschützt werden?

  ▶ den SNC-Namen des Kommunikationspartners (Zielnamen)

- ▷ den Ablageort der eigenen externen Bibliothek
- ▷ den zu verwendenden Sicherheitsgrad
- ▶ **Akzeptant**
  - ▷ Akzeptiert er ausschließlich SNC-geschützte Verbindungen?
  - ▷ den eigenen SNC-Namen
  - ▷ den Ablageort der eigenen externen Bibliothek
  - ▷ den zu akzeptierenden Sicherheitsgrad

Empfehlungen

Die Kommunikationsverbindung zwischen dem Anwendungsserver und der Datenbank kann nicht mit SNC gesichert werden. Bei der Kommunikation mit der Datenbank befinden sich die Endpunkte der Kommunikation innerhalb der Datenbankmodule und nicht in den SAP-Systemmodulen. Diese Verbindung kann daher nicht mit SNC geschützt werden. SAP empfiehlt, das die Datenbank enthaltende Teilnetzwerk vom Rest des Netzwerks zu trennen und es mit einer Firewall zu schützen.

Zur Verbesserung der Performance sollen interne RFCs über die Netzwerkinfrastruktur statt mit SNC geschützt werden. SAP empfiehlt, diese Verbindungen durch den Aufbau eines sicheren Teilnetzes zu schützen. In diesem Teilnetz kann ohne SNC sicher kommuniziert werden (siehe Abbildung 7.15).

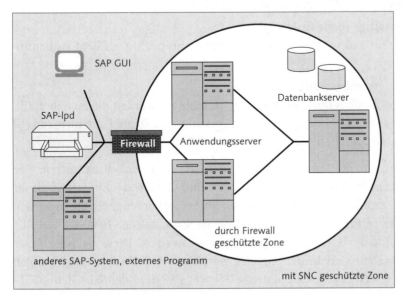

Abbildung 7.15 SNC-geschützte Zonen

7.3.2 Secure-Sockets-Layer-Protokoll (SSL-Protokoll)

Mit dem Secure-Sockets-Layer-Protokoll (SSL-Protokoll) können HTTP-Verbindungen zum und vom SAP NetWeaver Application Server sicherer gemacht werden. Bei Verwendung von SSL werden die Daten zwischen den beiden Partnern (Client und Server) verschlüsselt übertragen, und die beiden Partner können authentifiziert werden. Dazu wird zuerst zwischen dem Browser auf der Client-Seite und dem der Server-Seite eine Public-Key-Verbindung aufgebaut. Über diese wird dann ein symmetrischer Schlüssel ausgetauscht, der zur eigentlichen Datenübertragung verwendet wird. Falls eine Bank ihre Kontoauszugsdatei übermittelt, können Sie mit SSL wie beschrieben den dazugehörenden Benutzer authentifizieren und die Daten während der Übertragung verschlüsseln.

Zusammen mit der SSL-Unterstützung kann der AS ABAP folgende Funktionen anbieten:

▶ **Serverseitige Authentifizierung**
Dabei identifiziert sich der Server selbst gegenüber dem Client, wenn die Verbindung hergestellt wird. Dadurch wird die Gefahr verringert, dass mit gefälschten Servern Informationen von den Clients erlangt werden.

▶ **Clientseitige Authentifizierung**
Dabei identifiziert sich der Client selbst, wenn die Verbindung hergestellt wird. Damit können etwa Benutzer authentifiziert werden, anstatt Benutzerkennung und Kennwort zu verwenden.

▶ **Gegenseitige Identifizierung**
In diesem Fall werden sowohl der Server als auch der Client authentifiziert.

▶ **Datenverschlüsselung**
Zusätzlich zur Authentifikation der Teilnehmer werden die zwischen Client und Server übertragenen Daten verschlüsselt. Damit kann niemand auf die Daten zugreifen oder sie manipulieren.

Betrachten wir die Voraussetzungen, um das SSL-Protokoll zu nutzen: Der Server hat zwei Public-Key-Schlüsselpaare und -Zertifikate. Ein Schlüsselpaar und ein Zertifikat benötigt er, um sich als Serverkomponente auszuweisen, das zweite Zertifikat und das zweite Schlüsselpaar werden benötigt, um sich gegebenenfalls als Client-Komponente auszuweisen. Diese Schlüsselpaare und Zertifikate sind in den eigenen persönlichen Sicherheitsumgebungen (PSEs) des Servers abgelegt, in der SSL-Server-PSE bzw. der SSL-Client-PSE.

7.3.3 Secure Store & Forward (SSF)

SAP bietet in ERP die Möglichkeit, mit Hilfe von Funktionen des Secure Store & Forward (SSF), Daten und Dokumente in SAP-Systemen als unabhängige Dateneinheiten zu sichern. Mit den SSF-Funktionen können die Daten und digitale Dokumente in sichere Formate verpackt werden, bevor sie auf Datenträger gesichert oder über Kommunikationsverbindungen übertragen werden.

SSF-Mechanismen verwenden digitale Signaturen und digitale Umschläge, um digitale Dokumente zu sichern. Eine digitale Unterschrift stellt sicher, dass die Daten nicht gefälscht werden, dass der Sender (Unterzeichner) eindeutig ermittelt werden kann und dass ein Beweis für die Auftragsvergabe vorhanden ist. Der nachfolgend zugewiesene digitale Umschlag stellt sicher, dass der Inhalt der Daten nur vom vorgesehenen Empfänger eingesehen werden kann. Somit entstehen keine Sicherheitslücken, selbst wenn die Daten während des Transports oder am Zielort vorübergehend abgelegt werden.

Durch den Einsatz der SSF-Mechanismen können Sie gedruckte Dokumente und handschriftliche Unterschriften durch automatisierte Workflow-Prozesse und digitale Dokumente ersetzen, die mit Hilfe digitaler Signaturen und digitaler Umschläge gesichert sind.

[+]

Unterstützte Formate
Derzeit wird nur das SSF-Format PKCS#7 unterstützt.

Mit SSF sind darüber hinaus folgende Eigenschaften gegeben, die für elektronische Geschäftsvorgänge von großer Wichtigkeit sind:

▸ die asynchrone, d.h. zeitlich entkoppelte Erstellung, Übermittlung, Entgegennahme, Verarbeitung und Bestätigung von Geschäftsvorgängen

▸ die Unabhängigkeit vom Transportweg, d.h., verschiedene Transportmedien und -verfahren – z.B. öffentliches Netz, Onlinedienst, Internet, Bänder, Disketten – sowie verschiedene Kommunikationsdienste und -protokolle (z.B. HTTP, FTP, E-Mail, EDI) sind möglich.

Diese Eigenschaften bleiben dabei auch nach Ende der Datenübertragung erhalten, solange die Daten im gesicherten Format gespeichert sind.

Digitale Signatur

Die digitale Signatur hat für die Verarbeitung digitaler Daten dieselbe Funktion wie die handschriftliche Unterschrift. Sie identifiziert den Unterzeichner eindeutig, lässt sich nicht fälschen und schützt die Integrität der Daten. Jede nach der Unterzeichnung vorgenommene Änderung der Daten führt dazu, dass die digitale Signatur für die geänderten Daten ungültig ist.

Sie können digitale Signaturen in SAP-Systemen in Verbindung mit einem externen Sicherheitsprodukt verwenden oder ohne ein solches Produkt. Wenn Sie ein externes Sicherheitsprodukt in Verbindung mit dem SAP-System einsetzen, können Sie verfügbare Funktionen, wie digitale Umschläge oder die Authentifizierung von Einzelpersonen über Smartcards, nicht direkt im SAP-System nutzen. Damit digitale Signaturen ohne ein externes Produkt eingesetzt werden können, stellt SAP die SAP Security Library zur Verfügung.

Als Endanwender geben Sie normalerweise nur an, dass Sie ein Dokument signieren wollen, und das System erledigt alles Weitere.

[+] | **Nutzung der digitalen Signatur**

Der Einstieg kann auch aus einem Business Workflow erfolgen, für den das System eine digitale Unterschrift fordert, bevor Sie fortfahren dürfen. Sie müssen dem System ausdrücklich Zugriff auf Ihren privaten Schlüssel einräumen, beispielsweise über eine PIN oder eine Kennphrase, mit der das System auf die Smartcard oder Datei zugreifen kann, die Ihren geheimen Schlüssel enthält.

Digitaler Umschlag (Hybridverschlüsselung)

Der digitale Umschlag stellt sicher, dass die Dateninhalte nur für die Empfänger einsehbar sind, für die sie bestimmt sind. Sie erstellen einen digitalen Umschlag, indem Sie das Dokument mit einem geheimen Nachrichtenschlüssel in einem sicheren Umschlag verpacken. Der Empfänger der Nachricht muss den Schlüssel ebenfalls kennen, um die Nachricht entschlüsseln zu können. Daher verschlüsseln Sie den Nachrichtenschlüssel mit dem öffentlichen Schlüssel des Empfängers und versenden ihn zusammen mit dem Dokument.

Der Empfänger des Dokuments entschlüsselt dann mit seinem privaten Schlüssel den geheimen Schlüssel, mit dem er das Dokument entschlüsseln kann. Gründe für den Einsatz digitaler Umschläge sind u.a.:

▸ das Versenden vertraulicher Daten oder Dokumente

▸ das Ablegen vertraulicher Daten oder Dokumente

Dazu benötigen Sie ein externes Sicherheitsprodukt in Verbindung mit dem SAP-System. Das Sicherheitsprodukt muss von SAP zertifiziert sein und das Standarddatenformat PKCS#7 sowie die Public-Key-Zertifikate X.509 unterstützen.

7.3.4 SAP Security Library

Damit SSF seine Funktionen zur Verfügung stellen kann, benötigt es ein externes Sicherheitsprodukt. Als Standardprodukt ist die SAP Security Library (SAPSECULIB) in jedem SAP-System vorhanden. Die SAPSECULIB kann jedoch nur digitale Signaturen zur Verfügung stellen. Für die Unterstützung digitaler Umschläge, von Verschlüsselung oder kryptografischer Hardware (z. B. Smartcards oder Sicherheitsboxen) benötigen Sie ein externes Sicherheitsprodukt. SAP stellt dazu die SAP Cryptographic Library kostenlos zur Verfügung, Sie können jedoch auch ein zertifiziertes Partnerprodukt verwenden:

▸ Signieren und Verifizieren durch den SAP NetWeaver Application Server – SAPSECULIB, ab Basis SAP-Release 4.5

▸ Signieren am SAP GUI für Windows – Partnerprogramm SPP, ab Basis-Release 4.0

▸ Signieren am Web-Browser – Signature Control, ab Application Server 6.10

7.3.5 Sicherer Speicher

Der sichere Speicher ist eine Komponente des SAP NetWeaver Application Servers ABAP. Er dient der verschlüsselten Ablage sensibler Daten, die SAP-Anwendungen bei der Anmeldung an anderen Systemen benötigen. Durch die verschlüsselte Ablage der Daten in der Datenbank wird verhindert, dass unbefugte Personen oder Programme auf diese Daten zugreifen können (Quelle: SAP Online-Hilfe)

Folgende SAP-Anwendungen benutzen den sicheren Speicher zur Ablage von Kennwörtern:

▸ RFC-Destinationen

▸ SAP NetWeaver Process Integration – PI, ehemals Exchange Infrastructure (XI)

▸ SAPphone, SAPconnect

▸ CCMS – Computing Center Management System

Sicherer Speicher	[+]
Aus rechtlichen Gründen dürfen nur SAP-Anwendungen den sicheren Speicher benutzen. SAP verhindert damit durch technische Maßnahmen, dass Dritte den sicheren Speicher in Eigenentwicklungen verwenden. SAP bietet jedoch die Schnittstelle Secure Store & Forward zu externen Produkten an. (Quelle: *http://help.sap.com/*).	

7.4 Verwaltungsaufgaben in SAP

In diesem Abschnitt werden die notwendigen Verwaltungsaufgaben vorgestellt, die beim Einsatz kryptografischer Verfahren in SAP anfallen.

7.4.1 Secure Store & Forward (SSF)

Wenn Sie ein externes Sicherheitsprodukt verwenden, um digitale Signaturen und Verschlüsselung in SAP-Systemen zu unterstützen, müssen Sie an jedem der Frontend-Rechner und auf den Anwendungsservern SSF installieren und konfigurieren.

7.4.2 SAP Cryptographic Library

Die SAP Cryptographic Library ist das von SAP ausgelieferte Sicherheitsprodukt für Verschlüsselungsfunktionen in SAP-Systemen. Mit dieser Bibliothek können Sie einerseits die SNC-Schnittstelle zwischen verschiedenen SAP-Serverkomponenten nutzen und andererseits das SSL-Protokoll zusammen mit dem AS ABAP verwenden.

Folgende Informationen sind dazu erforderlich:

▶ Der Server und seine Kommunikationspartner müssen für die Verwendung der SNC-Schnittstelle konfiguriert sein.

▶ Der Server muss ein Public-Key-Schlüsselpaar und ein Public-Key-Zertifikat haben, das in der PSE des Servers abgelegt ist. SAP empfiehlt, ein vom Server selbst signiertes Zertifikat zu verwenden, um die Verwaltung zu erleichtern.

7.4.3 Public-Key-Technologie in SAP

Das Geheimnis der Public-Key-Technologie liegt in der Beziehung zwischen zwei Schlüsseln, dem öffentlichen und dem privaten Schlüssel. Die signierende Person oder SAP-Komponente besitzt diese beiden Schlüssel. Normalerweise lassen sich diese Schlüssel von Ihrem Webbrowser generieren. Anschließend senden Sie den öffentlichen Schlüssel zum Signieren an die zentrale Instanz, die sogenannte *Certification Authority* (CA). Dieser Schritt garantiert Ihnen das Eigentumsrecht an dem Schlüsselpaar, und dieses kann nun zur Identifikation verwendet werden. Die CA ordnet die Schlüssel zu, indem sie ein digitales Zertifikat ausstellt. Das *digitale Zertifikat* enthält die Informationen, mit denen sichergestellt werden kann, dass der öffentliche

Schlüssel zu der angegebenen Person gehört. Der Unterzeichner verteilt seine öffentlichen Schlüssel, indem er sein Public-Key-Zertifikat verteilt (etwa per E-Mail) – siehe Abbildung 7.16.

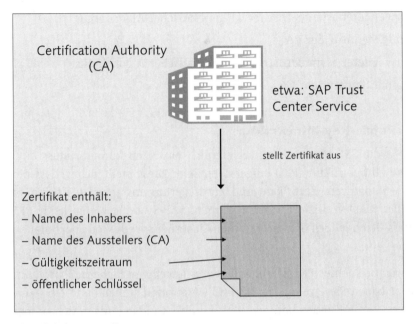

Abbildung 7.16 Zertifikat

Mit den Informationen aus dem Zertifikat (öffentlicher Schlüssel, Hashalgo-rithmus) prüft der Empfänger die Signatur des signierten Dokuments. Er weiß, dass dieser öffentliche Schlüssel diesem Absender gehört, wenn er der CA vertraut. Der Empfänger kann auch die Gültigkeit der Signatur der CA prüfen, da deren Signatur und öffentlicher Schlüssel ebenfalls in dem Public-Key-Zertifikat enthalten sind. Es gibt verschiedene Formate für Public-Key-Zertifikate, ein weit verbreitetes ist das X.509-Zertifikat, das wie folgt aufge-baut ist:

▶ **Allgemeine Informationen**

  ▷ Version

  ▷ Seriennummer

  ▷ Gültigkeitsdauer

▶ **Information über den Aussteller**

  ▷ charakterisierender bzw. eindeutiger Name der CA (Distinguished Name)

- **Informationen über den Besitzer**
  - Distinguished Name des Besitzers
  - öffentlicher Schlüssel des Besitzers
  - verwendeter asymmetrischer, kryptografischer Algorithmus
- **Digitale Signatur der CA**
  - verwendeter asymmetrischer, kryptografischer Algorithmus
  - digitale Signatur der CA

7.4.4   Public-Key-Infrastruktur

Damit Sie die SSF-Mechanismen erfolgreich einsetzen können, muss eine Public-Key-Infrastruktur (PKI) eingerichtet sein. Diese stellt sicher, dass die digitalen Signaturen, Zertifikate und Zertifizierungsinstanzen (*Certification Authorities*, CAs) verifiziert werden können. SAP-Systeme bieten keine PKI an, unterstützen jedoch die von externen Sicherheitsprodukten angebotenen PKIs.

Die Einrichtung einer PKI ist abhängig vom jeweiligen Sicherheitsprodukt. Entweder bauen Sie Ihre eigene PKI und CA auf und stellen dann eine Verbindung zu Ihren Kunden her, oder Sie und Ihre Kunden einigen sich auf ein gemeinsames Trust Center. Dies ist eine externe Instanz, der sowohl Sie als auch Ihre Kunden die Prüfung und Authentifizierung Ihrer PKI-Teilnehmer anvertrauen können.

7.4.5   Persönliche Sicherheitsumgebung

Die persönliche Sicherheitsumgebung (*Personal Security Environment*, PSE) ist der sichere Ort, an dem die Public-Key-Informationen eines Benutzers oder einer Komponente abgelegt werden. Die PSE eines Benutzers oder einer Komponente befindet sich normalerweise in einem geschützten Verzeichnis im Dateisystem oder auf einer Smartcard. Sie enthält die öffentlichen Informationen und die privaten Informationen des Besitzers.

[zB]

Beispiel zur persönlichen Sicherheitsumgebung

Die SAP Security Library (SAPSECULIB) legt die Informationen des Anwendungsservers in einer PSE ab. In diesem Fall enthält die PSE sowohl das private Adressbuch für das SAP-System als auch das SSF-Profil.

Innerhalb der Transaktion STRUST greifen Sie auch auf die PSE-Pflege zu. In älteren Releaseständen steht dazu die eigene Transaktion PSEMAINT zur Verfügung.

Im Folgenden betrachten wir einige Elemente der PSE:

- System-PSE
- SNC-PSE
- SSL-Client-PSE
- SSL-Server-PSE
- Datei-PSE
- SSF-Anwendungs-PSE

Die *System-PSE* ist die persönliche Sicherheitsumgebung des SAP-Systems, die für Funktionen für die digitale Signatur eingesetzt wird. Das System verwendet seine System-PSE, um digitale Signaturen anzulegen und zu verifizieren. Allerdings kann es mit der System-PSE nicht verschlüsseln. Die System-PSE enthält die Sicherheitsinformationen des Systems, einschließlich des Public-Key-Schlüsselpaars und der entsprechenden Zertifikate (siehe Abbildung 7.17).

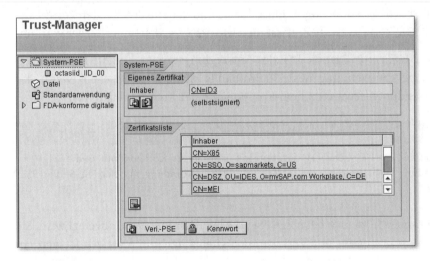

Abbildung 7.17 Trust-Manager – System-PSE

Die *SNC-PSE* ist die PSE des Anwendungsservers zum Sichern der Kommunikation bei Verwendung der SNC-Schnittstelle, wenn Sie als Sicherheitsprodukt die SAP Cryptographic Library einsetzen.

[!] **Verwendung der SNC-Schnittstelle**

Benutzen Sie SNC, um Verbindungen zu schützen, bei denen SAP-Protokolle eingesetzt werden (RFC und DIAG). Beachten Sie allerdings, dass Sie die SAP Cryptographic Library nicht auf Client-Komponenten wie SAP GUI für Windows verwenden können. Schützen Sie HTTP-Verbindungen mit SSL.

Die SNC-PSE enthält die Sicherheitsinformationen der Server, die zum Sichern der SNC-Verbindung verwendet werden. Dies umfasst die Public-Key-Schlüsselpaare und die entsprechenden Zertifikate.

Die *SSL-Server-PSE* ist die PSE des Anwendungsservers, um HTTP-Verbindungen bei Verwendung des SSL-Protokolls (HTTPS-Verbindungen) sicherer zu machen, wenn der Anwendungsserver die Serverkomponente der Verbindung ist.

[!] **Verwendung einer SSL-Client-PSE**

Falls der SAP NetWeaver Application Server auch als Client-Komponente kommuniziert, verwendet er beim Einrichten der HTTPS-Verbindung eine der SSL-Client-PSEs.

Diese PSE enthält die Sicherheitsinformationen des Anwendungsservers, einschließlich des Public-Key-Schlüsselpaars und der entsprechenden Zertifikatsliste. Die Zertifikatsliste umfasst die Liste der CAs, denen der Server vertraut.

Die *SSL-Client-PSE* ist die PSE des Anwendungsservers, um die Kommunikation bei Verwendung des SSL-Protokolls sicherer zu machen, wenn der Anwendungsserver die Client-Komponente der Kommunikation ist.

[!] **Verwendung einer SSL-Server-PSE**

Falls der SAP NetWeaver Application Server als Server-Komponente für die SSL-Verbindung kommuniziert, richtet er die HTTPS-Verbindung mit der SSL-Server-PSE ein.

Die *Datei-PSE* ist eine beliebige PSE, die lokal in einer Datei abgelegt wird. Sie kann zur Erzeugung und Verifikation digitaler Signaturen verwendet werden, jedoch nicht zur Verschlüsselung.

SSF-Anwendungs-PSEs sind die PSEs, die für die Verwendung bei SSF-Anwendungen angegeben sind. Die verschiedenen SSF-Anwendungen können verschiedene PSEs einsetzen, um die erforderlichen Sicherheitsinformationen zu erhalten. Der SAP NetWeaver AS verwendet zum Signieren der Anmeldetickets eine andere PSE als beim Zugriff auf den HTTP-Content-Server. Die verschiedenen SSF-Anwendungen werden beim SSF-Customizing mit der Transaktion SSFA definiert. Eine SSF-Anwendung kann auch die SSF-Standard-PSE benutzen (siehe Abbildung 7.18).

Abbildung 7.18 SSF-Anwendungs-PSE

Mit dem Trust-Manager können alle SSF-Anwendungs-PSEs gepflegt werden, die die SAP Security Library oder die SAP Cryptographic Library verwenden, einschließlich der SSF-Standard-PSE.

7.4.6 Trust-Manager

Viele Anwendungen in SAP-Systemen verlassen sich auf den Einsatz von Public-Key-Technologie. Beispiele für die Unterstützung von Public-Key-Technologie in SAP-Systemen sind SSF-Mechanismen, SSL-Protokolle oder System-PSEs.

Die Public-Key-Informationen, die dazu benötigt werden, können mit dem Trust-Manager verwaltet werden. Der Trust-Manager führt die PSE- und Zertifikatspflege-Funktionen aus wie das Erzeugen von Schlüsselpaaren, das Anlegen von Zertifikatsanforderungen, die von einer CA signiert werden sollen, und die Pflege vertrauter CAs, die der Server akzeptiert.

Dabei können folgende Informationen gepflegt werden:

► System-PSE: die PSE des Servers für SNC, falls als Sicherheitsprodukt die SAP Cryptographic Library verwendet wird

► PSEs, die für SSL-geschützte Kommunikation verwendet werden:

  ► SSL-Server-PSEs

  ► SSL-Client-PSEs

► beliebige Datei-PSEs

► PSEs, die von SSF-Anwendungen benutzt werden, die als Sicherheitsprodukt die SAP Security Library oder die SAP Cryptographic Library einsetzen. Mit dem Trust-Manager können Sie die PSEs für SSF-Anwendungen, die ein anderes Sicherheitsprodukt verwenden, nicht pflegen.

Der Trust-Manager bietet Funktionen zu folgenden Themen und Bereichen an:

▶ Erzeugen von Schlüsselpaaren und entsprechenden Zertifikatsanforderungen

▶ Importieren der Zertifikatsantwort in eine PSE

▶ PSE-Pflege (Anlegen, Anzeigen, Löschen und Statusüberwachung)

▶ Pflege der PSE-Zertifikatsliste

▶ Anlegen einer Verifikations-PSE (einer PSE, die nur zur Überprüfung der digitalen Signatur des Inhabers verwendet werden kann)

▶ Zuweisen einer PIN zu PSEs, wodurch auch Credentials für den Server angelegt werden, so dass der Server zur Laufzeit auf eine geschützte PSE zugreifen kann

▶ Verteilen einer PSE an die einzelnen Anwendungsserver

▶ Im- und Exportieren von PSEs

▶ Importieren, Parsen und Exportieren von Zertifikaten

Um den Trust-Manager zu starten, rufen Sie die Transaktion STRUST auf (siehe Abbildung 7.19).

Abbildung 7.19 Trust-Manager

7.5   Fazit

Nach der Lektüre dieses Kapitels kennen Sie die Möglichkeiten, die SAP bietet, um kryptografische Verfahren zu nutzen. Sie wissen aber auch, welche Funktionen SAP nicht anbietet und somit von externen Systemen von Drittanbietern übernommen werden müssen.

Zu Beginn des Kapitels wurden die Begrifflichkeiten vorgestellt. Sie haben die jeweilige Vorgehensweise bei den einzelnen kryptografischen Diensten kennengelernt. Der mathematisch interessierte Leser konnte sich über die mathematischen Hintergründe informieren. Im zweiten Teil des Kapitels wurden die notwendigen Systemeinstellungen und die anfallenden Verwaltungsaufgaben beschrieben.

Anhang

A   Glossar

Asymmetrische Verschlüsselung Asymmetrische (oder Public-Key-)Verschlüsselungsverfahren verwenden – im Gegensatz zu symmetrischen Verfahren – zwei verschiedene Schlüssel zum Ver- und Entschlüsseln, wobei sich der eine nicht aus dem anderen ermitteln lässt.

Ausgangssteuer Steuer, die Debitoren in Rechnung zu stellen ist und an das Finanzamt abgeführt werden muss.

Ausgleichen Vorgang, bei dem offene Posten eines Kontos oder mehrerer Konten als ausgeglichen gekennzeichnet werden, wenn die Summe der Soll-Beträge und der Haben-Beträge der einander zugeordneten Posten eines oder mehrerer Konten einen Saldo von null ergeben.

Bankdatenspeicher Interner Speicher, in dem die Informationen des elektronischen Kontoauszugs nach dem Einlesen abgelegt werden. Der Bankdatenspeicher besteht aus verschiedenen Tabellen und wird außer vom elektronischen Kontoauszug auch noch von anderen Anwendungen genutzt (z. B. manueller Kontoauszug, Lockbox etc.).

Bankenstammdaten Informationen über eine Bank, die benötigt werden, um den Geschäftsverkehr mit ihr abwickeln zu können. Diese Informationen werden im Bankenverzeichnis gespeichert, das Informationen zu allen gewünschten Banken enthält. Dazu gehören z. B. der Name der Bank, die Anschrift und länderspezifische Angaben.

Belegart Schlüssel, durch den zu buchende Geschäftsvorfälle unterschieden werden. Die Belegart steuert die Beleg-

ablage und legt die zu bebuchenden Kontenarten fest. Die Belegart wird im Belegkopf aller Belege erfasst.

Buchungsart Die Buchungsart ist beim Customizing jeweils bei der Definition eines Buchungsschemas anzugeben (z. B. AUSGLEICH PERSONENKONTO IM SOLL).

Buchungsbereich Eine Einzelposition des elektronischen Kontoauszugs kann – abhängig von externen Vorgangscodes und Einstellungen im Customizing – bis zu zwei Buchungsvorgänge automatisch anstoßen: eine Buchung im Buchungsbereich 1 (Bank- bzw. Hauptbuchhaltung) und eine weitere Buchung im Buchungsbereich 2 (Nebenbuchhaltung).

Buchungskreis Die kleinste organisatorische Einheit des externen Rechnungswesens, für die eine vollständige, in sich abgeschlossene Buchhaltung abgebildet werden kann. Dies beinhaltet die Erfassung aller buchungspflichtigen Ereignisse und die Erstellung aller Nachweise für einen gesetzlichen Einzelabschluss wie Bilanzen sowie Gewinn- und Verlustrechnungen.

Buchungsregel Im Customizing kann jeder externe Vorgang einer Buchungsregel zugeordnet werden. Die Buchungsregel bestimmt dann, welches Buchungsschema durch den externen Vorgang ausgelöst wird.

Buchungsschema Das Buchungsschema beschreibt, welche Buchungsvorgänge durch die im Kontoauszug gelieferten Informationen ausgelöst werden. Das für einen bestimmten Einzelposten des Kontoauszugs zur Anwendung kommende

Buchungsschema wird letztlich durch den im Einzelposten gelieferten externen Vorgangscode gesteuert.

Buchungsschlüssel Mit jeder verarbeiteten Belegposition ist immer genau ein Buchungsschlüssel verknüpft. Der Buchungsschlüssel steuert, ob es sich bei einer Position um eine Soll- oder eine Haben-Buchung handelt. Der Buchungsschlüssel steuert die Kontenart der Belegposition und beeinflusst die Bildschirmanzeige.

Certification Authority (CA) Externe Instanz, die Public-Key-Zertifikate ausstellt. Die Certification Authority (CA) garantiert die Identität der Person, für die das Zertifikat ausgestellt wird, d.h., dass diese wirklich diejenige ist, die zu sein sie vorgibt.

Chiffrieren Ein Text (oder eine Datei) wird verschlüsselt und ist somit für Dritte nicht mehr lesbar.

Credentials Benutzer- oder komponentenspezifische Informationen, die es dem Benutzer oder der Komponente gestatten, auf die eigenen Sicherheitsinformationen zuzugreifen. Die Credentials können sich z. B. in einer geschützten Datei im Dateisystem befinden. Oftmals haben sie eine begrenzte Gültigkeitsdauer. Die Credentials eines Benutzers können z. B. angelegt werden, wenn er sich am Sicherheitsprodukt anmeldet, und gelöscht werden, wenn er sich abmeldet.

Customer-Functions Mit der Customer-Function (früher User Exit) besteht die Möglichkeit, die Standardfunktionalität bei der Verarbeitung des elektronischen Kontoauszugs individuell zu erweitern (siehe Interpretationsalgorithmus, Kontenmodifikation).

Debitorenstammsatz Datensatz, der alle Informationen zu einem Kunden enthält, die u. a. für die Abwicklung von Geschäftsvorfällen benötigt werden. Dazu zählen z. B. die Anschrift und die Bankverbindung.

Dechiffrieren Ein chiffrierter Text (oder eine Datei) wird entschlüsselt und wird somit wieder lesbar.

Digitale Signatur Als digitale Signatur bezeichnet man einen Hashwert, der mit dem privaten Schlüssel des Absenders verschlüsselt ist und so die Authentizität der Nachricht bezeugt. Die Überprüfung der digitalen Signatur erfolgt mit Hilfe des öffentlichen Schlüssels des Absenders.

Externer Vorgang Der externe Vorgang (oder Geschäftsvorfallcode, kurz GVC) ist ein von der Bank gelieferter Schlüssel zur Charakterisierung der Einzelposten des Kontoauszugs (z. B. Gutschrift, Scheckeinreichung).

Geschäftsbereich Ein Geschäftsbereich ist eine organisatorische Einheit des externen Rechnungswesens, die einem abgegrenzten Tätigkeitsbereich oder Verantwortungsbereich im Unternehmen entspricht, dem in der Finanzbuchhaltung erfasste Wertebewegungen zugeordnet werden können.

Hashwert Der Hashwert stellt eine eindeutige Prüfsumme eines beliebig langen Dokuments dar und wird auch als Message Digest, Komprimat, Quersumme oder Fingerabdruck bezeichnet. Hash ist die englische Bezeichnung für »Zerhacktes«.

Hybride Verschlüsselung Als hybride Verschlüsselungsverfahren bezeichnet man jene Algorithmen, die symmetrische und asymmetrische Verfahren kombinieren, um die jeweiligen Vorteile beider Verschlüsselungsalgorithmen gleichzeitig nutzen zu können.

Interpretationsalgorithmus Zum automatischen Ausgleich von offenen Posten werden die in den Verwendungszweckzeilen des elektronischen Kontoauszugs gelieferten Informationen ausgewertet (interpretiert). Der zur Verwendung kommende Algorithmus (z. B. Schecknummernsuche, Belegnummernsuche etc.) wird durch den externen Vorgang und die Einstellungen im Customizing bestimmt.

Kontenart Schlüssel, der angibt, zu welcher Komponente ein Konto gehört. Kontenarten sind Debitoren- (D) und Kreditorenkonten (K), Sachkonten (S), Anlagen (A) und Materialkonten (M). Der Buchungsschlüssel bestimmt beim Buchen, welche Kontenart in dieser Belegposition verwendet wird.

Kontenfindung Bei der Definition der Buchungsschemata werden statt Sachkontonummern Kontensymbole verwendet. Bei der Kontenfindung werden mit der Definition der Kontensymbole die tatsächlich zu bebuchenden Sachkonten (z. B. Bankverrechnungskonto) ermittelt. Die Kontenfindung kann durch die Kontenmodifikation beeinflusst werden.

Kontenmodifikation Die Kontenmodifikation erlaubt es, die Kontenfindung individuell durch den Einsatz von Customer-Functions zu beeinflussen.

Kontenplan Gliederungsschema aller Sachkontenstammdaten, die innerhalb eines oder mehrerer Buchungskreise benötigt werden. Der Kontenplan enthält die Kontonummer, die Kontobezeichnung sowie Steuerungsinformationen für den Sachkontenstammsatz. Es gibt verschiedene Arten von Kontenplänen (z. B. operativer Kontenplan, Konzernkontenplan, Landeskontenplan). Der Landeskontenplan bietet eine alternative Kontonummernstruktur, um lokale Anforderungen im Berichtswesen abzudecken. Er wird auch als alternativer Kontenplan bezeichnet. Der Konzernkontenplan gruppiert verschiedenartige Kontenpläne für die Konzernrechnungslegung.

Kontensymbol Kontensymbole werden beim Anlegen von Buchungsschemata verwendet. Sie werden dann bei der Ausführung der Buchungen nach einem bestimmten Schema durch die tatsächlich zu bebuchenden Sachkonten ersetzt.

Kostenrechnungskreis Ein Kostenrechnungskreis ist die organisatorische Einheit innerhalb eines Unternehmens, für die eine vollständige, in sich geschlossene Kostenrechnung durchgeführt werden kann. Ein Kostenrechnungskreis kann einen oder mehrere Buchungskreise umfassen.

Kostenstelle Kostenstellen sind organisatorische Einheiten, auf denen die Kosten gesammelt werden, die in bestimmten Verantwortungsbereichen anfallen. Sie werden innerhalb eines Kostenrechnungskreises definiert.

Kreditorenstammsatz Datensatz, der alle Informationen zu einem Lieferanten enthält, die u. a. für die Abwicklung von Geschäftsvorfällen benötigt werden. Dazu zählen z. B. die Anschrift und die Bankverbindung.

Lockbox-Verfahren In den USA werden Zahlungstransaktionen hauptsächlich mit Hilfe von Schecks vorgenommen. Um diese Zahlungen schnell bearbeiten zu können, bieten die Banken einen

Lockbox-Service an, der den Kunden die Möglichkeit gibt, ihre Zahlungen direkt an die Lockbox der Bank zu senden. Die Bank reicht die Schecks ein und sendet via Dateiübertragung Scheckinformationen an den Zahlungsempfänger.

Mandant Eine für sich handelsrechtlich, organisatorisch und datentechnisch abgeschlossene Einheit innerhalb eines SAP-Systems mit getrennten Stammsätzen und einem eigenständigen Satz von Tabellen.

Öffentlicher Schlüssel Öffentlicher Teil des Public-Key-Schlüsselpaars, der zur Verschlüsselung oder zur Erzeugung digitaler Signaturen verwendet wird. Der andere Teil des Schlüsselpaars ist der private Schlüssel. Informationen, die mit dem öffentlichen Schlüssel verschlüsselt wurden, können nur mit dem entsprechenden privaten Schlüssel entschlüsselt werden (und umgekehrt). Eine digitale Signatur wird mit dem privaten Schlüssel erzeugt und kann daher nur mit dem öffentlichen Schlüssel des Unterzeichners verifiziert werden.

Der öffentliche Schlüssel (Public Key) ist derjenige Schlüssel, der öffentlich zugänglich gemacht wird, z. B. auf einem Public-Key-Server. Er dient dazu, signierte Nachrichten des Inhabers des öffentlichen Schlüssels zu verifizieren.

Persönliche Sicherheitsumgebung (PSE) Sicherer Ort, an dem die Public-Key-Informationen eines Benutzers oder einer Komponente abgelegt sind. Die PSE eines Benutzers oder einer Komponente befindet sich normalerweise in einem geschützten Verzeichnis im Dateisystem oder auf einer Smartcard. Sie enthält sowohl die öffentlichen Informationen (Public-Key-Zertifikat und privates Adressbuch) als auch die privaten Informationen (privater Schlüssel) des Besit-

zers. Daher sollte nur der Besitzer der Informationen auf seine PSE Zugriff haben.

Persönliche Sicherheitsumgebung für Single-Sign-on (SSO) Der Workplace Server setzt seine SSO-PSE ein, um die für Single Sign-on im Workplace ausgestellten Anmeldetickets der Benutzer digital zu signieren. Die Komponentensysteme verwenden ihre SSO-PSE, um die digtale Signatur des Workplace Servers zu identifizieren, wenn Benutzer auf das Komponentensystem zugreifen.

Pi-in-the-Sky-Maschine Eine Pi-in-the-Sky-Unendlichkeitsmaschine, die einen Supertask bewältigen kann, wäre in der Lage, in einer endlichen Zeit alle Dezimalstellen von π zu berechnen. Aber wie? Indem sie dieser Anweisung folgt: Drucke die erste Dezimalstelle in ½ Minute, die zweite nach einer ¼ Minute und so weiter. Innerhalb einer Minute wären dann all die unendlich vielen Stellen ausgedruckt. Könnte man diesen Plan in die Tat umsetzen, gäbe es einen Computer, der einen Supertask lösen könnte. Das würde revolutionäre neue Möglichkeiten eröffnen. Unberechenbare Probleme könnten nun in einer endlichen Zeitspanne gelöst werden. (siehe auch Barrow (2005))

Privater Schlüssel Privater Teil des Public-Key-Schlüsselpaars, der zur Verschlüsselung oder zur Erzeugung digitaler Signaturen verwendet wird. Der zweite Teil des Schlüsselpaars ist der öffentliche Schlüssel. Informationen, die mit dem privaten Schlüssel verschlüsselt wurden, können nur mit dem entsprechenden öffentlichen Schlüssel entschlüsselt werden (und umgekehrt). Eine digitale Signatur wird mit dem privaten Schlüssel erzeugt und kann daher nur mit dem öffentlichen Schlüssel des Unterzeichners verifiziert werden.

Der private Schlüssel (Private Key) wird zum Erzeugen von digitalen Signaturen verwendet und ist geheim zu halten. Üblicherweise ist er durch ein Passwort oder eine PIN geschützt.

Public-Key-Infrastruktur (PKI) System, das die an der Verwendung der Public-Key-Technologie beteiligten Vertrauensbeziehungen verwaltet. Die Aufgabe der Public-Key-Infrastruktur (PKI) ist sicherzustellen, dass Public-Key-Zertifikate und Certification Authorities (CAs) geprüft werden können und vertrauenswürdig sind. Die Gesamtheit der am Aufbau und der Pflege dieser Vertrauensbeziehungen beteiligten Dienste und Komponenten heißt PKI.

Public-Key-Technologie Technologie, um digitale Dokumente sicher zu machen. Die Public-Key-Technologie verwendet Schlüsselpaare. Jeder Teilnehmer erhält ein einzigartiges Schlüsselpaar, das aus einem öffentlichen und einem privaten Schlüssel besteht.

Public-Key-Zertifikat Ein digitales Dokument, das als digitaler Ausweis des Benutzers dient. Das Public-Key-Zertifikat (auch X.509-Client-Zertifikat) basiert auf dem X.509-Format, einem von der International Telecommunication Union (ITU) entwickelten Internetstandard. Public-Key-Zertifikate enthalten den öffentlichen Teil der Public-Key-Informationen eines Benutzers und werden zu Authentifizierungszwecken und zur Verifizierung digitaler Signaturen verwendet. Eine Certification Authority (CA) garantiert die Identität des Zertifikatsbesitzers und genehmigt die Zertifikate oder stellt sie dem Benutzer aus. Sie werden in folgenden Fällen verwendet: erstens, um sich mit ihrem eigenen Zertifikat gegenüber anderen zu identifizieren, zweitens, um mit dem im Zertifikat eines anderen Benutzers enthaltenen öf-

fentlichen Schlüssel dessen digitale Signatur zu verifizieren, und drittens, um mit dem im Zertifikat eines anderen Benutzers enthaltenen öffentlichen Schlüssel eine für ihn bestimmte Nachricht zu verschlüsseln.

Sachkontenstammsatz Datensatz, der Informationen enthält, die das Erfassen von Daten auf einem Sachkonto und die Verwaltung des Kontos steuern. Dazu zählt u. a. die Währung, in der ein Konto geführt wird.

SAP Cryptographic Library Von SAP ausgeliefertes Standardsicherheitsprodukt, das bei SAP-Systemen für die Verschlüsselung eingesetzt wird. Die SAP Cryptographic Library unterstützt die Verwendung digitaler Signaturen in SAP-Systemen und bietet darüber hinaus noch Verschlüsselung. Sie können sie auch als Sicherheitsprodukt für Secure Network Communications (SNC) oder für den Einsatz des Secure-Sockets-Layer-Protokolls (SSL-Protokolls) mit dem SAP Web Application Server verwenden. Die SAP Cryptographic Library kann bei SAP heruntergeladen werden. Da die Bibliothek Verschlüsselungsroutinen enthält, unterliegt ihre Abgabe allerdings deutschen Exportvorschriften und ist daher möglicherweise nicht für alle Kunden verfügbar. Außerdem können auch Vorschriften Ihres eigenen Landes den Import, die Verwendung und den (Re-)Export kryptografischer Software einschränken.

SAP Security Library Mit dem SAP-System geliefertes Standardsicherheitsprodukt. Die SAP Security Library ist eine Dynamic Link Library, die sich auf jedem Anwendungsserver befindet. Sie bietet die Funktionen für den Einsatz digitaler Signaturen in SAP-Systemen, unterstützt jedoch nicht die Verwendung von digitalen Umschlägen und Verschlüsselung.

Secure Sockets Layer (SSL) Von Netscape entwickeltes Internetstandardprotokoll, das verwendet wird, um die Kommunikation über das Internet sicherer zu machen. Die Protokollschicht des Secure Sockets Layers (SSL) liegt zwischen dem Netzwerkprotokoll (z. B. TCP/IP) und dem Anwendungsschichtprotokoll (z. B. HTTP). Das Protokoll setzt Public-Key-Technologie ein, um die Kommunikation zwischen einem Client und einem Server sicherer zu machen. Auf Internetadressen, die SSL-Verbindungen nutzen, greifen Sie mit URLs zu, die statt mit *http:* mit *https:* anfangen.

Secure Store & Forward (SSF) Schnittstelle, mit der das SAP-System Daten und Dokumente mit digitalen Signaturen und Verschlüsselungen schützen kann. Die Daten sind sogar dann geschützt, wenn sie das SAP-System verlassen. Sie können auf Datenträgern gesichert werden oder über Kommunikationspfade übertragen werden, ohne dass der Schutz dadurch beeinträchtigt wird. Der Schutz wird durch ein externes Sicherheitsprodukt bereitgestellt, das dem SAP-System über die Schnittstelle Secure Store & Forward (SSF) zur Verfügung steht. SSF verwendet die Public-Key-Cryptography-Standards (PKCS).

Soll und Haben Der Ursprung dieser Begriffe liegt bei dem italienischen Franziskanermönch Luca Pacioli (1445 – 1517), einer Schlüsselfigur der Mathematik. In seinem mathematischen Hauptwerk »Summa de arithmetica, geometria, proportioni e proportionalita« (1494, 2. Auflage 1523) werden Probleme des Geschäftslebens wie Tausch, Geldwechsel, Zinsen und Geschäftsreisen behandelt. In der »Summa« ist zum ersten Mal in gedruckter Form ein Abschnitt über die Buchhaltung enthalten, die doppelte Buchführung.

Zunächst nur bei Personenkonten wurde die linke Seite mit »deve dare« (»Soll geben«) und die rechte Seite mit »deve avere« (»Soll haben«) bezeichnet. Später wurden so auch die Kontenseiten der anderen Konten benannt. Mit der Zeit wurde aus »deve dare« »deve« (»Soll«) und aus »deve avere« »avere« (»Haben«).

Sonderhauptbuchkennzeichen Kennzeichen, das einen Sonderhauptbuchvorgang identifiziert. Zu den Sonderhauptbuchvorgängen zählen z. B. Anzahlungen oder Wechsel. Das Setzen des Kennzeichens stößt die Verwendung eines alternativen Abstimmkontos für Sonderhauptbuchvorgänge an. Diese Vorgänge werden nicht mit den Forderungen und Verbindlichkeiten aus Lieferungen und Leistungen saldiert.

Steuerkennzeichen Zweistelliges Kennzeichen, das Informationen zur Berechnung und zum Ausweis der Umsatzsteuer repräsentiert. Es steuert die Höhe des Steuersatzes, die Art der Steuer und die Rechenart.

SWIFT-Code Society for Worldwide Interbank Financial Telecommunication. Im internationalen Zahlungsverkehr ist über den weltweit eindeutigen SWIFT-Code eine Identifikation der Bank ohne Angabe von Adresse oder Bankleitzahl möglich. Diese Angabe ist vor allem für den automatischen Zahlungsverkehr von Bedeutung.

Symmetrische Verschlüsselung Bei einem symmetrischen (oder konventionellen) Verschlüsselungsverfahren wird – im Gegensatz zum asymmetrischen Verschlüsselungsverfahren – nur ein Schlüssel zum Ver- und Entschlüsseln benutzt.

System-PSE Persönliche Sicherheitsumgebung (Personal Security Environment, PSE) des SAP-Systems. Die System-PSE wird während des Installationsvorgangs erstellt und enthält die Sicherheitsinformationen des Systems (z. B. das Public-Key-Schlüsselpaar). Seit dem Release 4.5B erstellt das System eine einzige System-PSE, die es an alle Anwendungsserver verteilt.

Trust Center Ein Trust Center ist eine natürliche oder juristische Person, die die Zuordnung eines Zertifikats bzw. eines qualifizierten Zertifikats zu einer natürlichen Person bescheinigt.

Universelle Turingmaschine Alan Turing wird für immer mit der Entzifferung des deutschen Geheimcodes im Zweiten Weltkrieg – mit Enigma – in Verbindung gebracht werden. Die Geschichte, wie Turings einzigartige Verbindung von mathematischer Logik und Entschlossenheit dazu beitrug, ist mittlerweile Gegenstand von Romanen, Theaterstücken und Filmen. Lange vor dem Zweiten Weltkrieg hatte Turing in Cambridge unter Hardy und Hilbert studiert und bereits zwei spezielle Maschinen im Kopf. Bei der ersten Maschine handelte es sich um eine theoretische Maschine, die nur als geistiges Konstrukt existierte. Die zweite Maschine gab es jedoch tatsächlich. Sie bestand aus Zahnrädern und triefte vor Öl.

Gibt es eine Möglichkeit zu erkennen, ob man es mit einer wahren Behauptung zu tun hat, für die es einen Beweis gibt? Konnte man sich eine Maschine vorstellen, die in der Lage ist zu entscheiden, ob eine ihr eingegebene Behauptung aus den Axiomen der Mathematik beweisbar ist oder nicht, selbst wenn sie den Beweis selbst nicht liefert? Man könnte eine solche Maschine wie eine Art »Ora

kel von Delphi« einsetzen. Es war Turings erster großer Durchbruch. Er hatte zunächst die Vorstellung von speziellen Maschinen, die sich im Grunde genommen genau so verhielten wie jede Person oder Maschine, die arithmetische Berechnungen ausführt. Diese Maschinen sollten später Turingmaschinen genannt werden. Weitere Gedankenmodelle führten schließlich zur universellen Turingmaschine. Sie kennzeichnet den Beginn des Computerzeitalters.

Die 1937 von Turing erdachte Turingmaschine war nie als Plan für einen realen Computers gemeint, zumal sie einen potentiell unendlich großen Speicher hat. Sie erwies sich jedoch als bis heute unübertroffene Präzisierung des Algorithmusbegriffs. Insbesondere kann man eine universelle Turingmaschine konstruieren, die die Anwendung eines beliebigen Regelsystems auf eine beliebige Eingabe simuliert.

Verifikations-PSE Zur Verifizierung der digitalen Signatur eines Unterzeichners verwendete persönliche Sicherheitsumgebung. Die Verifikations-PSE kann nicht zur Erstellung einer digitalen Signatur eingesetzt werden. Sie enthält nur den öffentlichen Schlüssel des Public-Key-Schlüsselpaars des Unterzeichners, nicht den privaten Schlüssel.

Vorgangstyp Der Vorgangstyp bezeichnet eine Menge von Zuordnungen von externen Vorgängen zu Buchungsregeln. Im Customizing ist zunächst ein Vorgangstyp zu pflegen, für den dann die entsprechende Zuordnung gepflegt werden kann.

Vorsteuer Steuer, die vom Kreditor in Rechnung gestellt wird und vom Finanzamt unter bestimmten Voraussetzungen zurückgefordert werden kann.

Vorzeichen Bei der Zuordnung von externen Vorgängen zu Buchungsregeln ist im Customizing zusätzlich das Vorzeichen anzugeben. Hierbei steht + für einen Zahlungseingang und – für einen Zahlungsausgang. Bei dem gleichen externen Vorgang kann hier je nach Vorzeichen eine andere Buchungsregel zur Anwendung kommen.

Zahlungsprogramm Das Zahlungsprogramm von SAP wurde für den internationalen Zahlungsverkehr mit Kreditoren und Debitoren entwickelt und verarbeitet sowohl den Zahlungseingang als auch den Zahlungsausgang. Das Programm weist eine hohe Flexibilität auf, so dass landesspezifische Besonderheiten wie Zahlweg, Zahlweise oder Datenträgerfestlegungen definiert werden können. Aus Prozesssicht ist das Zahlungsprogramm zentraler Bestandteil des ausgehenden Zahlungsprozesses.

Zertifikat Ein Zertifikat ist ein öffentlicher Schlüssel, der von einem Trust Center signiert wurde (wird auch als digitaler Ausweis bezeichnet). Es enthält z. B. Angaben über den Inhaber, die zuständige Zertifizierungsstelle, das Ausstellungsdatum und die Gültigkeitsdauer.

Zertifikatsliste Liste der Public-Key-Zertifikate anderer vertrauenswürdiger Benutzer oder Systemkomponenten. Auf dem SAP NetWeaver AS ABAP ist die Zertifikatsliste in der eigenen persönlichen Sicherheitsumgebung (PSE) der Benutzer oder Systemkomponenten abgelegt und wird zur Verifizierung der digitalen Signaturen der Benutzer oder Komponenten verwendet. Auf der J2EE-Engine werden die Zertifikate vertrauenswürdiger Partner im Key Storage Service in der trustedCAs-View abgelegt.

B Menüpfade

Menüpfade zu Kapitel 2, »Prozesse und Anwendung«

Kontoauszug manuell erfassen (FF67)

Easy Access: Rechnungswesen • Finanzwesen • Banken • Eingänge • Kontoauszug • Manuell erfassen

Kontoauszug konvertieren (FEBC)

Easy Access: Rechnungswesen • Finanzwesen • Banken • Eingänge • Kontoauszug • Konvertieren

Reports werden im Customizing hinterlegt, siehe die Menüpfade zu Kapitel 3.

Kontoauszug einlesen (FF_5)

Easy Access: Rechnungswesen • Finanzwesen • Banken • Eingänge • Kontoauszug • Einlesen

Kontoauszug buchen (FEBP)

Easy Access: Rechnungswesen • Finanzwesen • Banken • Eingänge • Kontoauszug • Konvertieren

Kontoauszug anzeigen (FF_6)

Easy Access: Rechnungswesen • Finanzwesen • Banken • Eingänge • Kontoauszug • Konvertieren

Kontoauszug nachbearbeiten (FEBA_BANK_STATEMENT oder FEBAN)

Easy Access: Rechnungswesen • Finanzwesen • Banken • Eingänge • Kontoauszug • Nachbearbeiten

Menüpfade zu Kapitel 3, »Customizing«

Grundeinstellungen zum elektronischen Kontoauszug (OT83)

IMG: Finanzwesen • Bankbuchhaltung • Geschäftsvorfälle • Zahlungsverkehr • Elektronischer Kontoauszug • Grundeinstellungen für den elektronischen Kontoauszug vornehmen

Suchmusterpflege (OTPM)

IMG: Finanzwesen • Bankbuchhaltung • Geschäftsvorfälle • Zahlungsverkehr • Elektronischer Kontoauszug • Suchmuster für elektronischen Kontoauszug hinterlegen

Belegnummernsuche mit Mustern simulieren
IMG: Finanzwesen • Bankbuchhaltung • Geschäftsvorfälle • Zahlungsverkehr • Elektronischer Kontoauszug • Belegnummernsuche mit Mustern simulieren

Report- und Variantenauswahl definieren
IMG: Finanzwesen • Bankbuchhaltung • Geschäftsvorfälle • Zahlungsverkehr • Elektronischer Kontoauszug • Report- und Variantenauswahl definieren

Rückläuferverarbeitung einrichten
IMG: Finanzwesen • Bankbuchhaltung • Geschäftsvorfälle • Zahlungsverkehr • Elektronischer Kontoauszug • Rückläuferverarbeitung einrichten

Hausbankenpflege (FI12 bzw. FI12_OLD)
IMG: Finanzwesen • Bankbuchhaltung • Bankkonten • Hausbanken definieren

Menüpfade zu Kapitel 4, »Erweiterungsmöglichkeiten«
Function Builder (SE37)
Easy Access: Werkzeuge • ABAP Workbench • Entwicklung • Function Builder

Dictionary (SE11)
Easy Access: Werkzeuge • ABAP Workbench • Entwicklung • Dictionary

Business Add-Ins Definition (SE18)
Easy Access: Werkzeuge • ABAP Workbench • Hilfsmittel • Business Add-Ins • Definition

Business Add-Ins Implementierung (SE19)
Easy Access: Werkzeuge • ABAP Workbench • Hilfsmittel • Business Add-Ins • Implementierung

Erweiterungen Definition
Easy Access: Werkzeuge • ABAP Workbench • Hilfsmittel • Erweiterungen • Definition (SMOD)

Erweiterungen Projektverwaltung
Easy Access: Werkzeuge • ABAP Workbench • Hilfsmittel • Erweiterungen • Projektverwaltung (CMOD)

Class Builder (SE24)
Easy Access: Werkzeuge • ABAP Workbench • Entwicklung • Class Builder

Abgleich Programme (SPAU)
Easy Access: Werkzeuge • ABAP Workbench • Hilfsmittel • Wartung • Upgrade-Utilities • Abgleich Programme

Erweiterungen (übergreifend)

IMG: Finanzwesen • Bankbuchhaltung • Geschäftsvorfälle • Zahlungsverkehr • Elektronischer Kontoauszug • Erweiterungen für el. Kontoauszug entwickeln (übergreifend)

Erweiterungen (formatspezifisch)

IMG: Finanzwesen • Bankbuchhaltung • Geschäftsvorfälle • Zahlungsverkehr • Elektronischer Kontoauszug • Erweiterungen für el. Kontoauszug entwickeln (formatspez.)

BAdI: Verarbeitung von Rückläufern

IMG: Finanzwesen • Bankbuchhaltung • Geschäftsvorfälle • Zahlungsverkehr • Elektronischer Kontoauszug • Business Add-Ins (BAdIs) • BAdI: Verarbeitung von Rückläufern

BAdI: Verwendungszweck

IMG: Finanzwesen • Bankbuchhaltung • Geschäftsvorfälle • Zahlungsverkehr • Elektronischer Kontoauszug • Business Add-Ins (BAdIs) • BAdI: Verwendungszweck

EDIFACT Dateiauthentifizierung

IMG: Finanzwesen • Bankbuchhaltung • Geschäftsvorfälle • Zahlungsverkehr • Elektronischer Kontoauszug • Business Add-Ins (BAdIs) • Add-In: EDIFACT-Dateiauthentifizierung

Menüpfade zu Kapitel 5, »Kontoauszug per EDI«
IDoc- und EDI-Basisadministration – Transaktion WEDI

Ports definieren (WE21)

IMG: Logistik Allgemein • Supply-Chain-Planning-Interfaces (SCPI) • Auto-ID-Backend-Integration • Kommunikation • Ports definieren

Oder:

WEDI: Administration • Portbeschreibung (WE21)

Eingangsverarbeitung pflegen

IMG: Logistik Allgemein • Supply-Chain-Planning-Interfaces (SCPI) • Auto-ID-Backend-Integration • Kommunikation • Eingangsverarbeitung pflegen • Auswahl unter:

▶ Attribute für Eingangsfunktionsbaustein pflegen (BD51)

▶ Funktionsbaustein zu Nachrichten- und IDoc-Typen zuordnen (WE57)

▶ Vorgangscode Eingang definieren (WE42)

Oder:

WEDI: Entwicklung • Einstellungen Eingang

- ► ALE Eigenschaften (BD51)
- ► Nachricht/Anw. Objekt (WE57)
- ► Vorgangscode Eingang (WE42)

Ausgangsverarbeitung pflegen
IMG: Logistik Allgemein • Supply-Chain-Planning-Interfaces (SCPI) • Auto-ID-Backend-Integration • Kommunikation • Ausgangsverarbeitung pflegen (WE41)

Oder:

WEDI: Entwicklung • Einstellungen Ausgangs/NAST • Vorgangscode Ausgang (WE41)

Partnervereinbarungen pflegen
IMG: Logistik Allgemein • Supply-Chain-Planning-Interfaces (SCPI) • Auto-ID-Backend-Integration • Kommunikation • Partnervereinbarungen pflegen (WE20)

Oder:

WEDI: Administration • Partnervereinbarung (WE20)

C Literaturverzeichnis

Arif, Naeem, Tauseef, Sheikh: *SAP ERP Financials Configuration and Design*, SAP PRESS 2008.

Barrow, John D.: *Ein Himmel voller Zahlen. Auf den Spuren mathematischer Wahrheit* (Originaltitel: *Pi in the Sky*), Rowohlt Taschenbuch Verlag, 4. Auflage 2005.

Beutelspacher, Albrecht: *Kryptologie*, Verlag Vieweg, 7. Auflage 2005.

Beutelspacher, A., Schwenk, J., Wolfenstetter, K. D.: *Moderne Verfahren der Kryptographie. Von RSA zu Zero-Knowledge*, Verlag Vieweg, 6. Auflage 2006.

Bronstein, I. N., Semendjajew, K. A.: *Taschenbuch der Mathematik*, BSB Teubner Verlagsgesellschaft Leipzig, 21. Auflage 1982.

du Sautoy, Marcus: *Die Musik der Primzahlen. Auf den Spuren des größten Rätsels der Mathematik*, Verlag C. H. Beck, 2004.

Forsthuber, Heinz, Siebert, Jörg: *Praxishandbuch SAP-Finanzwesen*, 4., erweiterte Auflage, SAP PRESS 2010.

Gatlin, Ginger, Dick, Erik, u.a.: *Workflow-Management mit SAP*, 2., erweiterte Auflage, SAP PRESS 2010.

Gesetz über Rahmenbedingungen für elektronische Signaturen und zur Änderung weiterer Vorschriften, Bundesgesetzblatt.

Gesetz zur digitalen Signatur (Signaturgesetz) SigG, Bundesgesetzblatt.

Heilmann, R., Jung, T.: *ABAP – Next Generation*, SAP Press, 2008.

Hochmann, Stephan: *Elektronische Signatur. Technische Darstellung, rechtliche Entwicklung und praktischer Einsatz anhand von Beispielen*, Books on Demand 2001.

Keller, Horst, Krüger, Sascha: *ABAP Objects. ABAP-Programmierung mit SAP NetWeaver*, 3., aktualisierte und erweiterte Auflage, SAP PRESS 2006.

Keller, Horst: *ABAP-Referenz*, 2., aktualisierte und erweiterte Auflage, SAP PRESS 2004.

Keller, Horst: *ABAP-Schnellreferenz*, SAP PRESS 2005.

Ribenboim, Paulo: *Die Welt der Primzahlen. Geheimnisse und Rekorde,* Springer-Verlag 2006.

SAP AG: *Cashmanagement (TR-CM) – Online Dokumentation,* 2001.

SAP AG: *Elektronischer Kontoauszug (FI-BL) – Online Dokumentation,* 2001.

SAP AG: *IDoc-Schnittstelle: EDI-Szenarien der Anwendung (BC-SRV-EDI) – Online Dokumentation,* 2001.

SAP AG: *IDoc-Schnittstelle / Electronic Data Interchange (BC-SRV-EDI) – Online Dokumentation,* 2001.

SAP AG: *Secure Network Communications (BC-SEC-SNC) – Online Dokumentation,* 2001.

SAP AG: *Secure Store & Forward / Digitale Signaturen (BC-SEC-SSF) – Online Dokumentation,* 2001.

Schmeh, Klaus: *Kryptografie,* dpunkt Verlag, 3. Auflage 2007.

Sharma, Shivesh: *Optimize your SAP ERP Financials Implementation,* SAP PRESS 2008.

Verordnung zur digitalen Signatur (Signaturverordnung) SigV, Bundesgesetzblatt.

Wußing, H., Arnold, W.: *Biographien bedeutender Mathematiker,* Aulis Verlag, 1975.

Wußing, Hans: *6000 Jahre Mathematik. Eine kulturgeschichtliche Zeitreise,* Springer Verlag Berlin, 2009.

D   Abkürzungen

AES	Advanced Encryption Standard
ALV	SAP List Viewer (ehemals ABAP List Viewer)
API	Application Programming Interface
AS	Application Server
BAdI	Business Add-In
BCS	Banking Communication Standard
BOR	Business Object Repositiory
BTE	Business Transaction Events
BZÜ-Verfahren	Belegloses Zahlschein-Überweisungsverfahren
CA	Certification Authority
CCMS	Computing Center Management System
CHF	Schweizer Franken, ISO-Abkürzung
CMS	Cryptographic Message Syntax
CPIC	Common Programming Interface for Communication
CVC	Vorgangscode Geschäftsvorfallscode
DES	Data Encryption Standard
DFÜ	Datenfernübertragung
DIAG	Dynamic Information and Action Gateway
DKK	Dänische Kronen, ISO-Abkürzung
DSA	Digital Signature Algorithm
DTA-Verfahren	Datenträgeraustausch-Verfahren
EDI	Elektronischer Datenaustausch; Electronic Data Interchange
FIM	Finnische Mark (ehemalige Währung Finnlands)
FI-BA	Bank Accounting
FI-CA	Vertragskontokorrent
FTAM/EU	File Transfer Access and Management
GBP	Great Britain Pound, ISO-Abkürzung der Währung Großbritanniens
ggT.	größter gemeinsamer Teiler

GSS-API V2	Generic Security Services Application Programming Interface Version 2
HBCI	Homebanking Computer Interface
IETF	Internet Engineering Task Force
ISO	International Organization for Standardization
ITU	International Telecommunication Union
JPY	Yen, ISO-Abkürzung der Währung Japans
LSV	Lastschriftverfahren
MD5	Message Digest
MT	Message Type
NOK	Norwegische Kronen, ISO-Ankürzung
PKI	Public-Key-Infrastruktur
PSE	Personal Security Environment
P/S	Publish & Subscribe
RFC	Remote Function Call
RSA-Algorithmus	Algorithmus zum Verschlüsseln und für digitale Signaturen; entwickelt von R. Rivest, A. Shamir und L. Adleman
SBWP	SAP Office Business Workplace
SEK	Schwedische Kronen, ISO-Abkürzung
SFr.	Schweizer Franken, Währungszeichen
SHA-1	Secure Hash Algorithm
SHB-Kz	Sonderhauptbuchkennzeichen
SigG	Gesetz zur digitalen Signatur
SNC	Secure Network Communications
SSF	Secure Store & Forward
SSL	Secure Sockets Layer
SWIFT	Society for Worldwide Interbank Financial Telecommunication
TCP/IP	Transmission Control Protocol/Internet Protocol
TIPS	Total Integrated Payment System
tRFC	Transaktionaler RFC
ZVDFÜ	Zahlungsverkehrsdatenfernübertragung

E   Die Autoren

 **Karin Bädekerl** ist als Senior-Entwicklerin für SAP und BW-Beraterin bei der OctaVIA AG im CC Insurance beschäftigt. Ihre langjährige Erfahrung sammelte sie in vielen nationalen und internationalen Projekten. Der Schwerpunkt lag hierbei auf BW und FI, den Financial Services sowie komplexen Migrationen.

 **Heinz Forsthuber** ist erfahrener SAP-Berater und -Trainer mit den Schwerpunkten Controlling (CO) und Finanzbuchhaltung (FI). Derzeit ist er als SAP Inhouse-Berater im öffentlichen Dienst tätig und betreut dort die Module FI, CO und MM. Außerdem ist er für die Archivierung sowie die Benutzerverwaltung zuständig.

 **Erik Dick** gehört zum Autorenteam des Buches »Workflow-Management mit SAP«; er leistete umfassende Unterstützung bei Kapitel 6, »SAP Business Workflow«.

Index

Effektives Bestandscontrolling mit LIS, BW und APO

Alle wichtigen Bestandskennzahlen verständlich dargestellt

Mit umfassenden Beispielen aus der Praxis realer Unternehmen

Marc Hoppe

Bestandscontrolling mit SAP

Dieses Buch zeigt Ihnen, wie Sie Ihr Bestandscontrolling transparenter gestalten und optimieren. Sie lernen die wichtigsten Grundlagen (Kennzahlen, Artikelklassifizierung etc.) kennen und erfahren, wie die Bestände mithilfe des SAP-Systems kontrolliert werden. Dabei werden die relevanten Komponenten LIS, BW und APO detailliert beleuchtet: Customizing, Business Content, Auswertungen. Im umfangreichen Praxisteil erfahren Sie u.a., wie das Bestandscontrolling in Unternehmen eingesetzt wird.

ca. 460 S., 69,90 Euro, 115,– CHF
ISBN 978-3-8362-1480-3, Juli 2010

>> www.sap-press.de/2225

Das Standardwerk für FI-Anwender

Alle Aufgaben im Finanzwesen
verständlich erklärt

Mit vielen Tipps und Hinweisen für die
tägliche Arbeit

4., erweiterte Auflage

Heinz Forsthuber, Jörg Siebert

Praxishandbuch SAP-Finanzwesen

Im Fokus dieses Buches zum SAP-Finanzwesen (FI) stehen die praktischen
Anforderungen der täglichen Arbeit. Sie erhalten Einblicke in die Prozesse und
Werteflüsse sowie die Integration mit anderen SAP-Modulen. Die 4. Auflage
berücksichtigt alle Neuerungen in SAP ERP 6.0, z.B. das neue Hauptbuch. Die
herausnehmbare Referenzkarte enthält die wichtigsten Transaktionscodes für
den Schnellzugriff.

657 S., 4. Auflage, mit Referenzkarte, 59,90 Euro, 99,90 CHF
ISBN 978-3-8362-1556-5

>> www.sap-press.de/2330

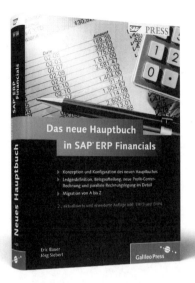

Konzeption und Konfiguration des neuen Hauptbuches

Ledgerdefinition, Belegaufteilung, neue Profit-Center-Rechnung und parallele Rechnungslegung im Detail

Migration von A bis Z

2. Auflage inkl. EHP3 und EHP4

Eric Bauer, Jörg Siebert

Das neue Hauptbuch in SAP ERP Financials

Dieses Buch ist Ihr Wegweiser zum neuen Hauptbuch in SAP ERP Financials. Komplett aktualisiert und erweitert umfasst die 2. Auflage unseres Standardwerkes alles Relevante zur Implementierung des neuen Hauptbuches: Ledger, Integration ins Rechnungswesen, parallele Rechnungslegung, Belegaufteilung etc. Ein umfangreiches Kapitel zur Migration zeigt Ihnen, wie Migrationsprojekte in der Praxis aussehen und was Sie bei Ihrem eigenen Projekt beachten müssen. Neu in dieser Auflage sind u. a. Inhalte zu den Enhancement Packages 3 und 4.

503 S., 2. Auflage 2010, 69,90 Euro, 115,– CHF
ISBN 978-3-8362-1453-7

>> www.sap-press.de/2182

Lösungen für die tägliche Arbeit mit CO-OM und BW

Kostenarten, Kostenstellen, Innenaufträge u.v.m.

Mit einem durchgängigen Praxisbeispiel

2., aktualisierte und erweiterte Auflage

Uwe Brück, Alfons Raps

Praxishandbuch Gemeinkosten-Controlling mit SAP

So bekommen Sie die Gemeinkosten Ihres Unternehmens in den Griff: Dieses Praxisbuch zeigt Ihnen, wie Sie die SAP-Komponente CO-OM bestmöglich anwenden. Sie lernen die betriebswirtschaftlichen Hintergründe und die Umsetzung im SAP-System kennen. Außerdem erhalten Sie Einblick in wichtige Steuerungselemente wie BW. Die Integration mit anderen SAP-Komponenten wird ebenfalls behandelt. Zahlreiche Beispiele aus dem Controller-Alltag bieten Hilfestellung in der Praxis. Die 2., aktualisierte und erweiterte Auflage basiert auf Release SAP ERP 6.0.

527 S., 2. Auflage 2010, 59,90 Euro, 99,90 CHF
ISBN 978-3-8362-1485-8

>> www.sap-press.de/2227

Lösungswege für Ihre täglichen
Controllingfragen

CO-OM, CO-PC und CO-PA
verständlich dargestellt

Mit Kapiteln zur BI-integrierten
Planung und SAP NetWeaver BI

Aktuell zu SAP ERP 6.0 und
SAP NetWeaver BI 7.0

Uwe Brück

Praxishandbuch SAP-Controlling

Wie setze ich CO in produzierenden Unternehmen sinnvoll und
praxisnah ein? Was ist für ein effizientes Controlling wirklich notwendig? Die Antwort auf diese Fragen finden Sie in dieser 3.,
aktualisierten Auflage unseres Bestsellers. Ob Gemeinkosten-,
Produktkosten- oder Ergebnisrechnung: Es werden Ihnen sowohl
die betriebswirtschaftlichen Grundlagen des Controllings als auch
die Funktionsweise von CO systematisch erklärt und durch Praxis-
beispiele illustriert.

531 S., 3. Auflage 2009, 59,90 Euro, 99,90 CHF
ISBN 978-3-8362-1190-1

>> www.sap-press.de/1779